*Тропарь
преподобному Паисию Святогорцу
Глас 5. Подобен: Собезначальное Слово:*

Божественныя любве огнь приемый, / превосходящим подвигом вдался еси весь Богови, / и утешение многим людем был еси, / словесы Божественными наказуяй, / молитвами чудотворяй, / Паисие Богоносе, / и ныне молишися непрестанно // о всем мире, преподобне.

*Кондак
Глас 8. Подобен: Взбранной:*

Ангельски на земли поживый, / любовию просиял еси, преподобне Паисие, / монахов великое утверждение, / верных к житию святому вождь, / вселенныя же утешение сладчайшее показался еси, / сего ради зовем ти: // радуйся, отче всемирный.

ПРЕПОДОБНЫЙ ПАИСИЙ СВЯТОГОРЕЦ

СЛОВА

ТОМ III

ДУХОВНАЯ БОРЬБА

Перевод с греческого
Седьмое издание

Орфограф

МОСКВА

УДК [271.22 – 475.5:271.22 – 534.3] Паисий Святогорец
ББК 86.372.33 – 43 + 86.372 – 503.1
П12

Рекомендовано к публикации
Издательским Советом Русской Православной Церкви
№ ИС Р16-627-3431

Перевод на русский язык выполнен
иеромонахом Доримедонтом (Сухининым) с издания:
Γέροντος Παϊσίου Ἁγιορείτου. Λόγοι. Τόμος Γ΄. Πνευματικὸς ἀγώνας.
Ἱερὸν Ἡσυχαστήριον Μοναζουσῶν "Εὐαγγελιστὴς Ἰωάννης ὁ Θεολόγος",
Σουρωτὴ Θεσσαλονίκης, 2001.

Паисий Святогорец, преподобный
П12 Слова. Т. 3 : Духовная борьба / преподобный Паисий Святогорец ; перевод с греч. — 7-е издание. — М. : Орфограф, 2021. — 368 с. : ил.
ISBN 978-5-6052622-7-5

Преподобный Паисий хотел выпустить книгу, полезную всем: мирянам, монахам и священнослужителям, но не успел, отдав всё своё время и силы молитве и общению с приходившими к нему людьми. После преставления преподобного его письма, записи поучений и бесед были систематизированы для удобства использования в повседневной жизни, ибо сам старец говорил: «Задача в том, чтобы вы работали, применяли услышанное на деле».

Третий том «Слов» преподобного Паисия Святогорца — путеводитель по морю духовной жизни. Люди мучаются от переживаний, бессонницы, душевных болезней, а причина этого — в их суетных, испорченных, ложные помыслах, которым они доверяют. Преподобный учит мастерить добрые помыслы в различных жизненных ситуациях, из всего извлекая пользу.

УДК [271.22 – 475.5:271.22 – 534.3] Паисий Святогорец
ББК 86.372.33 – 43 + 86.372 – 503.1

© Ἱερὸν Ἡσυχαστήριον Μοναζουσῶν
"Εὐαγγελιστὴς Ἰωάννης
ὁ Θεολόγος", 2001
© Издательство «Орфограф»,
издание на русском языке, 2021

ISBN 978-5-6052622-7-5

СОДЕРЖАНИЕ

Предисловие — 9

ЧАСТЬ ПЕРВАЯ
О БРАНИ ПОМЫСЛОВ

ГЛАВА ПЕРВАЯ
О помыслах, добрых и злых — 19

ГЛАВА ВТОРАЯ
О хульных помыслах — 36

ГЛАВА ТРЕТЬЯ
О доверии помыслу — 45

ГЛАВА ЧЕТВЁРТАЯ
О борьбе против помыслов — 61

ЧАСТЬ ВТОРАЯ
О СПРАВЕДЛИВОСТИ И НЕСПРАВЕДЛИВОСТИ

ГЛАВА ПЕРВАЯ
О том, как принимать несправедливость — 79

ГЛАВА ВТОРАЯ
О том, что самооправдание отгоняет
от нас благодать Божию ... 95

ГЛАВА ТРЕТЬЯ
О справедливости Божественной и человеческой ... 112

ЧАСТЬ ТРЕТЬЯ
О ГРЕХЕ И ПОКАЯНИИ

ГЛАВА ПЕРВАЯ
О том, что грех мучает человека ... 129

ГЛАВА ВТОРАЯ
О том, что необходимо попечение о совести ... 143

ГЛАВА ТРЕТЬЯ
О необходимости наблюдения за собой
и познания себя ... 156

ГЛАВА ЧЕТВЁРТАЯ
О том, что осознание нами своей
греховности приводит Бога в умиление ... 169

ГЛАВА ПЯТАЯ
О том, что покаяние обладает великой силой ... 183

ЧАСТЬ ЧЕТВЁРТАЯ
ЧЁРНЫЕ СИЛЫ ТЬМЫ

ГЛАВА ПЕРВАЯ
О колдовстве ... 201

ГЛАВА ВТОРАЯ
Об одержимых нечистым духом ... 220

ГЛАВА ТРЕТЬЯ
Страшные прелести   242

ГЛАВА ЧЕТВЁРТАЯ
Прельща́юще и прельща́еми   263

ЧАСТЬ ПЯТАЯ
О СИЛЕ ИСПОВЕДИ

ГЛАВА ПЕРВАЯ
О необходимости духовного руководителя   283

ГЛАВА ВТОРАЯ
О том, как правильно исповедоваться   299

ГЛАВА ТРЕТЬЯ
О том, что духовник — это врач души   314

ГЛАВА ЧЕТВЁРТАЯ
О работе духовника над душами людей   325

УКАЗАТЕЛИ

Именной указатель   343
Тематический указатель   344
Указатель ссылок на Священное Писание   363

ПРЕДИСЛОВИЕ

Видя, что грех «вошёл в наши дни в моду», блаженной памяти старец Паисий особенно подчёркивал необходимость покаяния и исповеди. То, какое огромное значение старец придавал покаянию, видно из последней главы II тома его «Слов». «Покаяние и исповедь, — говорил нам старец, — необходимы сегодня больше всего. Они нужны для того, чтобы диавол был лишён тех прав, которые дали ему люди. Люди дают диаволу права, и в результате этого он терзает мир».

С помощью старца Паисия многие впервые приступили к таинству исповеди и изменили свою жизнь. Сейчас эти люди подвизаются как любочестные чада Божии и уже в сей жизни переживают райскую радость. «Ведь люди-то очень хорошие! — радостно делился с нами отец Паисий. — Ни разу не было такого, чтобы я посоветовал человеку поисповедоваться и он этого не сделал». Конечно, этому способствовала и великая любовь старца, изменявшая душу человека, с которым он соприкасался, и из бесплодного суглинка превращавшая её в пригодную к возделыванию землю.

Настоящий III том «Слов» старца Паисия издаётся по благословению нового правящего архиерея нашей епархии Высокопреосвященнейшего митрополита Кассандрийского Никодима. В томе собраны наставления старца, способные помочь измученному грехом человеку приобрести добрую обеспокоенность и начать духовную борьбу, чтобы освободиться от связавших его греховных пут. Живя в покаянии, христианин сможет совлечься своего ветхого человека, этого, по словам старца, «живущего в нас злого квартиросъёмщика». Отец Паисий говорил, что для изгнания злого постояльца мы должны «разрушить его дом и начать возводить новое здание — строить нового человека».

По святоотеческому учению, начало греха — это злой помысел. Поэтому выбранные из духовного наследия старца поучения о помыслах мы поместили в первой части настоящего тома. «Помыслы, — говорил старец, — это показатель нашего духовного состояния». Добрый помысел обладает великой силой: он духовно изменяет человека.

И напротив — помысел злой человека мучает. Когда человек изгоняет злые и возделывает добрые помыслы, его ум и сердце очищаются, и в нём живёт Божественная благодать.

Вторая часть книги говорит о том, что, терпя несправедливости и относясь к этому духовно, человек приемлет от Бога великое благословение. Часто эта истина неведома даже духовным людям, которые, оправдывая себя, доходят до того, что «сочиняют своё собственное евангелие» и таким образом изолируют себя от Бога, потому что человеческая правда не имеет с духовной жизнью ничего общего. Если мы хотим сродниться со Христом, то нам подобает стать причастниками Божественной правды, «которая содержит в себе любочестие, благородство, жертвенность».

В третьей части тома речь идёт о грехе. Земная жизнь человека от греха превращается в адскую муку, однако посредством духовной борьбы наша жизнь может стать раем. Если человек хочет «выйти из греховной тьмы», он должен внимательно испытывать свою совесть — этот данный ему от Бога «первый Божественный закон» — и смиренно признавать свои ошибки и погрешности. Это делание приводит к «бесконечному рукоделию покаяния» и даёт душе Божественное утешение.

В четвёртой части отец Паисий обличает сатанинские силы, которые действуют в мире через свои послушные орудия: колдунов, экстрасенсов, ясновидящих и других прельщённых. Старец подчёркивает, что сами по себе тёмные силы бессильны, однако они становятся разрушительными для человека, если он совершил какой-то тяжкий грех и тем самым наделил их правами над собой, а потому подвергается бесовскому воздействию. Чтобы освободиться от этого воздействия, человеку необходимо найти причину греха, то есть осознать его, покаяться, поисповедоваться и стать сознательным членом Церкви.

Последняя, пятая часть тома посвящена таинству исповеди. Старец заостряет наше внимание на том, что для прощения грехов христианину необходима исповедь, а для безопасного духовного роста ему нужно иметь духовного наставника. Отец Паисий проводит чёткую грань между деятельностью психиатра и служением духовника (в наши дни это подчас смешивается) и делится собственным опытом работы над душами людей.

Как и в предыдущих томах, отец Паисий кратко отвечает на вопросы, которые ему предлагаются. Ответы старца не являются систематическим изложением той или иной темы и не претендуют на то, чтобы быть исчерпывающими. Цель поучений в другом: в том, чтобы помочь человеку спастись. «Спасение души человека, — говорил старец, — это моё утешение и радость».

Видя то, что способно помочь собеседнику в его духовной борьбе в каждом конкретном случае, старец говорит с человеком в соответствии с духовной необходимостью, подкрепляя его необходимым «духовным витамином». Нередко отец Паисий раскрывает смысл своих слов с помощью подходящего примера. Старец был убеждён в том, что положительные примеры приносят огромную пользу. «Если бы у меня было время, то я написал бы о некоторых людях, честно проживших свою жизнь, о тех девушках и юношах, о тех отцах и матерях, чья жизнь отличалась святостью, — делился он с нами. — Такими добрыми примерами обличаются те, кто ввёл грех в моду. От обличения зла часто не бывает никакой пользы. Однако, когда мы показываем доброе, зло обличается само по себе».

Как известно, вопросы, на которые отвечал старец, задавали монахини. Но, несмотря на это, ответы отца Паисия касаются любого человека, который подвизается «подвигом добрым» или хочет приступить к этому подвигу. «И монахам, и мирянам, — говорит старец в одном из своих писем, — даны одни и те же заповеди. И рай тоже один для всех». Кроме того, отец Паисий часто отмечал, что есть миряне, живущие высокой духовной жизнью и совершающие над собой тонкое духовное делание.

Благодарим всех тех, кто благосклонно согласился прочесть рукопись настоящего тома и своими советами помог нам завершить подготовку к его изданию.

«Пусть Благий Бог просвещает нас и даёт нам доброе покаяние, чтобы всем нам сподобиться доброго рая, который Он уготовал нам как нежно любящий нас Отец», — говорил старец.

Молитвенно желаем, чтобы его слова исполнились на деле. Аминь.

11 февраля 2001

Неделя о блудном сыне

*Игумения обители святого апостола
и евангелиста Иоанна Богослова
монахиня Филофея с сёстрами во Христе.*

— Геронда, а каким образом животные понимают, что у какого-то человека есть доброта?

— У животных есть интуиция. Поэтому, если ты их любишь, если тебе за них больно, они это чувствуют. В раю животные ощущали благоухание благодати и служили Адаму. После грехопадения природа совоздыхает вместе с человеком. Вон, посмотри на бедного зайчишку: у него постоянно испуганный взгляд. Его сердечко тревожно стучит тук-тук-тук. Горемыка совсем не спит! Как же страдает это крохотное, ни в чём не повинное создание из-за наших грехов! Однако когда человек возвращается в состояние, в котором он был до грехопадения, животные снова без страха приближаются к нему.

ЧАСТЬ ПЕРВАЯ

О БРАНИ ПОМЫСЛОВ

«Видя всё посредством добрых помыслов, человек очищается и приемлет благодать Божию. А злыми, „левыми", помыслами человек осуждает и несправедливо обижает других, препятствует приходу Божественной благодати, после чего приходит диавол и терзает его».

ГЛАВА ПЕРВАЯ
О ПОМЫСЛАХ, ДОБРЫХ И ЗЛЫХ[1]

Сила доброго помысла

Геронда, в Ветхом Завете, в Четвёртой книге Маккавейской, говорится следующее: «Благочестивый помысел не искоренитель страстей, а их противник»[2].

— Смотри: страсти глубоко укоренены у нас внутри, но благочестивый, добрый помысел помогает нам не попадать к ним в рабство. Когда человек, постоянно включая

---

[1] В святоотеческом аскетическом лексиконе слово «помысел» (λογισμός) может означать как простую мысль, возникающую в уме, так и душевное движение, направленное к доброму или злому. Кроме этого, под «помыслом» может пониматься доброе или злое влечение, приобретённое с помощью ума, совести, чувства и воли. Любому делу предшествуют помыслы, поэтому для того, чтобы духовная борьба была правильной, она должна быть обращена в первую очередь на рассмотрение помыслов, с тем чтобы возделывать помыслы добрые и изгонять злые. Все христиане должны заниматься этим деланием, но особенно углублённо занимаются им монахи. — *Здесь и далее примечания греческих издателей даются без указаний.*

[2] *Четвёртая книга Маккавейская* не включена в состав славянской Библии. Книга содержится в Александрийском кодексе греческой Библии, а также входит в канон грузинской Библии. С греческого языка переведена епископом Порфирием (Успенским). В его переводе упомянутая фраза звучит так: «рассудительность (λογισμός) — не искоренительница страстей, а противоборница» (4 Макк. 3:5) — *Прим. пер.*

в работу добрые помыслы, делает своё доброе состояние твёрдым, устойчивым, его страсти прекращают действовать и их словно не существует. То есть благочестивый помысел не искореняет страсти, но борется с ними и может их одолеть. В Четвёртой книге Маккавейской описаны мучения, которые смогли перенести семь святых отроков, их мать святая Соломония и их учитель святой Елеазар, имея благочестивые помыслы. Я думаю, что писатель Священной Книги говорит об этом для того, чтобы ясно показать силу доброго помысла[3].

Один добрый помысел равен по силе многочасовому всенощному бдению! Он обладает великой силой. Сейчас есть такие противоракетные системы, которые лазерными лучами поражают ракету противника ещё на стартовой площадке и не дают ей взлететь. Так и добрые помыслы: они предупреждают взлёт злых помыслов с диавольских «аэродромов», на которых те базируются, и не дают им подняться в воздух. Поэтому, насколько можете, постарайтесь не дать диаволу успеть насадить в вас злые помыслы. Постарайтесь сами опередить его и насадить в себе помыслы добрые, чтобы ваше сердце стало цветником и вашу молитву сопровождало божественное благоухание вашего сердца.

Если человек держит в себе, пусть даже и немного, «левый», то есть злой, помысел о ком-то, то какой бы подвиг он ни совершал: посты, бдение или что-то ещё, — всё пойдёт насмарку. Чем поможет ему аскеза, если он не борется против злых помыслов, но принимает их? Почему он не хочет сначала очистить сосуд от грязного масляного отстоя, пригодного лишь на мыло, и только потом влить в него чистое масло? Зачем он смешивает чистое с нечистым и делает чистое ни на что не годным?

---

[3] В русском переводе см. 2 Макк. 6-7. — *Прим. пер.*

Один чистый, добрый помысел обладает силой большей, чем любой аскетический подвиг. К примеру, диавол воздвиг против юноши брань нечистых помыслов. Чтобы избавиться от них, юноша совершает всенощные бдения, постится, воздерживается от пищи и воды по три дня подряд. Однако один включённый им в работу чистый помысел обладает силой большей, чем все его бдения и пощения, и оказывает ему более существенную помощь.

— Геронда, говоря о «чистом помысле», Вы вкладываете в это слово узкий аскетический смысл или же употребляете его более широко?

— И широко тоже. Посредством добрых помыслов человек очищается и приемлет благодать от Бога. А посредством «левых», недобрых помыслов он осуждает и несправедливо обвиняет других. Делая это, он препятствует приходу Божественной благодати. А потом приходит диавол и терзает этого человека.

— То есть, геронда, осуждая других, человек даёт диаволу право его терзать?

— Да. Вся основа в добром помысле. Именно он возвышает человека, изменяет его к лучшему. Надо достигнуть такого уровня, чтобы видеть всё чистым. Это и есть то, о чём сказал Христос: *Не суди́те на лица́, но пра́ведный суд суди́те*[4]. А потом человек входит в такое состояние, что видит всё не человеческим зрением, но духовными очами. Он всему находит оправдание — в хорошем смысле этого слова.

Нам надо быть внимательными, чтобы не принимать лукавых телеграмм диавола. Приняв их, мы оскверним *храм Ду́ха Свята́го*[5], от нас удалится благодать Божия, в результате чего мы духовно ослепнем. Увидев наше

---

[4] Ин. 7:24.
[5] Ср. 1 Кор. 6:19.

сердце непорочным, чистым, Святой Дух приходит и обитает в нём. Ведь Святой Дух любит непорочную чистоту. Поэтому Он и явился на Иордане в виде голубя[6].

Помыслы «слева» — величайшая болезнь

— Геронда, когда мне предстоит упорядочить какую-нибудь проблему, я сильно беспокоюсь и не могу уснуть.

— Твоя основная проблема — это многие помыслы. Если бы этих многих помыслов у тебя не было, то и на послушании, и в духовной жизни ты трудилась бы с гораздо большей отдачей. Но я научу тебя одному способу, с помощью которого ты сможешь избегать многих помыслов. Вот послушай. К примеру, если у тебя в уме появляется помысел о каком-то деле, которое тебе предстоит сделать завтра, говори своему помыслу так: «Это дело не на сегодня. Завтра я его и обдумаю». А в случае, когда тебе предстоит принять какое-то решение, не изводи себя мыслью о том, как лучше поступить, и не откладывай принятие решения всё дальше и дальше. Выбирай что-то, делай решительный шаг, а заботу о дальнейшем предоставь Богу. Постарайся избегать скрупулёзности, чрезмерной тщательности, чтобы не ломать себе голову. С любочестием[7] делай то, что тебе по силам. При этом веди себя просто и с полным доверием Богу. Возлагая на Бога своё будущее и своё упование, мы, некоторым образом, обязываем Его нам помочь. От многих помыслов даже здоровый человек станет ни на что не годным. Если расстраивается больной и страдающий, то у него есть оправдание. Однако

---

[6] См. Мф. 3:16; Мк. 1:10; Лк. 3:22; Ин. 1:32.
[7] *Любочéстие* (греч. φυλότιμο) — небуквально это великодушие, расположенность к жертвенности, презрение к материальному ради нравственного или духовного идеала. Преподобный Паисий часто подчёркивает значение любочестия в духовной жизни. — *Прим. пер.*

если кто-то, будучи здоровым, беспокоится и страдает от помыслов «слева», то на него впору надевать смирительную рубашку! Мыслимое ли дело — быть в прекрасном здравии и мучиться от собственных помыслов!

Самая тяжёлая болезнь нашей эпохи — это суетные помыслы мирских людей. У них может быть всё, что хочешь, кроме добрых помыслов. Они мучаются, потому что не относятся к обстоятельствам духовно. К примеру, человек едет куда-то на машине. В дороге начинает барахлить двигатель, и он приезжает на место назначения с небольшой задержкой. Имея добрый помысел, опоздавший скажет так: «Видимо, Благий Бог притормозил меня неслучайно. Кто знает: может быть, если бы не возникло этой задержки, я попал бы в аварию! Боже мой, как мне благодарить Тебя за то, что Ты уберёг меня от опасности!» И такой человек славит Бога. А тот, кто не имеет доброго помысла, отнесётся к происшедшему недуховно и начнёт обвинять и хулить Бога: «Да что ещё за невезуха! Мне надо было приехать раньше, а я опоздал! Всё наперекосяк! И где же этот Бог…»

Принимая то, что с ним случается посредством «правого» помысла, человек получает помощь. А работая «налево», он мучается, изводится, выходит из равновесия. Помню, как много лет назад мы приехали со Святой Горы в Уранополь[8] и собирались ехать дальше — в Салоники. Нам подали грузовик, уже загруженный всякой всячиной: чемоданами, апельсинами, рыбой, пустыми грязными корзинами из-под рыбы… В тот же кузов стали забираться люди: дети из Афониады[9], монахи, миряне. Кто

---

[8] *Уранόполь* — ближайшее к Святой Горе мирское селение, небольшой посёлок на юго-восточном побережье Афонского полуострова. — *Прим. пер.*

[9] *Афониάда* (Афонская церковная академия) — расположенное на Святой Афонской Горе закрытое учебное заведение для мальчиков. Основана в 1753 г. Помимо предметов, входящих в программу средней школы, воспитанники

мог — усаживался на досках, остальные стояли на ногах. Один тучный мирянин втиснулся на скамейку рядом со мной. От тесноты ему было очень неудобно, и он стал громко возмущаться: «Что же это за безобразие!» А чуть подальше от него сидел монах, весь заставленный вонючими рыбными корзинками, — у бедняги оставалась снаружи только одна голова. Грузовик тронулся в путь по разбитой просёлочной дороге, его трясло и раскачивало на ухабах. Вставленные одна в другую корзины валились на монаха, и он, стремясь уберечь голову, отталкивал их руками. А мой тучный сосед по скамейке продолжал громко выражать неудовольствие тем, что сидел немного стеснённо. «Ну что ты всё кричишь? — урезонивал я его. — Посмотри, каково приходится твоему соседу! Как ты там, отец?» — спросил я монаха. «Здесь лучше, чем в аду, геронда», — с улыбкой ответил он. Один сидел и при этом мучался, а другой радовался, несмотря на то что на него сыпались горы вонючих рыбных корзин. А дорога была неблизкая — около двух часов езды. Ум мирянина представлял, насколько комфортной была бы поездка в автобусе, и он был готов разнести всё в пух и прах. А монах радовался, думая о тех страданиях, которые испытывал бы в аду. «Через два часа мы доедем до места и выберемся из этого кузова, — рассуждал монах. — А несчастные грешники мучаются в аду вечно. Да и мучения там адские — не чета всем этим корзинкам и людской давке. Слава Тебе, Боже, — здесь не так плохо, как там».

— Геронда, в чём причина того, что, к примеру, два послушника имеют разную степень доверия к своему старцу?

Афониады изучают богословские и церковно-прикладные дисциплины (Священное Писание, жития святых, литургику, древнегреческий язык, византийское церковное пение, иконописание и др.). — *Прим. пер.*

— Причина в помысле. Можно иметь повреждённый помысел в отношении чего угодно и кого угодно. Не имея доброго помысла и не убирая своего «я» из каждого своего действия, то есть действуя по своекорыстию, человек не получит пользы даже от святого. Если бы он даже имел святого старца или старицу, если бы даже его старцем был сам Антоний Великий — да что там говорить — даже все святые, будь они его старцами — не смогли бы ему помочь. Даже Сам Бог не может помочь такому человеку, несмотря на то что Он очень этого хочет. Если человек любит себя самого, то есть страдает самоугодием, то он истолковывает всё по нраву и вкусу своего «я». Одни истолковывают всё греховно, другие — как им это нравится. Постепенно нелепые истолкования становятся для такого человека «естественными». И как бы ты себя ни повёл — такие люди всё равно соблазняются. А некоторые, стоит лишь оказать им чуточку внимания, сказать какое-то доброе слово, взлетают, как на крыльях. Но, если не уделить им внимания, они очень огорчаются и бросаются в крайности. Эти крайности от врага. К примеру, такие люди замечают какой-нибудь пустяк и на основании его строят своё безосновательное предположение. А потом они доходят до уверенности в том, что дело обстояло именно так, как они предполагали. Например, увидев, что кто-то погружён в задумчивость, такие люди думают, что он на них за что-то сердит, хотя человек может быть задумчивым оттого, что чем-то озабочен. Несколько дней назад ко мне пришёл посетитель и спросил про одного из своих знакомых: «Почему раньше он со мной разговаривал, а сейчас нет? Может быть, причина в том, что недавно я сделал ему замечание?» — «Ты знаешь, — сказал я ему, — ведь он мог тебя увидеть и просто не узнать. Или же кто-то из его близких заболел, и он был поглощён мыслью о том, как найти врача. Или же он собирался ехать за границу и был озабочен обменом денег. Могло быть и что-то ещё». И оказалось, что человек, о котором шла речь, был действительно поглощён множеством забот в связи с болезнью одного из своих близких. А его знакомый хотел, чтобы тот во что бы то ни стало остановился и с ним поговорил, и в результате стал мучить себя помыслами.

Добрые помыслы приносят человеку духовное здравие

— Геронда, каковы отличительные особенности слабого помысла?

— Что ты имеешь в виду? Впервые слышу о слабом помысле.

— Вы говорили, что, принимая помысел «слева» и обижаясь на чьё-то поведение, человек…

— И я назвал такой помысел «слабым»?

— Я вспомнила, как кто-то хотел остаться у Вас послушником и Вы ему сказали: «Я не возьму тебя, потому что у тебя слабый помысел».

— Нет, я сказал ему по-другому. «Я не беру тебя в послушники, потому что ты не имеешь духовного здоровья», — вот что я ему сказал. «А что значит „духовное здоровье"?» — спросил он. — «У тебя нет добрых помыслов, — пояснил я. — Как у человека у меня могут быть недостатки, а как у старого монаха — могут найтись и какие-нибудь добродетели. Но если у тебя нет доброго помысла, то и мои недостатки, и мои добродетели пойдут тебе во вред». Это о малом ребёнке можно сказать, что, пока он ещё незрел, его помысел слаб. Но о взрослом человеке сказать такого нельзя.

— Геронда, а все ли взрослые люди зрелы?

— У некоторых незрелая голова. Речь сейчас идёт не о тех, у кого она просто не варит. Если человек не ведёт себя просто, то его помысел направляется ко злу и всё истолковывает наперекосяк. Такой человек не имеет духовного здравия, и ему не помогает даже добро. Даже от добра такой человек терзается.

— Геронда, а если в монастыре происходит какой-то беспорядок, то есть ли смысл искать виновного?

— Ты сперва поищи, не виновата ли в этом ты сама. Так-то оно будет лучше!

— Геронда, однако, если другие сами дают мне повод думать, что виноваты они?

— А сколько раз такой же повод давала им ты? Поразмыслив об этом, ты поймёшь, что, относясь к происходящему подобным образом, ты совершаешь ошибку.

— А говоря: «Скорее всего, этот беспорядок произошёл по вине такой-то сестры», мы принимаем помысел «слева»?

— Ты уверена, что сестра действительно виновата?

— Нет, но она делала подобное и раньше.

— Раз не уверена, значит, это помысел «слева». А кроме того, даже если эта сестра действительно виновата, то кто знает, как и почему она так поступила.

— Геронда, однако, если я вижу, что, к примеру, у такой-то сестры есть определённая страсть?

— Ты что, игуменья? Это игуменья несёт за вас ответственность и поэтому должна следить за вашими страстями. Но вы-то почему следите за тем, какие страсти есть друг у друга? Вы ещё не выучились работать над собой. Если хотите научиться работать над собой, то не исследуйте, чем занимаются другие, но включайте в работу добрые помыслы о том, что видите в них. Независимо от того, какую цель преследует человек, — включайте в работу добрые помыслы. Добрый помысел содержит в себе любовь. Он обезоруживает человека и подвигает его отнестись к тебе по-доброму. Помните монашек, которые приняли разбойника за старца? Когда он им открылся, они решили, что это Христа ради юродивый и поэтому изображает разбойника. После этого они стали относиться к нему с удвоенным почтением. И в конце концов эти монахини спасли и самого разбойника, и его сообщников[10].

— Геронда, а как быть, если сестра говорит неправду?

— А если она была вынуждена сказать эту неправду по твоей вине? Или, может быть, она просто забыла о чём-то и сказанное тебе — это не ложь? Например, гостиничная просит у поварихи немного салата, та говорит, что у неё нет, но первая знает, что есть. Если у гостиничной нет добрых помыслов, то она скажет: «Вот лгунья!» Однако, если у неё есть добрые помыслы, она скажет: «Бедняжка, замоталась с работой и забыла, что у неё остался салат». Или же она может оправдать сестру таким помыслом: «Видимо, она решила приберечь салат для какого-то другого более важного случая». Так и ты: мыслишь подобным образом, потому что у тебя нет духовного здравия. Если бы оно у тебя было, то даже нечистое ты видела бы чистым. Одинаково ты смотрела бы и на плоды фруктовых деревьев, и на навоз, потому что навоз помог деревьям произрастить их плоды.

Тот, у кого есть добрые помыслы, духовно здрав и зло претворяет в добро. Помню, как во время оккупации те

---

[10] Как рассказывается в одном из древних монашеских повествований, однажды главарь разбойничьей шайки замыслил ограбить хорошо укреплённый женский монастырь. С этой целью он переоделся в монашескую одежду, пришёл к воротам обители и попросился на ночлег. Игуменья и сёстры приняли его с большим почётом — как великого авву. Все насельницы монастыря собрались, чтобы взять у него благословение. Воду, которой умывали ноги «аввы», монахини оставили как некую святыню. Одна расслабленная сестра с верой омылась этой водой и получила исцеление от недуга. Ко всеобщему удивлению, она поднялась с одра и сама подошла за благословением к «авве». Происшедшее чудо внутренне изменило главаря разбойников. Он покаялся и выбросил спрятанный под монашеской рясой меч. В скором времени и он, и его сообщники, став монахами, начали вести строгую подвижническую жизнь.

из детей, у кого был крепкий организм, за обе щёки уплетали краюху кукурузного хлеба и отличались отменным здоровьем. А дети богатых родителей ели пшеничный хлеб со сливочным маслом, однако оставались болезненными, потому что их организмы были слабы. В жизни духовной дело обстоит точно так же. Взять, к примеру, человека, имеющего добрые помыслы. Даже если кто-то его несправедливо ударит, он скажет: «Бог попустил это, чтобы я искупил свои прежние грехи. Слава Богу!» Если же добрых помыслов у человека нет, то, даже если ты захочешь его ласково погладить, он подумает, будто ты замахиваешься, желая нанести ему удар. Поглядите на пьяных: человек злой в пьяном угаре крушит всё подряд. Если же у пьяного добрая душа, он плачет и всех прощает. Один такой добряк, напиваясь, начинал бормотать: «Ты вот на меня смотришь недружелюбно... Ладно... Я тебя золотом осыплю. Прямо из ведра!..»

Тот, кто имеет добрые помыслы, всё видит добрым

Когда некоторые говорили мне, что соблазняются, видя в Церкви много неподобающего, я отвечал им так: «Если спросить муху, есть ли здесь в окрестностях цветы, то она ответит: „Насчёт цветов не знаю. А вот консервных банок, навоза, нечистот во-он в той канаве полным-полно". И муха начнёт по порядку перечислять тебе все помойки, на которых она побывала. А если спросить пчелу:„ Не видела ли ты здесь в окрестностях какие-нибудь нечистоты?" — то она ответит:„Нечистоты? Нет, не видела нигде. Здесь так много благоуханных цветов!" И пчёлка начнёт перечислять тебе множество разных цветов — садовых и полевых. Видишь как: муха знает только о помойках, а пчёлка — о том, что неподалёку растёт лилия, а чуть подальше распустился гиацинт».

Как я понял, одни люди похожи на пчелу, а другие — на муху. Те, кто похож на муху, в каждой ситуации выискивают что-то плохое и занимаются только этим. Ни в чём они не видят ни капли доброго. Те, кто похож на пчелу, находят доброе во всём. Человек повреждённый и мыслит повреждённо. Ко всему он относится с предубеждением, всё видит шиворот-навыворот, тогда как тот, у кого добрые помыслы, — что бы ни увидел, что бы ему ни сказали — включает в работу добрый помысел.

Однажды ко мне в каливу пришёл мальчик — ученик второго класса гимназии[11]. Он постучал железным клепальцем в дверь калитки. Хотя меня ждал целый мешок непрочитанных писем, я решил выйти и спросить, что он хочет. «Ну, — говорю, — что скажешь, молодец?» — «Это, — спрашивает, — калива отца Паисия? Мне нужен отец Паисий». — «Калива-то, — отвечаю, — его, но самого Паисия нет — пошёл купить сигареты». — «Видно, — с добрым помыслом ответил паренёк, — батюшка пошёл за сигаретами, потому что хотел оказать кому-то услугу». — «Для себя, — говорю, — покупает. У него кончились сигареты, и он, как угорелый, помчался за ними в магазин. Меня оставил здесь одного, и я даже не знаю, когда он вернётся. Если увижу, что его долго нет, — тоже уйду». В глазах у паренька заблестели слёзы, и он — опять с добрым помыслом — произнёс: «Как мы утомляем старца!» — «А зачем он тебе, — спрашиваю, — нужен?» — «Хочу, — говорит, — взять у него благословение». — «Какое ещё благословение, дурачок! Он же в прелести! Такой беспутный человечишка — я его знаю как облупленного. Так что зря не жди. Ведь он, когда вернётся, будет сильно не в духе. А то ещё и пьяный заявится — он ведь вдобавок ко всему и за воротник не прочь заложить». Однако, что бы я ни

---

[11] Соответствует 6-му классу русской средней школы. — *Прим. пер.*

говорил этому пареньку, ко всему он относился с добрым помыслом. «Ну ладно, — сказал я тогда, — я подожду Паисия ещё немного. Скажи, что ты хочешь, и я ему передам». — «У меня, — отвечает, — есть для старца письмо, но я дождусь его, чтобы взять у него благословение».

Видите как! Что бы я ни говорил — он всё принимал с добрым помыслом. Я ему сказал: «Этот Паисий, как угорелый, помчался за сигаретами», а он, услышав это, начал вздыхать, на глазах появились слёзы. «Кто знает, зачем он за ними пошёл? — подумал он. — Наверное, хотел сделать доброе дело». Другие столько читают и добрых помыслов не имеют. А здесь — ученик второго класса гимназии имеет такие добрые помыслы! Ты ему портишь помысел, а он мастерит новый, лучше прежнего, и на основании его приходит к лучшему заключению. Этот ребёнок привёл меня в восхищение. Такое я увидел впервые.

Помыслы освятившегося человека и помыслы человека лукавого

— Геронда, понимает ли человек, который имеет святость, кто лукав, а кто нет?

— Да, он понимает как человека лукавого, так и человека святого. Он видит совершаемое кем-то зло, но одновременно видит в творящем зло и его внутреннего человека. Он различает, что это зло — от искусителя, что оно приходит в человека извне. Своими душевными очами он видит собственные прегрешения великими, а прегрешения других — малыми. Он действительно видит их малыми, а не обманывает себя. Он может понимать, что совершаемое кем-то — это преступление, но — в добром смысле этого слова — оправдывать лукавство злого человека. Он не презирает таких людей, не считает их низшими себя. Он даже может считать таких людей лучшими себя и сознательно — по многим причинам —

терпеть совершаемое ими зло. К примеру, видя злобу преступника, такой человек думает, что этому преступнику никто не помог, и поэтому тот опустился до того, что стал совершать злодеяния. А ещё он понимает, что и сам мог бы оказаться на месте этого несчастного, если бы Бог оставил его без Своей помощи. Относясь ко злу подобным образом, такой человек приемлет многую благодать. А с человеком лукавым происходит обратное. Видя святость праведника, он не знает его добрых помыслов — подобно тому как не знает их и сам диавол.

Тот, кто совершает над собой тонкое делание, оправдывает других и не оправдывает себя. И чем больше он продвигается вперёд в отношении духовном, тем большую приобретает свободу и тем больше любит Бога и людей. Тогда он не может понять, что значит злоба, поскольку постоянно имеет о других добрые помыслы; его мысли постоянно чисты, и на всё он смотрит духовно, свято. Даже падения ближних идут на пользу такому человеку. Он использует их как надёжный тормоз для себя самого, чтобы быть внимательным и не потерпеть крушения. И напротив, человек неочистившийся мыслит лукаво и на всё вокруг смотрит лукаво. Своим лукавством он пачкает даже хорошее, доброе. Даже добродетели других не идут ему на пользу, потому что, омрачённый чёрной тьмою человекоубийцы диавола, он и добродетели истолковывает с помощью своего «Толково-лукавого словаря». Он всегда пребывает в расстройстве и ближних постоянно расстраивает своим духовным мраком. Если такой человек хочет освободиться, он должен понять, что ему необходимо очистить свою душу, чтобы к нему пришла духовная просветлённость, очищенность ума и сердца.

— Геронда, а почему порой один и тот же человек бывает то лукавым, то добрым?

— В этом случае он подвергается соответствующим влияниям и изменениям. Человек удобоизменчив. Лукавые помыслы могут быть от диавола, однако случается, что лукаво мыслит сам человек. То есть часто враг создаёт определённые ситуации, чтобы вызывать у людей злые помыслы. Как-то ко мне в каливу пришёл один архимандрит, но я не успел его принять. Когда он пришёл во второй раз, я тяжело болел и опять не смог с ним поговорить и попросил прийти ещё раз. Тогда архимандрит начал изводить себя помыслами, что я не хочу его видеть, испытываю к нему неприязнь. Он пошёл в монастырь, которому подчинялась моя келья, и стал на меня жаловаться. Всё это произошло по наваждению лукавого.

*Помыслы человека —
показатель его духовного состояния*

— Геронда, отчего два человека на одну и ту же вещь смотрят неодинаково?

— А разве все глаза видят одинаково ясно? Чтобы видеть ясно, чисто, надо иметь очень здоровые очи души. Ведь, если здравы душевные очи, человек имеет внутреннюю чистоту.

— А почему, геронда, иногда бывает, что одно и то же событие один человек считает благословением, а другой — несчастьем?

— Каждый истолковывает происходящее в соответствии со своим помыслом. На любое событие, явление можно взглянуть как с хорошей, так и с плохой стороны. Как-то я услышал о следующем происшествии. В одной местности был монастырь. Мало-помалу вокруг стали возводить постройки и постепенно монастырь оказался зажат мирскими домами со всех сторон. Вечерню там служили в полночь — вместе с утреней. Миряне, жившие вокруг, тоже приходили на богослужение. Как-то раз один новоначальный молодой монах, уходя на службу, забыл закрыть дверь своей кельи, и в неё зашла женщина. Когда монах об этом узнал, то страшно разволновался: «Беда! Келья осквернена! Всё, конец, пропал!» Недолго думая, хватает он флакон со спиртом, выливает содержимое на пол и поджигает! «Дезинфекция пола!» Ещё немножко — и спалил бы монастырь. Пол-то в келье он сжёг, однако не сжёг своего помысла. А как раз его и надо было сжечь, потому что в помысле и заключалось зло. Если бы, включив в работу добрый помысел, монах сказал себе, что женщина вошла в его келью от благоговения, желая получить пользу, взять в благословение монашескую благодать, чтобы затем самой подвизаться дома, то с ним произошло бы духовное изменение и он прославил бы Бога.

Духовное состояние человека видно из качества его помыслов. Люди судят о вещах и событиях в соответствии с тем, что имеют в себе сами. Не имея в себе духовного, они делают ошибочные выводы и несправедливо относятся к другим. Например, тот, кто по ночам, желая остаться в безвестности, творит милостыню, и о прохожем, встреченном поздно ночью на улице, никогда не помыслит плохо. А тот, кто прожигает свои ночи во грехе, увидев запоздалого прохожего, скажет: «Во зверюга, где же его носило целую ночь?» — потому что судит по собственному опыту. Или, к примеру, человек, имеющий добрые помыслы, услышав ночью стук на верхнем этаже, порадуется: «Кладут поклоны!» А тот, у кого добрых помыслов нет, злобно буркнет: «Проплясали всю ночь напролёт!» Один, услышав мелодичное пение, скажет: «Какие прекрасные церковные песнопения!» — а другой рассердится: «Это что ещё там за песенки горланят!..»

Помните, какое отношение ко Христу проявили двое разбойников, распятые вместе с Ним? Оба видели распятого на Кресте Христа, оба чувствовали, как сотряслась земля, оба находились в равном положении. Однако что помыслил один, и что другой? Один — тот, что висел ошую, хулил Христа и говорил: *А́ще Ты́ еси́ Христо́с, спаси́ Себе́ и на́с*. Другой — одесную — исповедовал так: *Мы́ у́бо досто́йная по дело́м на́шим восприе́млем: Се́й же ни еди́наго зла сотвори́*[12]. Один пошёл в вечную муку, другой спасся.

---

[12] Ср. Лк. 23:39-41.

ГЛАВА ВТОРАЯ
О ХУЛЬНЫХ ПОМЫСЛАХ

Какие помыслы являются хульными

— Геронда, я не понимаю, когда помысел является хульным...

— Когда нам на ум приходят скверные картины о Христе, Матери Божией, святых, о чём-то божественном и святом или даже о нашем духовном отце и тому подобном, то это хульные помыслы. Этих помыслов и пересказывать-то никому не надо.

— Даже духовнику?

— Духовнику достаточно сказать следующее: «Мне приходят хульные помыслы о Христе или о Святом Духе, о Матери Божией, о святых или о тебе — моём духовном отце». Все эти богохульства и грехи не наши — они происходят от диавола. Поэтому нам нет нужды расстраиваться ещё и из-за грехов диавола. Когда я был новоначальным монахом, диавол какое-то время приносил мне хульные помыслы — даже в церкви. Я очень расстраивался. Диавол внушал мне скверные помыслы о святых, в качестве исходного материала используя те сквернословия и похабщину, которые в армии я слышал от других. «Эти помыслы от диавола, — вразумлял меня мой духовник. — Раз человек расстраивается из-за скверных помыслов о святыне, которые у него появляются, это уже доказывает, что они не его собственные, а приходят извне». Но я продолжал расстраиваться. Когда приходили хульные помыслы, я уходил молиться в придел Честного Иоанна Предтечи, прикладывался к его иконе, и она благоухала. Когда скверные помыслы приходили снова, я опять спешил в Предтеченский придел, и от иконы вновь исходило благоухание. Во время одной Божественной Литургии я был в приделе и молился. Когда певчие запели «Святы́й Бо́же» Нилевса[1], я со своего места стал тихонько подпевать. Вдруг я увидел, как через дверь, ведущую в притвор главного храма, в придел вваливается огромный страшный зверь с головой пса. Из его пасти и глаз извергалось пламя. Чудовище повернулось ко мне и, раздражённое тем, что я пою «Святы́й Бо́же», дважды злобно погрозило мне лапой. Я бросил взгляд на монахов, молившихся рядом со мной: может быть, они тоже видели зверя? Нет, никто ничего не заметил. Потом я рассказал о случившемся духовнику. «Ну, видел, кто это был? — сказал мне духовник. — Это он самый и есть. Теперь успокоился?»

— Геронда, а всегда ли человек понимает, что его помысел является хульным?

— Он понимает это, если работает головой, которую дал ему Бог. Например, некоторые задают мне вопрос: «Геронда, как возможно существование адских мук? Мы огорчаемся, видя человека, сидящего в тюрьме, что же говорить о тех, кто мучается в аду!» Однако такие рассуждения — хула на Бога. Эти люди выставляют себя более праведными, чем Он. Бог знает, что делает. Помните случай, рассказанный святым Григорием Двоесловом? Однажды

---

[1] *Ни́левс Карама́дос* — известный константинопольский певчий второй половины XIX в., сочинитель многих церковных песнопений и теоретик византийского церковного пения.

епископ Фортунат изгнал нечистого духа из бесноватой женщины. Изгнанный бес принял образ нищего, вернулся в город и стал обвинять епископа. «Немилосердный, изгнал меня!» — кричал он. Один человек, услышав эти крики, пожалел «несчастного»: «Что за нелёгкая дёрнула его тебя выгнать! Как он мог на такое пойти! А ну давай заходи ко мне в дом». Диавол вошёл в его дом и вскоре попросил: «Подбрось в очаг дровишек, а то я зябну». Хозяин положил в огонь толстые поленья, пламя весело загудело. А когда огонь разгорелся как следует, диавол вошёл в ребёнка хозяина дома. В припадке беснования несчастный прыгнул в огонь и сгорел. Тогда хозяин понял, кого изгнал епископ и кого он принял в свой дом. Епископ Фортунат знал, что делал, когда изгонял нечистого духа из бесноватой[2].

Откуда происходят хульные помыслы

— Геронда, не могли бы Вы рассказать нам что-нибудь о добром равнодушии?

— Доброе равнодушие необходимо человеку чрезмерно чувствительному, которого мучает разными помыслами тангалашка[3]. Такому человеку хорошо бы стать немного бесчувственным — в положительном смысле этого слова — и не копаться в помыслах определённого рода. Кроме того, доброе равнодушие необходимо человеку, которого диавол, желая вывести из строя, сделал чрезмерно чувствительным в отношении какого-то конкретного дела или явления — хотя обычно такой человек чрезмерной чувствительностью не страдает. И такому человеку

---

[2] См. *Святитель Григорий Двоеслов.* Собеседование о жизни италийских отцов и о бессмертии души. М., Благовест, 1996. С. 54.

[3] Так преподобный Паисий называл диавола.

на какое-то время поможет доброе равнодушие. Однако за ним должен наблюдать духовник.

Ему нужно открывать свой помысел духовнику и быть под его наблюдением. В противном случае он может потихоньку стать безразличным ко всему и впасть в противоположную крайность — превратиться в совершенно равнодушного человека.

— Геронда, почему, когда я впадаю в печаль, у меня появляются хульные помыслы?

— Смотри, что происходит: видя тебя опечаленной, тангалашка пользуется этим и подсовывает тебе мирскую карамельку — греховный помысел. Если ты в первый раз падёшь, приняв этот помысел-карамельку, то в следующий раз он расстроит тебя ещё больше и у тебя не найдётся сил ему сопротивляться. Поэтому никогда не нужно пребывать в состоянии печали — вместо этого лучше заняться чем-то духовным. Духовное занятие поможет тебе выйти из этого состояния.

— Геронда, я очень мучаюсь от некоторых помыслов…

— Они от лукавого. Будь мирна, и не слушай их. Ты человек впечатлительный, чуткий. Диавол, пользуясь твоей чувствительностью, внушает тебе привычку уделять некоторым помыслам излишнее внимание. Он «приклеивает» к ним твой ум, и ты понапрасну мучаешься. К примеру, он может принести тебе скверные помыслы о матушке игуменье или даже обо мне. Оставляй эти помыслы без внимания. Если отнестись к хульному помыслу хоть с немногим вниманием, он может тебя измучить, может тебя сломать. Тебе необходимо немного доброго равнодушия.

Хульными помыслами диавол обычно мучает благоговейных и очень чувствительных людей. Он преувеличивает их падение в их собственных глазах с тем, чтобы ввергнуть их в скорбь. Диавол стремится низвергнуть их в отчаяние, чтобы они покончили с собой, а если это ему не удаётся, то стремится, по крайней мере, свести их с ума и вывести из строя. Если же диаволу не удаётся и это, то ему доставляет удовольствие навести на них хотя бы тоску, уныние.

Как-то я повстречал человека, который постоянно плевался. «Он одержим бесом», — сказали мне про него. «Да нет, — отвечаю, — бесноватые так себя не ведут». И действительно, как я достоверно узнал потом, этот бедолага не провинился настолько, чтобы стать одержимым. Он рос сиротой и отличался чувствительностью, впечатлительностью. Вдобавок у него был помысел «слева» и немного болезненное воображение. Диавол всё это разжёг и стал приносить ему хульные помыслы. И когда он их приносил, несчастный сопротивлялся, подскакивал и, желая избавиться от хульных помыслов, «выплёвывал» их. А те, кто наблюдали за этим со стороны, думали, что он одержим бесом. Вот так: впечатлительный бедолага выплёвывает хульные помыслы, а ему говорят: «Ты одержим бесом!»

Часто хульные помыслы приходят человеку и по зависти диавола. Особенно после всенощного бдения. Бывает, что от усталости ты падаешь как мёртвый и не можешь противодействовать врагу. Вот тогда-то злодей диавол и приносит тебе хульные помыслы. А потом, желая тебя запутать или ввергнуть в отчаяние, начинает внушать: «Да таких помыслов и сам диавол не принесёт! Теперь ты не спасёшься». Диавол может принести человеку хульные помыслы даже на Святого Духа, а потом сказать, что этот грех — хула на Святого Духа — не прощается.

— Геронда, а может ли хульный помысел прийти по нашей собственной вине?

— Да. Человек может и сам дать повод для прихода такого помысла. Если хульные помыслы не вызваны чрезмерной чувствительностью, то они приходят от гордости, осуждения и тому подобного. Поэтому, если, подвизаясь, вы имеете помыслы неверия и хулы, знайте, что ваше подвижничество совершается с гордостью. Гордость омрачает ум, начинается неверие, и человек лишается покрова Божественной благодати. Кроме того, хульные помыслы одолевают человека, который занимается догматическими вопросами, не имея для этого соответствующих предпосылок[4].

Презрение к хульным помыслам

— Геронда, авва Исаак говорит, что мы побеждаем страсти «смирением, а не превозношением»[5]. Презрение к какой-то страсти и презрение к хульным помыслам — это не одно и то же?

— Нет. В презрении страсти есть гордость, самоуверенность и — что хуже всего — самооправдание. То есть ты оправдываешь себя и «отказываешься» от своей страсти. Ты словно говоришь: «Эта страсть не моя, она не имеет ко мне никакого отношения» — и не подвизаешься, чтобы от неё освободиться. А вот хульные помыслы мы должны презирать, потому что, как я уже говорил, они не наши, а от диавола.

— А если человек притворяется перед другими, что имеет какую-то страсть, например, изображая себя чревоугодником, то тем самым он насмехается над диаволом?

— В этом случае он лицемерит добрым лицемерием, но это не насмешка над диаволом. Ты насмехаешься над

---

[4] То есть духовных предпосылок: благоговения, смирения, послушания Церкви, — или предпосылок внешних: образования, способностей, знания греческого языка и т. п. — *Прим. пер.*

[5] *Преподобный Исаак Сирин.* Слова подвижнические. М., 1993. С. 255.

диаволом, когда он приносит тебе хульные помыслы, а ты поёшь что-то церковное.

— Геронда, как прогнать хульный помысел во время богослужения?

— Песнопением. «Отве́рзу уста́ моя́…»⁶ Ты что, не умеешь петь по нотам? Не расковыривай этот помысел, отнесись к нему с презрением. Человек, который стоит на молитве и собеседует с такими помыслами, подобен солдату, который отдаёт рапорт командиру и при этом раскручивает гранату.

— А если хульный помысел не уходит?

— Если он не уходит, знай, что где-то в тебе он облюбовал для себя местечко. Самое результативное средство — это презрение к диаволу. Ведь за хульными помыслами прячется он — учитель лукавства. Во время брани хульных помыслов лучше не бороться с ними даже молитвой Иисусовой, потому что, произнося её, мы покажем своё беспокойство и диавол, целясь в наше слабое место, будет обстреливать нас хульными помыслами без конца. В этом случае лучше петь что-то церковное. Смотри, ведь и малые дети, желая показать презрение своему сверстнику, перебивают его речь разными песенками вроде «тру-ля-ля». То же самое следует делать и нам по отношению к диаволу. Однако будем показывать своё презрение к нему не мирскими песенками, а священными песнопениями. Церковное пение — это не только молитва к Богу, но и презрение к диаволу. Таким образом, лукавому достанется на орехи и с одного, и с другого бока — и он лопнет.

— Геронда, находясь в таком состоянии, я не могу петь. Даже ко Святому Причащению мне подходить нелегко.

---

⁶ Начальные слова ирмоса 1-й песни канона Благовещению Пресвятой Богородицы.

— Это очень опасно! Тангалашка загоняет тебя в угол! И пой, и причащайся — ведь эти помыслы не твои. Окажи мне послушание хотя бы в этом: во время брани помыслов пропой один раз «Достойно есть», чтобы тангалашка получил то, что ему причитается, и пустился наутёк. Я не рассказывал тебе об одном афонском монахе? Двенадцатилетним сиротой он пришёл на Святую Гору. Лишившись любви своей матери по плоти, он всю любовь отдал Матери Божией. Он питал к Ней такие же чувства, как к своей родной матери. Если бы ты видела, с каким благоговением он прикладывался к иконам! И вот враг, сыграв на этой любви, принёс ему хульные помыслы. Несчастный даже к иконам прикладываться перестал. Его старец, узнав об этом, взял его за руку и заставил приложиться к ликам и рукам Пресвятой Богородицы и Спасителя на Их иконах. Сразу же после этого диавол пустился в бегство. Конечно, лобызать Божию Матерь и Спасителя прямо в лик — это дерзко. Но старец заставил монаха сделать это, чтобы прогнать мучавшие его помыслы.

В каких случаях мы виновны в хульных помыслах сами

— Геронда, когда я испытываю приражение хульного помысла, но без сосложения с ним[7], то ложится ли на меня вина?

— Если ты огорчаешься и не принимаешь этого помысла, то вины нет.

---

[7] В аскетическом лексиконе «приражением» (греч. προσβολή) называется помышление ума или движение сердца, не сопровождаемое образами. Появление и замедление греховных образов и мечтаний свидетельствует о «сосложении» (греч. συγκατάθεσις) с помыслом, которое является внутренней уступкой греху и требует уврачевания покаянием. См.: *Прп. Марк Подвижник*. 200 глав о духовном законе. Главы 139–142; и Добротолюбие (в русском переводе). Том I. Свято-Троицкая Сергиева Лавра, 1992. С. 532. — *Прим. пер.*

— Геронда, а когда человек сам виновен в хульном помысле?

— Он виновен, если не огорчается, что имеет такой помысел, а сидит сложа руки и собеседует с ним. И чем больше он будет принимать хульные помыслы, тем большему диавольскому смятению подвергнется. Ведь, разглядывая появившийся хульный помысел и собеседуя с ним в уме, ты в малой степени подвергаешься беснованию.

— А как прогнать такие помыслы?

— Если человек огорчается, что такие помыслы к нему приходят, и не собеседует с ними, то, не получая пищи, они отпадают сами собой. Дерево, которое не поливают, засохнет. Однако, начав хотя бы немного услаждаться этими помыслами, он даёт им пищу, «поливает» своего ветхого человека. В этом случае помыслы «отсыхают» нелегко.

— А со мной, геронда, иногда случается следующее: я принимаю хульные помыслы, сослагаюсь с ними, потом понимаю это, но уже не могу их прогнать.

— Знаешь, что с тобой происходит? В какой-то момент ты на что-то отвлекаешься, рассеиваешься и с разинутым ртом начинаешь считать ворон. Тогда к тебе подкрадывается тангалашка и вбрасывает в твой разинутый рот карамельку. Ты начинаешь вращать её во рту, чувствуешь её вкус, и тебе уже тяжело её выплюнуть. Нужно выплёвывать сразу — едва-едва почувствуешь её «сладость».

— Геронда, а если я ненадолго принимаю появившийся хульный помысел, но потом его прогоняю?

— В этом случае диавол даёт тебе леденец, ты его выплёвываешь — но не сразу, а спустя какое-то время. Выплёвывать нужно немедленно. В противном случае, обманув тебя вначале с помощью леденца, диавол впоследствии напоит тебя горьким зельем и поглумится над тобой.

ГЛАВА ТРЕТЬЯ
О ДОВЕРИИ ПОМЫСЛУ

Доверие помыслу — начало прелести

— Геронда, я, когда рассержусь, становлюсь как бурный поток — не могу себя удержать.
— А почему ты не можешь себя удержать?
— Потому что верю своему помыслу.
— Ну раз так, то у тебя своё собственное «верую», собственный «символ веры»! Всё дело в эгоизме. Не оправдывай своего помысла. Выбрасывай дурацкий помысел сама, не принимай его.
— А как я могу понять, что помысел «дурацкий»?
— Э, раз ты этого не понимаешь, тогда открывай его матушке-игуменье. И выбрасывай помысел одним махом — слушаясь её во всём, что она тебе скажет. Если духовный человек доверяет своему помыслу, это начало прелести. Его ум омрачается гордостью, и он может впасть в прелесть. Уж лучше ему тогда повредиться в рассудке, потому что в этом случае он будет иметь смягчающие вину обстоятельства.
— Геронда, а разве другие не в состоянии помочь такому человеку?

— Чтобы человеку, находящемуся в таком состоянии, пошла на пользу чья-то помощь, он и сам должен себе помочь. Должен понять, что верить своему помыслу, который внушает ему, что он лучше всех, что он свят и тому подобное, — это прелесть. От такого помысла, если сам человек его удерживает, не отобьёшься даже из пушки. Чтобы этот помысел ушёл, нужно смириться. Иногда люди, находящиеся в таком состоянии, просят меня помолиться о них. А чем поможет такому человеку моя молитва? Если он сам оставляет в себе бикфордов шнур, который просунул в него диавол, то опять взлетит на воздух. Всё равно как если бы человек сидел на пороховой бочке, держал в руках фитиль и при этом просил тебя помочь ему избежать взрыва!

— Геронда, я стала просто ненормальной…

— Это кто же тебе такое сказал? Уж не твой ли помысел? Не бойся. Я со Святой Горы за тобой слежу. Помню о тебе. Не стала ты ненормальной, не стала. Но вот если начнёшь верить своему помыслу, он точно сведёт тебя с ума. Не верь своему помыслу: ни когда он говорит, что ты пропащая, ни когда величает тебя святой.

Доверие помыслу приводит к душевным болезням

— Геронда, если человек мучается помыслом, что все вокруг якобы только им одним и заняты, то как ему этот помысел прогнать?

— Этот помысел от лукавого, который стремится сделать человека больным. Надо относиться к такому помыслу с безразличием, не обращать на него внимания. Ему нельзя верить ни на грош. Например, человек мнительный, увидев, как два его знакомых тихо разговаривают между собой, думает: «А ведь это они мне косточки перемывают! Не ожидал от них такого!» А люди беседуют совсем о другом. Если дать такому помыслу волю, то постепенно он «наберёт обороты» и человек дойдёт до того, что станет думать, будто за ним следят, его преследуют. Даже если кто-то имеет «неопровержимые данные» о том, что окружающие заняты им одним, он должен знать, что эти «факты» подтасовал столь хитрым образом не кто иной, как сам враг, желая убедить человека в истинности внушаемого помысла. Какой же диавол хитрый подтасовщик!

Я знаком с одним юношей. Будучи весьма умным, он верит своему помыслу, который внушает, будто он психически неуравновешен. Принимая помыслы, которые приносит ему тангалашка, молодой человек создал себе целую кучу комплексов. Он пытался покончить с собой, совершенно измучил своих родителей. Бог дал ему силы и дарования, но враг всё это приводит в негодность. Так парень мучается сам и мучает других. Я не могу понять: ну зачем люди принимают эти тангалашкины помыслы и сами делают свою жизнь невыносимой? Потом они даже Бога начинают обвинять в том, что с ними происходит, а ведь Он так нам благодетельствует и так нас любит! Что ни говори таким людям — толку не будет. Пока сам человек не перестанет верить помыслам, которые приносит ему враг, все разговоры с ним вымотают силы, и больше ничего.

— Геронда, впечатлительность — это душевная немощь, болезнь?

— Нет. Любочестие и впечатлительность, чуткость, — это естественные дарования, однако, к несчастью, диаволу иногда удаётся использовать их в своих целях. Диавол часто внушает чуткому, впечатлительному человеку сгущать краски, чтобы он был не в силах перенести какую-то трудность или же, чуть понеся её, надорвался, разочаровался, измучился и в конце концов покалечился. Если с пользой употребить врождённую впечатлительность, чуткость, то она станет небесной. Если же позволить, чтобы ею воспользовался диавол, то она выйдет человеку боком. Ведь если человек не употребляет своих дарований на пользу, то ими пользуется диавол. Так человек выбрасывает Божие дары. Вместо того чтобы благодарить Бога, он понимает всё шиворот-навыворот. Если впечатлительный человек верит своему помыслу, это может довести его даже до психиатрической лечебницы. Конечно, не за что похвалить и человека равнодушного с его постоянным припевом: «Мелочи жизни!» Но, по крайней мере, в психбольницу такие люди не попадают. Поэтому тангалашка и охотится за людьми впечатлительными.

А другие люди мучают себя помыслом, что они якобы обременены тяжёлой наследственностью. Вернее, это тангалашка приносит им такой помысел и старается убедить их, будто так оно и есть. Враг нагоняет на таких людей страх, желая заморочить им голову и без серьёзных причин вывести из строя. Да хотя бы в человеке действительно было что-то наследственное — перед благодатью Божией не может устоять ничего. Помните святого Киприана[1] — бывшего колдуна, который стал иерархом Церкви и мучеником Христовым? А преподобный Моисей Мурин[2]? Поначалу был разбойником, а в монашестве превзошёл чуткостью многих великих отцов. Какой высокой степени устроения он достиг! Когда его навестил святой Макарий, преподобный Моисей спросил его: «Что мне делать? Меня беспокоят люди, и я не могу сохранить безмолвия». — «Моисей, — ответил ему авва Макарий, —

---

[1] Память священномученика Киприана совершается 2 (15) октября.
[2] Память преподобного Моисея Мурина совершается 28 августа (10 сентября).

ты очень чуток. Иди в Аравийскую пустыню, потому что прогнать людей ты не можешь»³.

Святой Моисей — этот бывший разбойник — превзошёл тонкостью душевного устроения даже преподобного Арсения Великого, который происходил из знатной семьи, был человеком образованным, культурным. Видишь, что творит Божия благодать! Но о преподобном Моисее необходимо сказать и то, что он имел великое смирение…

Причуды начинаются с помысла

— Геронда, откуда появляется брезгливость?
— А чем ты брезгуешь?
— Да всем чем угодно.
— Ну тогда тебе и будет попадаться всё что угодно: и червячки в яблоках, и жучки в фасоли, и волоски в хлебе…
— Геронда, мне как раз всё это и попадается!
— Слава Тебе, Господи! Видишь, как Бог помогает тебе преодолеть эту немощь?
— Геронда, а разве всё подобное начинается не с помысла? Предположим, сестре попался в тарелке волос. Ну так пусть она его выбросит — и дело с концом.
— Да ты что, ни в коем случае нельзя выбрасывать! Ведь этот волос достался ей как благословение! Пусть она обязательно отдаст его мне, я отвезу его с собой на Афон — как благословение!.. Помню, как-то на Синае мы шли куда-то вместе с одним монахом. По дороге я дал ему два персика. Смотрю — не ест. Он хотел их сперва помыть, но в карман положить боялся — чтобы ещё и

---

³ Ср. Достопамятные сказания о подвижничестве святых и блаженных отцов. Свято-Троицкая Сергиева Лавра, 1993. С. 107.

те микробы, что сидят в кармане, на них не перебежали. Так и продержал всю дорогу в руках. Его брат о нём рассказывал: «У меня восемь детей, и жена, всех их моя и обстирывая, изводит мыла меньше, чем он один на мытьё рук!» И поглядите, что с ним произошло. Там, на Синае, каждому монаху выделяли бедуина — помогать, приносить еду и тому подобное. Бедуин, которого выделили брезгливому монаху, был самый грязный из всех. Чёрный, как трубочист! И его одежда, и он сам издавали страшное зловоние. Чтобы отмыть грязнулю, пришлось бы целую неделю отмачивать его в корыте! А что у него были за руки!.. Лучше даже не спрашивай. Можно было брать шпатель и соскабливать с них грязь целыми кусками. Неряха хватал миску с едой и спешил к своему «подшефному» монаху. Два грязнущих больших пальца его рук при этом обязательно оказывались погружёнными в суп или в кашу. «Прочь, прочь!..» — кричал монах, едва видел его на пороге. В конце концов он сбежал, не пробыв на Синае и двух недель.

А в общежительном монастыре, где я жил раньше, был монах, который в миру работал участковым полицейским. Он был образован, и поэтому ему дали послушание чтеца в храме. Он прожил в монастыре немало лет, но, несмотря на это, брезговал всем вокруг. К дверным ручкам он даже и не притрагивался, а открывал двери ногой. Если требовалось поднять щеколду, он делал это ло́ктем, а потом ещё протирал рукав спиртом. Он открывал ногой даже дверь церкви. Когда он состарился, то, по попущению Божию, его ноги стали гнить и в них завелись черви — особенно в той, которой он открывал двери в храм. Когда я нёс послушание в монастырской больнице — помогал фельдшеру, он как раз впервые пришёл туда с перевязанной ногой. Фельдшер велел мне развязать его ногу, а сам пошёл за бинтами. Ох, что же я увидел, сняв повязку! Вся нога кишмя кишела червями! «Иди на море, — сказал я ему, — и промой свою ногу, очисти её от червей. Потом приходи, и мы сделаем тебе перевязку». До чего же он дошёл! Какое наказание его постигло! Я был просто потрясён. «Понял, в чём причина?» — спросил меня фельдшер. «Как не понять! — ответил я. — Причина в том, что он открывает дверь храма ногой».

— Геронда, даже находясь в таком состоянии, он продолжал открывать дверь ногой?

— Да, ногой! А состарился в монашестве!

— Он так ничего и не понял?

— Не знаю. Я потом ушёл из того монастыря в обитель Стомион в Конице[4]. Кто знает, какой смертью он умер? А между тем, некоторые молодые иноки из того же самого монастыря подъедали за старыми монахами остатки с их тарелок — как благословение. Они собирали после них «избытки укрух». Другие монахи от благоговения целовали дверную ручку, потому что к ней прикасались руки отцов. А этот, прикладываясь к иконам, только чуть-чуть касался их усами, которые после тщательно тёр ваткой со спиртом!

— Геронда, когда человек относится к святыне подобным образом, это неблагоговение?

— Начинает-то он просто с брезгливости, но потом заходит ещё дальше. Как этот монах: он дошёл до того, что не прикладывался к иконам от страха, что тот, кто прикладывался к ним раньше, был чем-то болен!

— То есть, для того чтобы не быть брезгливым, надо не обращать на подобные вещи внимания?

— Люди едят столько всякой заразы, не видя её. Но если человек, который опасается болезней или чего-то

---

[4] *Коница* — городок в западной Греции, где прошли детские и юношеские годы старца Паисия. — *Прим. пер.*

ещё, творит крестное знамение, то ему помогает Христос. Знаете, сколько разных больных проходят через мою каливу на Афоне? И вот некоторые простецы осеняют себя крестным знамением, берут общую кружку и пьют из неё воду. А другие прикоснуться к ней — и то боятся. Несколько дней назад ко мне приходил человек, занимающий очень высокую должность в одном учреждении. Несчастный испытывает столь великий страх перед микробами, что от постоянных протираний спиртом его руки стали белыми как мел. Он протирает спиртом даже свой автомобиль. Мне стало жаль бедолагу. Представляешь: занимать столь высокую должность и так себя вести? Я взял из коробки кусочек лукума и подал ему, но он отказался, потому что я дотронулся до лукума своими руками. Однако предложи я ему самому взять лукум из коробки, он всё равно отказался бы, думая о том, что кто-то мог укладывать лукум в коробку немытыми руками. Ну что же, тогда беру я этот кусочек лукума, нагибаюсь, обтираю им его ботинки и потом съедаю. Пришлось проделать с ним подобную штуку несколько раз — и только тогда, с большим трудом, мне удалось немножко освободить его от этой немощи. Да вот и сегодня сюда приходила девушка, испытывающая страх перед болезнями. Войдя в комнату, где я принимаю людей, она не стала брать у меня благословения, боясь подхватить микробов. Я хотел ей помочь и сказал ей много полезного, а она после всего этого, уходя, опять не стала брать у меня благословения. «Я не целую тебе руку, — объяснила она, — потому что боюсь заразиться микробами». Что тут скажешь? Так люди сами делают свою жизнь чёрной, невыносимой.

Больные собственным воображением

Самая страшная болезнь — это когда человек поверил своему помыслу о том, что он чем-то болен. Этот помысел душит человека тревогой, расстраивает его, лишает аппетита и сна, заставляет принимать лекарства, и в конце концов здоровый человек действительно заболевает. Я понимаю, когда лечится человек, который действительно чем-то болен. Но быть сперва здоровым, а потом, посчитав себя больным, действительно заболеть, не имея на то никаких причин, — такого я понять не могу. К примеру, бывает такое: человек обладает и телесной, и духовной силой, но, несмотря на это, не может сделать ничего, потому что поверил своему помыслу, внушающему, что он нездоров. В результате человек угасает и телесно, и духовно. И он не врёт — это действительно так. Поверив в то, что у него какая-то хворь, человек поддаётся панике, надламывается и потом не в силах ничего сделать. Так, без всякой уважительной причины, он приводит себя в негодность.

Иногда ко мне в каливу приходят всерьёз надломленные люди. «Помысел говорит мне, что у меня СПИД», — говорят они и верят в это. «Может быть, у тебя в жизни было то-то и то-то?» — спрашиваю я. «Нет, — отвечают, — ничего подобного не было». — «Тогда, — говорю, — ты расстраиваешься зря. Пойди сдай анализы, чтобы выгнать свой помысел». — «А если, — отвечают они в страхе, — анализы покажут, что СПИД у меня всё-таки есть?» Так они не слушают меня и мучаются. А вот те, кто послушно идут на обследование, убеждаются в том, что у них нет никакого СПИДа. И поглядите: их лица меняются, к ним возвращается вкус к жизни. А первые от расстройства могут слечь в постель и даже есть ничего не будут. Ну ладно, допустим, у тебя и вправду СПИД. Но ведь для

Бога нет неразрешимых проблем. Если ты будешь проводить более духовную жизнь, исповедоваться, причащаться, станешь настоящим христианином, то тебе поможет Господь.

— Геронда, а отчего человек начинает думать, будто бы он болен?

— Он сам потихоньку взращивает этот помысел в себе. Часто для таких подозрений может действительно существовать какой-то небольшой, несерьёзный повод, используя который, помысел внушает человеку что-то ещё и раздувает из мухи слона. Когда я жил в монастыре Стомион, в Конице был один семейный человек, который думал, будто у него туберкулёз. Даже свою жену не подпускал близко. «Не подходи, — говорил он ей, — а то заразишься». Несчастная женщина подвешивала на край длинной палки корзину с едой и подавала ему издалека. Бедняжка совсем истомилась, зачахла. Несчастные дети смотрели на своего «чахоточного» отца издали, а у него на самом деле никакого туберкулёза и в помине не было. Дело было в том, что он не выходил на солнце, а постоянно находился в запертой комнате закутанный в одеяла. Поэтому он пожелтел и поверил в то, что у него чахотка. Ну что же, когда мне обо всём этом рассказали, я пошёл к нему домой. Увидев меня, «больной» простонал: «Не приближайся ко мне, монах, чтобы не заразился ещё и ты… Ведь к тебе в монастырь приходят люди… Видишь, совсем меня чахотка скрутила…» — «Да кто тебе сказал, дурачок, что у тебя чахотка?» — спросил я. Тут его жена принесла мне угощенье — варенье из грецких орехов. «Ну, — говорю, — давай открывай рот. Сейчас ты будешь меня слушаться». Ну что же, открыл он рот. Он ведь не знал, что я собирался сделать. Тогда взял я из блюдечка сладкий орех, вложил ему в рот, повозил там несколько раз, потом вынул, положил себе в рот и съел.

«Нет, нет! — закричал „чахоточный". — Не делай этого! Заразишься!» — «Чем я там заражусь! Ведь у тебя ничего нет! Что я, очумел что ли, такое делать, если бы у тебя и вправду была чахотка? Давай поднимайся, пойдём на воздух!» — ответил я ему и, повернувшись к его жене, сказал: «Выбрасывай все эти лекарства, одеяла…» Поднял я его, и мы вышли на воздух. После трёх лет «заточения» он с удивлением глядел на мир. А потом потихоньку и на работу стал ходить. Вот что такое помысел, когда его взрастишь!

Послушанием преодолевается всё

— Геронда, как помочь человеку, который безосновательно подозревает, будто он чем-то болен?

— Чтобы такой человек получил помощь, он должен иметь духовника, доверять ему и оказывать ему послушание. Он будет открывать духовнику свой помысел, а тот будет его наставлять: «Этому не придавай значения, а вот на то обрати внимание…» Если человек не доверяет своему духовнику и не слушается его, то помысел не уйдёт. Знаешь, что такое, когда люди просят тебя о помощи, а сами не ударяют палец о палец? Вот, например, молодой человек, живущий распущенно и страдающий от душевной неустроенности, приходит ко мне в каливу с глазами, краснющими от табачного дыма, и просит, чтобы я ему помог. Вдобавок ко всему у него есть и некое ложное благоговение: он просит, чтобы я дал ему в благословение иконку из иконостаса храма моей кельи, но в келью при этом заходит с сигаретой в зубах. «Брат ты мой, — говорю ему, — да у тебя от этих сигарет глазищи стали красными, как у бешеной собаки. Я у себя в келье даже старикам курить не разрешаю. Дым бывает здесь только от ладана». Но он упёрся — и всё тут. Приходит просить помощи, а от помысла своего не отказывается. «Почему, — спрашивает, — ты не хочешь меня исцелить?» Хочет стать здоровым, но магическим способом, не прилагая никаких усилий. «Ты, — говорю ему, — не годишься для чуда. Ведь у тебя нет никакой болезни. Ты просто веришь своему помыслу». А если бы этот малый оказывал послушание, то и помощь получил бы. Я заметил, что тот, кто слушается советов, быстро продвигается вперёд, и всё у него становится на свои места. И сам такой человек, и его родные обретают спокойствие.

Как-то раз некий священник приехал в монастырь, и там его попросили поучаствовать в пении. Он отказался. «Почему, — спросили его, — ты не поёшь?» — «Потому, — ответил он, — что в псалме говорится: *Возноше́ния Бо́жия в горта́ни их, и мечи́ обою́ду о́стры в рука́х их*[5]. Он настаивал на том, что петь — это плохо, потому что боялся «обоюдоострого меча» за то, что он «вознесёт» свой «глас»! «Родненький ты наш, — говорили ему монахи, — золотце ты наше, это всё не так, как ты думаешь». Но он упёрся и ни в какую. Ну как с таким человеком найдёшь общий язык? Что с ним сделаешь? Да хотя бы его «толкование» и было правильным, но если бы при этом он оказал послушание чужой ошибке, то принял бы благодать, и благодать немалую, которая была бы дана ему за то, что он смирился.

Сколько же людей годами мучаются подобным образом от того, что верят своему помыслу и не слушаются других! Что бы ты им ни говорил, что бы ни делал, они всё истолковывают шиворот-навыворот. И ведь зло не останавливается на том, что человек единожды верит своему помыслу. Зло умножается и растёт. Человек всё возделывает и возделывает в себе доверие собственному

---

[5] Пс. 149:6.

помыслу, и это может довести его до умопомешательства. К примеру, человек строит дом. «Как же ты его строишь? — говорят ему. — Ведь он рухнет и похоронит тебя под обломками!» Если он послушается совета в начале строительства, то неправильно построенное можно будет легко сломать и возвести новое. А уже законченное здание — как у него поднимется рука разрушить его? «Оно тебя задавит», — говорят ему. Да он и сам видит, что здание долго не простоит, осознаёт опасность, однако мысли о том, сколько средств и сил он затратил на строительство, его останавливают. Таким образом, он не решается ломать творение собственных рук и в конце концов оказывается задавленным обломками.

— А такому человеку можно помочь?

— Можно, если он сам этого хочет. Однако, как ты ему поможешь, когда ты говоришь ему о том, что что-то неправильно, а он оправдывает себя? К примеру, некий молодой человек болен сахарным диабетом и, не зная, какие серьёзные последствия это может для него иметь, думает, что всё это шуточки. «Сахарный диабет, — говорит ему врач, — это серьёзное заболевание, и ты должен соблюдать диету». Если юноша послушает врача, то болезнь пройдёт без серьёзных последствий. Однако, как можно прийти с ним к взаимному пониманию, если он будет говорить так: «Ну и что за важность этот диабет? Я буду есть сладкое, потому что, когда я ем сладкое, мне становится жарко, а раз мне жарко, то я могу спать без одеяла и даже ходить по снегу босиком». Как прийти к взаимному пониманию с человеком, если он настаивает на своём?

— Геронда, а, если юноша верит своему помыслу, это естественно?

— Если юноша верит своему помыслу, то у него много эгоизма.

— А как он может это понять?

— Он поймёт это, если, к примеру, вспомнит некоторые случаи из своего детства, которые показывают, какой процент эгоизма был у него тогда. Случилось мне как-то наблюдать за двумя мальчуганами. Один взял подушку, набитую поролоном, и легко её поднял. Подошёл и другой, чтобы её поднять, но сделал вид, что ему очень тяжело, словно вместо подушки был мешок с цементом. В этом, втором, мальчугане есть эгоизм. Однако когда он немного подрастёт, то поймёт, что это его действие вызвано эгоизмом. Он исповедует его как грех, к нему придёт благодать Божия, и он получит избавление от своей страсти и помощь. А как же иначе? Ведь Бог не несправедлив.

— Геронда, предположим, у меня имеется некий опыт. Если, основываясь на этом опыте, я примерно вижу, какое развитие получит то состояние, в котором я нахожусь, то в этом тоже есть самоуверенность?

— Ты не делай выводов сама. Когда Господь позвал к Себе апостола Петра, тот пошёл к Нему по водам. Однако, как только помысел стал говорить апостолу, что он может утонуть, он и стал тонуть[6]. И Христос попустил это: «Раз ты говоришь, что утонешь, тогда тони».

Посмотри на смиренного человека: он не верит своему помыслу, даже если творит чудеса. В Иордании был один очень простой священник, который творил чудеса. Он читал молитвы над больными людьми и животными, и те становились здоровы. Даже мусульмане, страдавшие каким-нибудь недугом, приходили к нему, и он исцелял их. Перед служением Божественной Литургии этот священник выпивал что-нибудь горячее с сухариком и после этого целый день ничего не вкушал. Слух о том, что он ест

---

[6] См. Мф. 14:28-31.

перед Божественной Литургией, дошёл до патриарха, и тот вызвал его в Патриархию. Не зная, зачем его вызвали, священник пришёл в Патриархию и вместе с другими посетителями ожидал вызова в приёмной. На улице стояла страшная жара, окна были закрыты ставнями, и сквозь дырочку в приёмную пробивался солнечный луч. Приняв луч за натянутую верёвку, обливавшийся потом священник снял с себя рясу и повесил её на луч. Люди, сидевшие в приёмной вместе с ним, были потрясены. Кто-то из них пошёл к патриарху и сказал: «Священник, который завтракает перед Литургией, повесил свою рясу на солнечный луч!» Патриарх позвал его к себе в кабинет и начал расспрашивать: «Ну как твоё житьё-бытьё? Часто ли служишь Литургию? Как ты к ней готовишься?» — «Да как, — отвечает ему священник, — сперва вычитываю утреню, потом совершаю поклоны, потом готовлю чай, кушаю что-нибудь лёгкое и иду служить». — «Зачем же ты ешь перед Литургией?» — спрашивает патриарх. «Если, — отвечает тот, — я немножко перекушу перед Литургией, то после потребления Святых Даров[7] Христос оказывается сверху. А вот если я ем после Божественной Литургии, то Христос оказывается снизу». Оказывается, он завтракал перед Литургией с добрым помыслом!.. «Нет, — говорит ему патриарх, — это неправильно. Сперва потребляй Святые Дары, а после — немного ешь». Священник положил патриарху поклон и со смирением принял сказанное.

Я хочу сказать, что, хотя этот священник достиг такого высокого устроения, что творил чудеса, он принял сказанное ему просто. Своеволия у него не было. А если бы он верил своему помыслу, то мог бы сказать так: «Да кто он такой, чтобы указывать мне — тому, кто исцеляет

---

[7] После причащения мирян, отпуста Литургии и раздачи антидора священник или диакон потребляет оставшиеся в святой Чаше Святые Дары.

людей и животных и творит чудеса! Нет, мои побуждения более правильны. Ведь если я его послушаюсь, то завтрак будет попадать сверху на Христа!»

Я понял, что послушание очень помогает человеку. Даже человек, который не блещет умственными способностями, оказывая послушание, становится философом, мудрецом. Будь человек умным или глупым, здоровым или больным (духовно или телесно), если он оказывает послушание, то от мучения помыслов он освободится. Послушание — это освобождение.

Самый большой эгоист — это тот, кто живёт по своим помыслам и никого не спрашивает. Такой человек разрушает сам себя. Если у человека есть своеволие, самоуверенность и самоугождение, то, и будучи умным — даже семи пядей во лбу, — он будет страдать постоянно. Он запутывается, связывает себя по рукам и ногам, у него возникают всё новые и новые проблемы. Чтобы найти свой путь, он должен раскрыть своё сердце какому-то духовнику и смиренно попросить его о помощи. Однако некоторые вместо духовника идут к психиатру. Если психиатр окажется верующим, то он приведёт их к духовнику. А неверующий психиатр ограничится тем, что даст им какие-нибудь таблетки. Однако сами по себе таблетки проблемы не решают. Для того чтобы люди смогли правильно отнестись к тому, что с ними происходит, для того чтобы их состояние улучшилось и они перестали страдать, им необходима и духовная помощь.

ГЛАВА ЧЕТВЁРТАЯ
О БОРЬБЕ ПРОТИВ ПОМЫСЛОВ

— Геронда, я читала, что во время войны с Италией греки старались сначала разрушить укрепления противника, а затем шли в наступление.

— Таким же способом действует и диавол. То есть, подобно противнику, который сначала бомбит с самолётов укрепления, чтобы их разрушить, а потом, при поддержке артиллерии, идёт в наступление, диавол сперва бомбит человека помыслами, а затем идёт на него в атаку. Диавол не нападает на человека, если не испортит сперва его помысла. Ведь добрый помысел защищает человека, добрый помысел — это его «блиндаж».

Помысл «слева» — это чужеродное тело, и человек должен постараться его отвергнуть. У каждого из нас есть силы на эту борьбу. Никто не может оправдаться тем, что слаб и не в силах бороться. Ведь добрый помысел — это не кирка и не кувалда, которые слабый человек не может поднять, потому что у него дрожат руки. Я не вижу ничего сложного в том, чтобы видеть всё в добром свете. Зачем я буду, скажем, уделять внимание чьим-то причудам? Ведь в действительности может оказаться, что человек ведёт себя так не по своенравию, а нарочно, для того чтобы смириться.

— Геронда, а я всё «налево» и «налево» «работаю», и это меня беспокоит. Бороться — борюсь, но «повернуть направо» не могу.

— Если ты различаешь нечистые помыслы, беспокоишься и борешься над тем, чтобы их прогнать, — это уже некое улучшение. Если хочешь преуспеть, то, когда лукавый будет атаковать тебя «левыми» помыслами и тянуть к себе, с силой поворачивай штурвал в противоположную сторону, а на врага не обращай никакого внимания. Постарайся производить в себе добрые помыслы и о младших и о старших сёстрах, неприметно занимающихся своим внутренним деланием. Ведь тангалашка портит твой помысел для того, чтобы задержать твой духовный рост. Если бы ты не застревала на своих помыслах, то двигалась бы вперёд гигантскими духовными шагами. Вся духовная жизнь основывается на помысле. От помысла зависит преуспеяние в духовной жизни.

— Геронда, что помогает в борьбе против помыслов «слева»?

— Бодрствование над собой и непрестанная молитва. Бодрствуя над собой, ты ведёшь себя осторожно и включаешь в работу добрые помыслы. К примеру, видя какую-нибудь чашку, ты думаешь о святой Чаше, о Тайной Вечере, о Христе. Если же ты над собой не бодрствуешь, твой ум может уходить к различным недуховным, а то ещё и к прямо греховным предметам. Поэтому старайся не собирать весь этот мусор помыслов — иначе потом тебе придётся приложить немало усилий, чтобы их прогнать. Произноси Иисусову молитву и будь внутренне собрана. Если же твой ум куда-то уходит, снова возвращай его назад. Делай это постоянно. Не позволяй уму кружиться. Ведь, даже если твой ум постоянно находится в области не прямо греховных предметов, но вращается среди вещей нейтральных, эти нейтральные вещи, развлекая ум, тоже «нейтрализуют» его, и он расточает себя понапрасну. А кроме того, помыслы, которые рождаются от рассеянности, коварнее, чем помыслы откровенно злые. Ведь первые помыслы мы не замечаем и поэтому не выбрасываем их из себя.

— Геронда, помысел говорит мне: «Ты уже столько лет в монастыре и нисколечко не преуспела…»

— Дай-ка я послушаю, что он тебе ещё скажет? Насколько я понял, вы слишком много слушаете тангалашку. Как же легко он обводит вас вокруг пальца! Зачем вы верите тангалашке? Зачем выходите из равновесия? Будь мирна. Ты понапрасну расстраиваешься и без причины себя изводишь. Тангалашка, подобно фокуснику, показывает тебе всё запутанным. Он морочит тебя мрачными, пессимистическими помыслами, чтобы отнять у тебя время и отвлечь от молитвы, а также от внимания на послушании. Если ему удастся хоть немножко заморочить тебе голову и лишить тебя расположения вести с ним борьбу, этого уже будет достаточно для того, чтобы он перешёл в наступление и захватил новые плацдармы. Когда трудишься в уединении, старайся соблюдать следующий устав: пение чего-то церковного, славословие Бога, Иисусова молитва в уме или вслух. Эти средства необходимы для того, чтобы избежать нашёптывания помыслов. То есть нужно менять тему помыслов самому. Если диавол меняет тему, то почему этого не можем сделать мы? Я вам и раньше рассказывал, что порой во время беседы с посетителем, именно в тот момент, когда я хочу сказать что-то важное и полезное ему, приходит кто-то и меня перебивает или же нас отвлекает какой-нибудь шум или нечто подобное — для того, чтобы я был вынужден остановиться. Но раз лукавый задумывает и осуществляет такие планы, то почему мы не можем поступать так же по отношению к нему? Будьте умницами и оставляйте тангалашку в дураках.

— Геронда, меня терзают печаль, уныние… Я испытываю настоящее мучение.

— Ты погляди, её ещё не повели на мучение, а она уже мучается! У тебя есть самоуверенность. Помыслы «слева» стали уже твоим состоянием, и от этого ты страдаешь. Ты нуждаешься в «правых» помыслах. Лукавые механизмы своего духовного предприятия ты должна реконструировать так, чтобы они стали добрыми. Самое выгодное предприятие для человека — это открытие фабрики «Добрых помыслов». Тогда даже плохое и скверное твой ум будет перерабатывать в хорошее и доброе. К примеру, видя в человеке душу, видя в нём ангела, ты и сама, подобно ангелу, взмываешь на Небо. В этом случае твоя жизнь — это праздник, торжество. Если же ты видишь в человеке плотское, то и сама нисходишь в адскую муку.

— Геронда, иногда я включаю в работу добрый помысел, но вскоре приходит помысел «слева» и расстраивает все мои добрые старания. Может быть, я включаю в работу добрый помысел не от сердца?

— Задача в том, чтобы ты делала это от сердца. А если тебе придёт помысел «слева», скажи так: «Это помысел со стороны. Его надо прогнать. Тема закрыта и обсуждению не подлежит».

— Геронда, бывает, что я с трудом изгоняю «левый» помысел, а он возвращается вновь. Почему такое происходит, если «тема закрыта»?

— Ну да, тема-то закрыта, только вот тангалашка не закрывается, а продолжает работать. Диавол живуч, никогда не умирает. Один старенький монах рассказывал: «Если псу наподдать разок-другой, то он убегает. А диавол не убегает — настаивает на своём. Такой настырный! Чтобы вынудить его уйти, я зажигаю свечу перед иконой святым, которым посвящена моя келья, а бесы мне говорят: «Это ты нам что ли свечу поставил?» — «Ах вы, — говорю, — паршивцы, да отчего же вам-то? Не вам, а святым!» — «Да, — отвечают, — так-то оно так, только принудили тебя к этому всё равно мы!»

— Геронда, а получает ли помощь человек, который, случись с ним какая-нибудь неприятность, начинает роптать: «Боже мой, ну почему со мной произошло ещё и это?»

— Да какую там пользу получит такой человек! Основа всего в том, чтобы человек истолковывал всё посредством доброго помысла. Только в этом случае он получает пользу. У некоторых людей стоит хороший двигатель. У них много предпосылок для духовной жизни, однако их руль повёрнут не туда, куда нужно. Повернув руль в сторону добрых помыслов, такие люди возьмут правильный курс и будут уверенно двигаться вперёд.

Возделывание добрых помыслов

— Геронда, добрые помыслы приходят сами собой или их нужно возделывать?

— Их нужно возделывать. Надо следить за собой, контролировать себя, когда враг приносит тебе плохие, злые помыслы, надо стараться изгонять их и заменять помыслами хорошими, добрыми. Подвизаясь подобным образом, ты возделываешь своё внутреннее расположение и делаешь его добрым. И тогда, взирая на твоё доброе расположение, Бог умилосердится над тобой и поможет тебе, после чего худые помыслы уже не найдут в тебе места. Они будут уходить, а для тебя уже совершенно естественным будет иметь в себе помыслы добрые. Ты приобретёшь привычку к доброму, в твоё сердце войдёт доброта, и тогда в своей внутренней храмине ты примешь

Небесного Гостя — Христа. Однако это дело не одного-двух дней. Необходимы время и непрестанная борьба для того, чтобы душа увенчалась победным венцом. Когда это произойдёт, брань прекращается уже насовсем. Ведь брань страстей — это исступлённые проявления внутреннего разлада, которым пользуются наши враги.

— То есть, геронда, люди, имеющие добрые помыслы, добились этого посредством борьбы?

— Это зависит от человека. Одни имеют добрые помыслы с самого начала своей духовной жизни и продвигаются вперёд. Другие, поначалу имея добрые помыслы, впоследствии теряют бдительность и начинают поддаваться помыслам «левым». Третьи имеют вначале «левые» помыслы, но, следя за собой и видя, сколько раз они оступаются, перестают себе доверять и впоследствии имеют помыслы добрые. У одного человека половина помыслов может быть доброй и половина — злой. У другого могут преобладать добрые помыслы, у кого-то, наоборот — злые. К примеру, человек собирается стать монахом. В зависимости от обстановки, от условий, в которых он жил в миру, у него имеются различные добрые и недобрые помыслы. Он может иметь десять-двадцать и даже восемьдесят процентов недобрых помыслов. Начав внутреннюю работу и наблюдая за собой, такой человек старается изгонять злые помыслы и возделывать помыслы добрые. Продолжая стараться, он спустя время достигает того, что имеет одни только добрые помыслы. Количество времени, необходимое на то, чтобы ушли злые помыслы, будет зависеть от того, как долго он имел их в миру. По истечении ещё какого-то времени добрые помыслы тоже мало-помалу прекратятся, и человек достигнет состояния некой опустошённости. На этой стадии у человека нет ни добрых, ни злых помыслов, и это даже приносит в его душу некое беспокойство. Находясь в таком состоянии, человек начинает задаваться вопросом: «Что это? Что сейчас происходит? Сперва у меня были помыслы злые, но они ушли, уступив место добрым. Но вот сейчас у меня вообще нет помыслов — ни плохих, ни хороших». А после этой опустошённости ум исполняется Божественной благодатью и приходит Божественное просвещение.

— Геронда, а какое оно, это исполнение Божественной благодатью?

— Человеку, который не видел даже звёзд, невозможно объяснить словами, как выглядит солнце. Дать приблизительное представление о солнце можно тому, кто видел хотя бы звёзды.

— Геронда, что помогает достигнуть того состояния опустошённости, о котором Вы упомянули?

— В этом помогут духовное чтение, непрестанная молитва, молчание и любочестное подвижничество — аскеза. Человек, горячо борющийся против злых помыслов, может достичь более хорошего состояния, чем тот, у кого злых помыслов почти не было. То есть такой человек, имея в начале своей духовной жизни девяносто злых и десять добрых помыслов, может достичь лучшего состояния, чем тот, у кого было девяносто помыслов добрых и десять злых.

Очищение ума и сердца

— Геронда, как приходит очищение ума и сердца?

— Я уже говорил вам: для того чтобы ум и сердце очистились, человек должен не принимать тех лукавых помыслов, которые приносит ему тангалашка, а также сам не должен мыслить лукаво. Нужно всегда стараться включать в работу добрый помысел, не соблазняться с лёгкостью чужими недостатками, но смотреть на проступки других со снисхождением и любовью. Когда умножаются добрые помыслы, душа человека очищается, он ведёт себя с благоговением и умиротворяется. Жизнь такого человека становится раем. В противном же случае человек на всё смотрит с подозрительностью, и его жизнь превращается в адскую муку. Он сам делает свою жизнь адом.

Чтобы очиститься, нужно потрудиться. Мы можем признавать своё состояние скверным, но этого недостаточно. Если мы не принимаем лукавых помыслов, не мыслим лукаво сами, включаем в работу добрый помысел обо всём, что нам говорят и что мы видим, то ум и сердце очистятся. Конечно, искуситель не прекратит время от времени посылать нам свои лукавые «телеграммы». Стрелы диавольских искушений будут продолжать лететь в нас, даже если мы избавимся от наших собственных злых помыслов. Однако если наше сердце будет чистым, то диавольские приражения не будут к нему прилепляться.

— Геронда, а помогает ли молитва в деле очищения ума? — Одной молитвы недостаточно. Кто-то может изводить во время молитвы килограммы ладана, однако если его ум полон лукавыми помыслами о других, то пользы это не приносит. От ума опускается лукавая «телеграмма» в сердце и делает человека зверем. Бог хочет, чтобы мы имели *се́рдце чи́сто*[1]. А наше сердце чисто тогда, когда мы не позволяем злому помыслу о других проходить через наш ум.

— Геронда, сначала сам человек включает в работу добрый помысел, а уже потом ему помогает Бог?

— Смотри: только в том случае, если сам человек включает в работу добрый помысел, он имеет право на Божественную помощь. Добрым помыслом человек очищает

---

[1] Пс. 50:2.

своё лукавое сердце. Ведь *от се́рдца исхо́дит*² всё злое, и *от избы́тка се́рдца глаго́лют уста́ его́*³.

Но и кроме того, что человек, включающий в работу добрый помысел, очищает этим своё сердце, ему воздаёт за это Бог.

Ставьте вопросительные знаки после помыслов подозрительности

— Геронда, что поможет мне прогнать помыслы подозрительности?

— А ты уверена, что всё действительно обстоит так, как тебе это представляется? Раз ты обычно видишь во всём плохое, то после каждого своего помысла всегда ставь вопросительный знак. А кроме того, чтобы не согрешать в своих суждениях, включай в работу и добрый помысел о других. Если ты станешь ставить после своих помыслов не по одному, а по два вопросительных знака, будет ещё лучше. А если по три, то совсем хорошо. Поступая так, ты будешь умиротворяться и получать пользу, и не только сама — ты окажешь пользу другим. В противном же случае, принимая помыслы «слева», ты приходишь в раздражение, волнуешься, расстраиваешься и наносишь себе духовный вред. Если будешь относиться ко всему, что происходит вокруг, с добрыми помыслами, то спустя немного времени увидишь, что дело в действительности обстояло так, как ты это увидела, включив в работу добрые помыслы. Расскажу тебе один случай, чтобы ты поняла, что может наделать «левый» помысел. Как-то раз ко мне в каливу пришёл один монах и сказал:

---

² Ср. Мф. 15:19.
³ Ср. Лк. 6:45.

«Старец Харалампий[4] — колдун. Я сам видел, как он ворожил». — «Что же ты говоришь, глаза твои бесстыжие! — отчитал я его. — И не стыдно тебе такое нести!» — «Да! Да! — настаивал он. — Я сам видел, как однажды ночью при луне старец мычал „м-м-ме… м-м-ме…“ — и при этом лил в кусты какую-то жидкость из большой оплетённой бутыли!» Ну что ж, выбираю я свободный день и иду в каливу старца Харалампия. «Ну, — спрашиваю, — отче Харалампие, как твои дела? Как житьё-бытьё? Чем занимаешься? Тут один увидел, как ты что-то лил в кусты из большой бутыли, да ещё и мычал: „М-м-ме!..“» — «Там в зарослях, — показал мне старец, — растут несколько лилий, вот я и поливал их. Напевая „Ра́дуйся, Неве́сто Неневе́стная!“[5], я выливал немного водички на один цветок, потом опять пел: „Ра́дуйся, Неве́сто Неневе́стная!“ — и выливал немного воды на другой… Потом наполнял бутыль, возвращался к цветам и снова их поливал…» Видишь как! А другой увидел всё это и принял старца за колдуна!..

Какие же добрые помыслы имеют некоторые мирские люди! А другие — несчастные — так страдают от вещей, которые не просто не существуют в природе, но которые и сам диавол не смог бы выдумать! Однажды, когда после страшной засухи пошёл дождь, я почувствовал такую благодарность Богу, что, сидя в каливе, без остановки восклицал: «Боже мой, благодарю Тебя миллионы, миллиарды раз!» Я не знал, что в это время под окном стоял один мирской человек и слушал. Потом, встретившись со

---

[4] *Старец Харалампий* (1914–1998 гг.) — святогорский монах, подвизавшийся на Капсале, современник старца Паисия. См. Новый Афонский Патерик. Том II. М.: Орфограф, 2015. С. 248–258. — *Прим. пер.*

[5] Греч. «Χαῖρε Νύμφη Ἀνύμφευτε» — известные слова из Акафиста Пресвятой Богородице, восхваляющие Её как непорочную Деву и вместе с тем Матерь Сына Божия. — *Прим. пер.*

мной, он признался: «Отец, а ведь я соблазнился. Я услышал про все эти „миллионы", про все эти „миллиарды" и подумал: „Вот оно как! Каков фруктик этот отец Паисий!"» И что ему было объяснять? Я имел в виду многие благодарения Богу за дождь, а этот человек подумал, что я считаю деньги. А окажись на его месте кто-то другой, так мог бы ещё и прийти ночью, чтобы меня ограбить! Мне досталось бы по первое число, а он в конечном итоге так ничего бы и не нашёл.

А в другой раз ко мне пришёл отец больного ребёнка. Я провёл его в церковку моей каливы, выслушал его горе и, желая ему помочь, сказал: «Для того чтобы твой ребёнок стал здоров, ты и сам должен что-то сделать. Но что? Поклонов ты не кладёшь, постов не соблюдаешь, денег, чтобы творить милостыню, у тебя тоже нет... Обратись-ка ты к Богу вот как: «Боже мой, у меня нет ничего достойного, чтобы принести жертву ради здоровья моего ребёнка, но я постараюсь, по крайней мере, бросить курить». Эти слова тронули несчастного отца, и он пообещал, что последует моему совету. Пока я, выпуская его из каливы, возился с замком, он, вынув из кармана зажигалку и сигареты, положил их под иконой Спасителя в храме. Я этого не заметил. Следующим посетителем оказался некий юноша, которому надо было что-то мне сказать. После беседы, не успев даже выйти из каливы, он достал сигарету и закурил. «Здесь, парень, курить нельзя, — сказал ему я. — Отойди подальше в сторону». — «А тебе в церкви курить можно?» — спросил он в ответ. Увидев в церкви пачку сигарет и зажигалку, этот малый «смастерил» помысел, будто я курю! И не стал я его разубеждать, дал ему уйти со своим помыслом. Ну ладно, даже если бы я и в самом деле курил, то неужели я делал бы это в храме? Видите, что такое помысел?

— Геронда, а какой ущерб могут причинить душе подозрительность, недоверчивость и мнительность?

— Какого рода подозрительность, такого рода и ущерб. А недоверчивость и мнительность приносят духовную болезненность, худосочие.

— Чем же исцелить эту немощь?

— Добрыми помыслами.

— Геронда, а если человек однажды увидит, что в чём-то промахнулся, то есть, что его подозрения не подтвердились, то разве это не поможет ему осознать свою ошибку?

— Если он промахнулся однажды, то это ещё куда ни шло. Однако, промахнувшись дважды, он уже покалечится. Требуется внимание. Ведь мы тяжко согрешаем, даже если дело обстоит не так, как мы себе это представляли, всего лишь на одну тысячную долю. Помню, когда я жил в общежительном монастыре, старенький монах, отец Дорофей, Великим постом жарил кабачки. Один брат, увидев, как старец кладёт кабачки на сковородку, поспешил поделиться со мной своими впечатлениями: «Пойди-ка полюбуйся! — сказал он. — Отец Дорофей жарит рыбу! Во-от такие здоровые барабульки!» — «Ну уж нет, — отвечаю, — быть не может, чтобы старец Дорофей Великим постом жарил барабульку!» — «Может, может! — настаивал он. — Я своими глазами видел! Во-от такущие барабульки!» А старец Дорофей пришёл на Святую Гору пятнадцатилетним мальчиком и был для братии как родная мать. Видя, что у кого-то из монахов нелады со здоровьем, он говорил ему: «Иди-ка, милый, сюда, я хочу рассказать тебе один секрет» — и подкреплял больного тахином[6] с толчёным грецким орехом или же чем-то ещё. И о стареньких монахах он заботился подобным образом.

---

[6] *Тахи́н (тахи́ни)* — кашеобразная масса из кунжута. — *Прим. пер.*

Ну так что же? Иду я к отцу Дорофею — и вижу, что он жарит кабачки для монастырской больницы!

— Геронда, а как быть, если помысел подозрения о ком-то подтвердится на деле?

— Если такой помысел однажды и окажется верным, то неужели это значит, что подобные помыслы будут оказываться верными постоянно? А кроме того, откуда ты знаешь: может быть, Бог попустил такому помыслу оправдаться на деле ради того, чтобы человек, которого ты подозревал, сдал экзамен на смирение?

Конечно, и нам самим необходимо быть внимательными. Мы не должны давать людям повод приходить к ошибочным заключениям. Например, если у человека возник о тебе «левый» помысел, то причиной этого может быть как его собственная недоброжелательность, так и то, что ты сам дал ему повод плохо о тебе думать. Но если человек думает о тебе плохо, несмотря на то что ты ведёшь себя со вниманием, то прослявь Бога и помолись о нём.

Собеседование с помыслами

— Геронда, когда ко мне приходит гордый помысел, я испытываю мучение.

— Ты что, удерживаешь этот помысел в себе?

— Да.

— Зачем же ты его держишь? Закрывай перед ним дверь. Удерживая такой помысел в себе, ты повреждаешься. Помысел, подобно вору, приходит к тебе — ты открываешь ему дверь, вводишь в дом, заводишь с ним беседу, а потом он тебя грабит. Разве можно заводить разговоры с вором? С ним не только избегают бесед, но и дверь запирают накрепко, чтобы он не вошёл. Хорошо, даже если ты и не собеседуешь с помыслом — всё равно, зачем ты позволяешь ему входить внутрь? Приведу тебе пример. Предположим, тебе приходит помысел о том, что ты можешь стать игуменьей. Я не говорю, что ты и вправду имеешь такие помыслы, но привожу это как пример. Ну так вот, пришёл тебе такой помысел. Ладно. Как только он пришёл, скажи себе так: «А-а! Чудесно! Ты хочешь быть игуменьей? Так вот: стань сперва игуменьей для самой себя». Сказав так, ты сразу же прекращаешь беседу с диаволом. Да неужто мы будем с диаволом лясы точить? Посмотри, ведь когда диавол пришёл искусить Христа, Он сказал ему: *Иди за Мно́ю, сатано́*[7]. Раз Христос сказал диаволу: «А ну иди отсюда...», то уж мы-то с какой стати будем с ним разговоры вести?

— Геронда, а если я собеседую с «левым» помыслом, чтобы узнать, откуда он происходит, — это плохо?

— Плохо то, что ты собеседуешь не с помыслом, как тебе это кажется, а с тангалашкой. Собеседуя с ним, ты приятно проводишь время, однако впоследствии мучаешься. С такими помыслами не разговаривай совсем. Лови вражескую гранату на лету и сразу бросай её обратно во врага, чтобы он погиб. Есть такие гранаты, которые разрываются не сразу, а спустя две-три минуты. «Левый» помысел подобен таким гранатам: если ты изгонишь его сразу, он не может тебе повредить. Но иногда, теряя бдительность, оставляя Иисусову молитву, ты не можешь обороняться. Диавол, находясь извне, посылает тебе «телеграмму». Получив эту «телеграмму», ты читаешь и перечитываешь её, веришь тому, что в ней написано, и потом кладёшь в архив. Вот эти-то «досье» и будут раскрыты тангалашкой в день суда для того, чтобы тебя обвинить.

— Геронда, а когда приражение «левого» помысла является падением?

---

[7] Лк. 4:8.

— Вот приходит помысел, и ты его немедленно прогоняешь. Это не падение. Но вот он приходит, и ты собеседуешь с ним. Это — падение. А может быть и так: вот он приходит, ты его ненадолго принимаешь, а потом изгоняешь. Это половина падения, поскольку и в этом случае ты повредилась: ведь диавол осквернил твой ум. То есть в последнем случае ты всё равно что говоришь пришедшему диаволу: «Добрый день, как поживаешь? Хорошо? Присаживайся, я тебя угощу. А?! Так ты диавол? Ну тогда уходи!» Но раз ты видела, что это диавол, зачем было пускать его внутрь? А теперь ты его «угостила», и поэтому он придёт вновь.

Сосложение с помыслом

— Геронда, почему в монастыре меня осаждают различные плохие помыслы, тогда как в миру со мной такого не происходило? Я что, сама попускаю им это?

— Да нет же, глупенькая! Пускай себе приходят и уходят. Разве самолёты, пролетающие над монастырём и нарушающие безмолвие, спрашивают у тебя на это позволения? Так же обстоит дело и с этими помыслами. Не отчаивайся. Эти помыслы внушает тебе диавол. Они подобны перелётным птицам, которые, паря в вышине, смотрятся очень красиво, и ты, разинув рот, ими любуешься. Однако, когда эти птицы спустятся, совьют в твоём доме гнёзда и выведут там птенцов, эти птенцы изгадят тебе весь дом.

— Так почему же, геронда, мне вообще приходят такие помыслы?

— Это работа диавола. Но и в тебе самой есть некий мутный осадок. Очищения ещё не произошло. Однако раз ты не принимаешь этих помыслов, то и ответственности не несёшь. Оставь псов — пусть себе лают. И не бросай в них много камней. Ведь пока ты будешь кидать в них камни, они будут продолжать лаять. А потом из многих камней бесы построят себе «монастырь» или дом: на что хватит стройматериалов… И потом тебе уже нелегко будет разрушить то, что они построят.

— Геронда, а когда же возникает сосложение с помыслами?

— Когда ты их сосёшь, как карамельку. Постарайся не услаждаться вкусом этих помыслов, снаружи покрытых сахарной глазурью, а внутри полных ядовитой горечи, — иначе впоследствии ты будешь приходить в отчаяние. То, что через человека просто проходят нехорошие помыслы, — не повод для беспокойства. Ведь злые помыслы не приражаются только к ангелам и к людям, достигшим совершенства. Беспокоиться стоит в том случае, когда человек утрамбовывает, выравнивает часть своего сердца и начинает принимать на посадку «волколёты»[8] — то есть бесов. Если такое вдруг случится, необходима немедленная исповедь, вспашка волко-посадочной полосы и её засадка плодоносными деревьями — чтобы сердце вновь превратилось в райский сад.

---

[8] Игра слов: образованное старцем слово «волколёт» (λυκόφτερο) в греческом языке созвучно слову «вертолёт» (ἑλικόπτερο). — *Прим. пер.*

ЧАСТЬ ВТОРАЯ

О СПРАВЕДЛИВОСТИ И НЕСПРАВЕДЛИВОСТИ

«О, если бы все люди поступали со мной несправедливо! Говорю вам со всею искренностью: самая сладкая духовная радость была испытана мной среди несправедливости».

ГЛАВА ПЕРВАЯ
О ТОМ, КАК ПРИНИМАТЬ НЕСПРАВЕДЛИВОСТЬ

Надо правильно расположить себя по отношению к несправедливости

— Геронда, когда со мной поступают несправедливо, моё сердце ожесточается.

— Чтобы оно не ожесточалось, никогда не думай ни о том, что виноват тот, кто поступает с тобой несправедливо, ни о том, насколько велика его вина, а поразмысли лучше о том, насколько виновата ты сама. Погляди: когда люди ссорятся, каждый из них утверждает, что прав именно он. Поэтому люди и находятся в постоянном разногласии. К примеру, двое идут в полицию и, показывая друг на друга, наперебой утверждают: «Он меня избил!» Однако ни один из них не говорит о том, сколько другому досталось от него самого! Куда там, каждый ещё и в суд на своего обидчика подаёт!

Если бы мы размышляли о том, что величайшую из всех несправедливость подъял на Себя Христос, то мы принимали бы несправедливость с радостью. Будучи Богом, Он по многой любви сошёл на землю и на девять месяцев заключил Себя во чреве Пресвятой Богородицы. Потом тридцать лет Он жил в безвестности, с пятнадцати до тридцати работал на евреев плотником. А знаете, какие тогда были инструменты? В те времена пользовались деревянными пилами с деревянными зубьями. Ему давали всякие там доски и говорили: «Сделай одно, сделай другое...» Но каково было строгать эти доски? Попробуй-ка построгай теми неуклюжими железками, которые употребляли тогда вместо рубанков! Знаешь, какой это был тяжкий труд? И после этого — три года страданий. Ради проповеди исходил Он босиком всю их землю вдоль и поперёк. Он исцелял больных, брением отверзал очи слепых, а они всё требовали от Него знамений. Он изгонял бесов из одержимых, а неблагодарные люди называли бесноватым Его Самого. О Нём было столько пророчеств и предсказаний, Он совершил столько чудес, но, несмотря на всё это, в конце концов Его подвергли издевательствам и предали крестной смерти.

Поэтому те, кто терпит несправедливость, — самые любимые Божии чада. Ведь терпя несправедливость, эти люди носят в своём сердце потерпевшего несправедливость Христа. В ссылке или в тюрьме они радуются так, словно находятся в раю, ибо рай — там, где Христос.

— Геронда, а может ли ноша человека оказаться для него неподъёмной?

— Бог не попускает ноше превышать наши силы. Это нерассудительные люди взваливают на плечи других непосильное бремя. Часто Благий Бог попускает добрым людям пройти через руки злых, чтобы они собрали небесное воздаяние.

— Геронда, а имеется ли связь недовольства с неблагодарностью?

— Да. Может быть и такое: другие, делая человеку замечание, заботятся о его благе, но он этого не понимает, чувствует себя несправедливо обиженным и выражает недовольство. Если такой человек не следит за собой, он вполне может считать, что с ним поступают несправедливо даже тогда, когда он совершает какую-то оплошность и его просят быть повнимательнее. Таким образом он может дойти и до бесстыдства. Например, монахиня, опрыскивая масличные деревья, наливает в раствор слишком много ядохимиката и сжигает на деревьях листья. Ей делают замечание, а она, вместо того чтобы осознать свою ошибку и сказать: «Простите и благословите», чувствует себя несправедливо обиженной и плачет. «Они поступают со мной несправедливо, — думает она. — Если бы листья на деревьях пожрала саранча, они не сказали бы ни слова! А сейчас, когда их испортила я, они подняли такой крик! Ах, Христе мой, только Ты меня понимаешь». И давай себе реветь! Такая монахиня даже может испытывать радость, думая о воздаянии за ту «несправедливость», которую претерпела, и благодарить за это Христа! Такое состояние — большое заблуждение.

Радость от принятия несправедливости

— Геронда, чиста ли та радость, которую я испытываю, когда меня распекают за какую-нибудь мою вину?

— Принимая нагоняй за совершённые оплошности без ропота, но с радостью и со словами: «Слава Тебе, Боже, так мне и надо!» — ты будешь иметь половину радости. Но если тебя ругают незаслуженно, без вины с твоей стороны, и ты принимаешь выговор с добрым помыслом, то твоя радость будет полной. Я не побуждаю тебя к тому, чтобы ты сама напрашивалась на несправедливости, поскольку в этом случае тангалашка низвергнет тебя в гордость, но призываю к тому, чтобы ты принимала несправедливость, когда она приходит сама собой, и радовалась этому.

Существуют четыре стадии отношения к несправедливости. К примеру, кто-то тебя несправедливо бьёт. Если ты находишься на первой ступени, то даёшь ему сдачи. Если находишься на второй, то чувствуешь в себе очень сильное смущение, но сдерживаешься и ничего не говоришь. На третьей стадии ты уже не смущаешься, а на четвёртой чувствуешь большую радость и сильно веселишься душою. Если человека в чём-то несправедливо обвиняют, то, доказав, что эти обвинения несостоятельны, он реабилитирует себя и получает удовлетворение. В этом случае он испытывает радость мирскую. Однако, относясь к несправедливости духовно, с добрым помыслом и не заботясь о том, чтобы доказать свою невиновность, он испытывает радость духовную. То есть в этом случае он имеет в себе Божественное утешение и славословие Бога становится его состоянием. Знаете, какую радость испытывает душа человека, если его несправедливо обидят и он при этом не оправдывается, добиваясь, чтобы ему сказали «молодец» или «извини»? И радость, которую переживает такая душа сейчас, терпя несправедливость, больше, чем та радость, которую она испытала бы в случае, если бы ей удалось оправдаться. Те, кто достигает такого состояния, желают отблагодарить своего обидчика как за радость, которую он подарил им в жизни земной, так и за радость, которую он обеспечил им в вечности. Насколько же духовное отличается от мирского!

В жизни духовной иная система измерений. Если ты оставляешь какую-то некрасивую или негодную вещь себе, то чувствуешь себя прекрасно. Если отдаёшь её другому, то чувствуешь себя нехорошо. Если ты безропотно принимаешь несправедливость и оправдываешь своего ближнего, то в своём сердце ты принимаешь многажды онеправдованного Христа. Тогда, по существующему духовному, закону Христос «продлевает срок аренды» твоего сердца. Он остаётся в нём и исполняет тебя миром и радованием. Ах, голубушки мои, попробуйте и вы пережить эту радость сами! Выучитесь радоваться не той мирской радостью, а этой — духовной. Когда вы этому научитесь, у вас каждый день будет Пасха.

Нет радости большей, чем та, которую испытываешь, принимая несправедливость. О, если бы все люди поступали со мной несправедливо! Говорю вам со всею искренностью: самая сладкая духовная радость была испытана мной среди несправедливости. Знаете, как я радуюсь, когда кто-нибудь называет меня прельщённым? «Слава Тебе, Боже, — говорю я, — ведь за эти слова я получу мзду. А вот если меня назовут святым, то я окажусь в должниках». Нет на свете вещи более сладкой, чем принимаемая тобой несправедливость!

Однажды утром кто-то постучал железным клепальцем возле калитки моей кельи. Было ещё слишком рано, чтобы принимать посетителей. Я посмотрел в окно и увидел юношу с просветлённым лицом. Я понял, что, раз благодать Божия так его «выдаёт», значит, что он на собственном опыте пережил что-то духовное. Поэтому, хотя у меня и были неотложные дела, я оставил их, открыл ему дверь, завёл в келью, принёс ему воды и, видя, что в нём скрыто что-то духовное, осторожно начал расспрашивать о его жизни. «Кем работаешь, молодец?» — спросил я его. «Какая там, отче, работа, — ответил он. — Ведь я вырос в тюрьме. Сейчас мне двадцать шесть лет, и большую часть своей жизни я провёл там». — «Что же ты такое натворил, что оказался в тюрьме?» — спросил я, и он открыл мне своё сердце. «С детских лет, — начал он свой рассказ, — мне было очень больно видеть несчастных людей. Я поимённо знал всех, кто страдает и испытывает нужду, — не только в нашем приходе, но и в других. Наш приходской священник и староста прихода всё собирали и собирали деньги, расходуя их на строительство различных зданий, залов, на благоустройство храма и тому подобное, а бедные, нуждающиеся семьи оставались совершенно никому не нужными. Я не берусь судить, была ли действительная нужда во всех этих постройках, но просто говорю о том, что я видел множество обездоленных. Ну вот тогда я и стал тайком брать собранные на пожертвования деньги. Я брал не всё, а сколько было необходимо. На ворованные деньги покупал продукты, разные необходимые вещи и оставлял это под дверями бедняков. Сразу после этого, не желая, чтобы по подозрению в краже схватили ни в чём не повинного человека, я приходил в полицию и говорил: „Я украл деньги из церкви и их потратил". Больше не говорил ничего. Меня били, называли „шпаной" и „вором", но я молчал. Потом сажали в тюрьму. Так продолжалось несколько лет. В нашем городе тридцать тысяч жителей, все они про меня слышали и иначе, как „шпаной" и „вором", не величали. А я молчал и испытывал радость. Как-то я просидел в тюрьме целых три года. Иногда меня сажали по одному лишь подозрению в краже — без вины с моей стороны, и когда задерживали настоящего преступника, меня отпускали. А если виновного в преступлении, которое я не совершал, не находили, я отсиживал в тюрьме весь полагавшийся этому вору срок. Поэтому, отец мой, я и сказал тебе, что большую часть своей жизни провёл в тюрьмах».

Со вниманием выслушав его рассказ, я сказал: «Вот что, парень. Хоть всё, что ты мне рассказал, и кажется, на первый взгляд, хорошим, но на самом деле ничего хорошего в этом нет. Больше так не делай. Я тебе кое-что посоветую. Послушаешься моего совета?» — «Послушаюсь, отец», — ответил он. «Из своего родного города тебе нужно уехать, — сказал я. — Поезжай туда, где тебя не знают: в город такой-то. Я позабочусь о том, чтобы ты сошёлся там с добрыми людьми. Начинай работать и по силе помогай обездоленным, делясь с ними последним куском хлеба, потому что это имеет бо́льшую цену, чем то, что ты делал до сих пор. Но даже если человеку нечего дать нищему и у него болит от этого сердце, то он даёт ему милостыню высшего порядка. Он даёт ему милостыню кровью своего сердца. Ведь если человек даёт милостыню из того, что имеет, то при этом он испытывает и радость, а вот если ему нечего дать, то он чувствует в сердце боль». Выслушав меня, юноша пообещал послушаться моего совета и ушёл в радостном состоянии духа.

Прошло семь месяцев. Однажды я получил письмо из тюрьмы Коридаллу́[1]. Раскрыв конверт, прочитал следующее: «Отец мой, ты, конечно, удивишься тому, что после стольких полученных от тебя советов и данных тебе обещаний я пишу тебе опять из тюрьмы. Но знай, что на этот раз я отсиживаю срок, который уже отсидел раньше. Произошла какая-то судебная ошибка. Слава Богу, что среди людей нет справедливости: ведь если бы она существовала, это было бы несправедливостью по отношению к людям духовным, которые теряли бы тогда небесную мзду». Прочитав последние слова, я поразился этому молодому человеку, который столь горячо взялся за жизнь духовную и столь глубоко постиг глубочайший смысл жизни вообще. Вор ради Христа! Он имел в себе Христа. Он не мог сдержать себя от радости, которую переживал. Он переживал божественное сумасбродство, праздничное веселие!

— Геронда, эта радость происходила от того, что люди покрывали его позором?

— Эта радость происходила от того, что он терпел несправедливость. Он был мирским человеком — не читал ни житий святых, ни сочинений святых отцов, и, несмотря на то что его незаслуженно били, сажали в тюрьму, несмотря на то что в городе его считали шпаной,

---

[1] *Коридаллу́* — одна из центральных греческих тюрем. — *Прим. пер.*

негодяем и вором, несмотря на то что его срамили и стыдили, — несмотря на всё это, он не оправдывался и ко всему относился настолько духовно! Молодой человек — а заботился не о том, как восстановить свою репутацию, но о том, как помочь другим. Больших, настоящих ворюг часто не сажают в тюрьму ни разу, а этого горемыку дважды посадили за одну и ту же кражу. А сколько раз его сажали в тюрьму невинно — пока не был найден настоящий преступник! Однако той радости, которую испытывал он, не испытывали даже все жители того города — вместе взятые. Тридцать тысяч их радостей не смогли бы перевесить одной такой радости, как у него.

Вот поэтому я и говорю, что у человека духовного нет скорбей. Когда в человеке умножается любовь и его сердце опаляется божественным рачением, то скорбь уже не может найти в нём места. Люди причиняют такому человеку боль и страдания, однако их побеждает его великая любовь ко Христу.

Принятие несправедливости — прибыльное дело

— Геронда, бывает, что какая-нибудь сестра возводит на меня напраслину, а я не могу перенести этого, как должно, и охладеваю по отношению к ней.

— Погоди немного! Чему учит нас Церковь? Как надо поступать в подобных случаях? И сама ты в каком случае получаешь большую пользу? Хорошо, допустим, дело действительно обстоит так, как ты говоришь: то есть ты не виновата. Ну так что же? Если с тобой обошлись несправедливо, ты получаешь прибыль. А та сестра, которая, желая себя оправдать, возвела на тебя напраслину, впоследствии почувствует угрызения совести, будет каяться и относиться к тебе с большей любовью. Таким образом, от того, что с тобой обошлись несправедливо, происходит не одно добро, а сразу два или три. Тем самым тебе даётся благоприятная возможность разбогатеть и из цыганки-оборванки стать благородной барышней. Отчего же ты хочешь и дальше цыганить, оставаться побирушкой, когда Бог даёт тебе возможность разбогатеть и делиться своим богатством с другими?

— А мой помысел настаивает на том, чтобы я спросила сестру, каким образом она истолковала моё поведение и возвела на меня напраслину...

— Ну конечно, разве тангалашка может вытерпеть, видя, что у тебя есть кое-какие духовные сбережения? Он вынуждает тебя оправдываться, чтобы таким образом ты изгнала из себя Христа.

— Геронда, но всё же я бы хотела, чтобы мне хоть иногда прощали мои погрешности.

— Хочешь, чтобы тебя оправдывали? Хорошо, допустим, тебя оправдывают. Ты от этого получаешь духовную прибыль или же терпишь духовный убыток?

— Терплю убыток.

— А вот если бы у тебя был магазин, то что бы ты хотела: получать прибыль или терпеть убытки?

— Получать прибыль.

— Ну так вот: если мы не хотим потерпеть убытка в вещах материальных, суетных, то насколько больше мы должны стараться не потерпеть убытка в духовном отношении! Люди мирские преследуют материальную выгоду и не упускают её — так разве правильно будет людям духовным пренебречь духовной выгодой? Но люди мирские — ещё куда ни шло: разбазаривая свои деньги, они расточают лишь своё материальное состояние, тогда как мы, если не терпим по отношению к себе несправедливости, пускаем на ветер своё духовное, небесное состояние. Всё это состояние мы растрачиваем здесь, на земле. Так зачем же мы будем менять небесное на земное? А кроме того, несчастные мирские люди пребывают в духовном неведении, тогда как нам небезызвестен смысл нашей жизни. Мы становились монахами для того, чтобы стяжать небесное, а получается, что, направившись к одной цели, мы движемся совсем к другой. Если мирского человека ранят, изобьют или просто неправедно изгонят, то для него это очень горько. Однако мы, монахи, должны сами стремиться ко всему этому, мы должны терпеть всё это ради любви ко Христу. Мы должны стремиться к тому, чтобы принять бесчестие, презрение, оскорбления, поскольку они приносят прибыль нашей душе. Семейный человек стремится себя оправдать, потому что имеет житейские попечения. Ведь он думает о том, как будет жить он сам и его несчастные дети, если он, к примеру, потеряет репутацию или обанкротится. Поэтому у людей мирских есть смягчающие вину обстоятельства, тогда как у нас таких обстоятельств нет.

Когда с нами поступают несправедливо, то, принимая эту несправедливость, мы, в сущности, принимаем благодеяние. К примеру, меня оклеветали и неправедно заключили в тюрьму. Ну так что же? Во-первых, поскольку никакого преступления я не совершал, моя совесть спокойна. А во-вторых, меня ждёт небесная мзда. Разве можно оказать мне большее благодеяние? Я не ропщу, но славословлю Бога: «Как благодарить Тебя, Боже мой, за то, что я не совершал этого преступления? Ведь если бы я его действительно совершил, то не мог бы вынести угрызений совести». Для тех, кто думает так, тюрьма становится раем. Или другой пример: кто-то меня несправедливо ударил. «Слава Тебе, Господи! — говорю я. — Может быть, таким образом я искуплю какой-то из моих грехов, ведь когда-то и я поднял руку на своего ближнего». Или же меня несправедливо обругали — и я благодарю: «Слава Тебе,

Господи! Я приемлю это ради Твоей любви, по которой Ты претерпел ради меня заушения и оскорбления».

Вклад в небесную сокровищницу

— Геронда, я расстраиваюсь, что у других не складывается хорошее мнение обо мне.

— Как хорошо, что ты мне об этом сказала! Начиная с сегодняшнего дня я буду молиться о том, чтобы у других никогда не было о тебе хорошего мнения, поскольку хорошее мнение других, детонька моя, тебе не на пользу. Бог, промышляя о нас, попускает людям поступать с нами несправедливо, оскорблять нас для того, чтобы мы искупили этим какие-то из наших грехов или же отложили некоторый капитал для будущей жизни. Но я не могу понять: какой духовной жизни вы хотите? Вы ещё не поняли, в чём заключается ваша духовная выгода, вы хотите потратить весь свой капитал уже здесь — а для Неба не оставляете ничего. Почему ты понимаешь всё подобным образом? Какие книги ты читаешь? «Эвергетин»[2] читаешь? Разве там не написано, как ты должна поступать? А Евангелие читаешь? Смотри, чтобы читала каждый день.

— Геронда, а я, делая какое-то доброе дело, огорчаюсь, если оно не получает у других признания.

— Послушай, но какого признания ты хочешь: от Христа или же от людей? Разве ты можешь получить от чего-либо пользу бо́льшую, чем признание Христа? И что за польза в том, что люди будут обращать на тебя внимание?

---

[2] «Эвергети́н» — систематизированный сборник аскетических поучений святых отцов, составленный около XI века основателем и игуменом константинопольского монастыря Эвергетин (Богородицы «Благодетельницы») преподобным Павлом и впервые изданный в конце XVIII в. преподобным Никодимом Святогорцем.

Если люди будут признавать сделанное тобой добро уже сейчас, то потом, в жизни вечной, ты услышишь: *Восприя́л еси́ блага́я твоя́...*³ Нам следует радоваться тому, что другие не признают наших трудов и оставляют нас без воздаяния, поскольку Бог учтёт эти неоплаченные труды и воздаст нам за них вечной платой. Поскольку существует Божественное воздаяние, будем стараться сделать какой-нибудь — пусть и малый — вклад в Божию сберегательную кассу. Несправедливость по отношению к себе мы должны принимать как великое благословение, поскольку благодаря несправедливости на наш банковский счёт перечисляется определённая сумма — в небесное благословение.

— Геронда, а если человек благодушно принимает несправедливость по отношению к себе, но не потому, что думает о грядущем Суде, а просто оттого, что считает, что так лучше, то он ведёт себя правильно?

— Ну а разве мысль о том, что так лучше, не приведёт его в конце концов к мысли о грядущем Суде? Только пусть он остерегается вести себя так ради того, чтобы быть «просто хорошим человеком», потому что так поступают европейцы⁴. Надо думать о том, что ты — образ Божий и тебе во всём следует быть похожим на своего Творца. Если человека побуждает к действию именно эта мысль, то он движется в верном направлении. В противном случае он подвергается опасности впасть в гуманизм европейцев⁵.

---

³ Лк. 16:25.

⁴ Говоря о европейцах, преподобный Паисий не уничижает народы Западной Европы, но желает предохранить нас от господствующего в этих странах духа рационализма.

⁵ *Гуманизм* — культурное движение, в центре которого стоит самоуправляемый — то есть оторванный от Бога и Церкви — человек; получило своё развитие на Западе в послесредневековую эпоху.

Святое притворство

— Геронда, сколько на Святой Горе отшельников?[6]

— Не знаю. Говорят, что семь[7]. В последние годы найти тихое, безмолвное место для подвижничества стало очень нелегко. Поэтому, пока на Святой Горе ещё существовали особножительные монастыри[8], некоторые из отцов находили иной способ подвижничества. К примеру, поначалу подвизаясь где-то ещё, они в какой-то момент говорили: «Нет, здесь мне как-то не по душе. Пойду-ка лучше поработаю в каком-нибудь особножительном монастыре и скоплю деньжат». Окружающие верили, что это действительно так. Подвижник переходил в особножительный монастырь, работал там три-четыре месяца и затем требовал большой прибавки к жалованью. А когда в такой прибавке ему отказывали, он говорил: «Ну нет, так работать мне невыгодно. Я ухожу». Он брал с собой немного сухарей, уходил из монастыря, скрывался в какой-нибудь пещере и предавался подвигам. А у

---

[6] Однажды в 1950 г., когда преподобный Паисий впервые пришёл на Святую Афонскую Гору и искал тропинку, которая вела из Кавсокаливии в скит Святой Анны, он встретил отшельника, лицо которого излучало свет. «На вид ему было лет семьдесят, и по одеянию его можно было заключить, что он не имел никаких связей с людьми… По всему было видно, что передо мной стоял святой». Когда преподобный Паисий спросил пустынника, где он живёт, тот ответил: «Здесь» — и указал на вершину Святой Горы. Позже опытные старцы подтвердили отцу Паисию, что на вершине Афона живут в безвестности двенадцать отшельников. См. *Старец Паисий*. Отцы-святогорцы и святогорские истории. Свято-Троицкая Сергиева Лавра, 2001. С. 45–47.

[7] Произнесено в ноябре 1988 г.

[8] *Особножительный (идиоритмический, своекоштный) монастырь* — в противоположность общежительному (киновии) это обитель, не имеющая игумена и управляющаяся эпитропами. Насельники особножительных монастырей следуют личному распорядку монашеской жизни, не имеют общей трапезы и получают от монастыря денежное вознаграждение за несение послушаний. Последний особножительный монастырь Святой Афонской Горы был преобразован в общежительный в 1992 г.

оставшихся в обители создавалось впечатление, что он нашёл работу где-то ещё. Когда насельников этой обители спрашивали: «Ну как, был у вас отец такой-то?» — они отвечали: «Да, был, но какой же он привередник! Пришёл сюда, чтобы скопить денег. Требовал себе прибавки! Подумать только: монах и требует прибавки! Что же это за монах такой?» А подвижник, таким образом, получал двойную пользу: и от своего подвижничества, и от их обвинений, — да и от воров тоже: ведь воры, прослышав, что у него водятся деньги, шли к нему в пещеру, били его, но ничего не находили.

— Геронда, но если сестра скрывает себя, то как я смогу подражать её добродетели?

— Что же она, по-твоему, совсем глупая, чтобы себя не скрывать? Больший подвиг святые совершали не для того, чтобы приобрести добродетель, но для того, чтобы её скрыть. Знаете, что делали юродивые ради Христа? Сперва они избегали лицемерия мира сего и вступали в область евангельской истины. Но этого им тоже было мало, и они шли дальше — к святому лицемерию ради Христовой любви. После их уже не занимало ни то, что с ними делали, ни то, что о них говорили. Однако для этого требуется великое смирение. И посмотрите: если человеку мирскому сказать что-нибудь неприятное, он обижается; если не похвалить его за что-то, он расстраивается, тогда как Христа ради юродивые радовались тому, что люди имели о них испорченный помысел. В прежние времена были монахи, которые притворялись даже бесноватыми, желая скрыть свою добродетель и испортить у других добрый помысел о себе. Живя в Филофеевском монастыре[9] в ту пору, когда он был особножительным, я застал там одного монаха, который прежде подвизался в

---

[9] В 1956–1958 гг.

пустыне Ви́глы[10]. Поняв, что тамошние отцы догадываются о его аскетических подвигах и духовном преуспеянии, он взял благословение у своего духовника и ушёл оттуда. «Ну вот ещё! — сказал он, уходя. — Я этими заплесневевшими сухарями сыт по горло. Пойду в какой-нибудь своекоштный монастырь: там и мяса поем, и поживу по-человечески! Дурак я что ли, здесь оставаться?» Так он перешёл в Филофеевскую обитель и притворился бесноватым. Его духовные братья[11], услышав, что он сделался «одержимым», стали говорить между собой: «Жаль беднягу: он стал одержимым. Ну а что же? Ведь этого и следовало ожидать. Отсюда сбежал: заплесневелые сухари, видите ли, надоели! Перешёл в своекоштный монастырь: мяса ему захотелось покушать!» А что же «одержимый»? А вот что: он прожил в Филофее более двадцати пяти лет и все эти годы не готовил себе пищи и не ложился спать. Борясь со сном, он целыми ночами бродил с фонариком по монастырским коридорам. Приходя в крайнее утомление, подвижник останавливался и ненадолго прислонялся к стене, но, только лишь сон начинал его одолевать, он вскакивал и шёпотом начинал произносить Иисусову молитву: «Господи, Иисусе Христе…» Потом он продолжал молиться умно — не вслух, однако иногда молитва невольно срывалась с его уст, и её было слышно другим. Встречаясь с другими монахами, подвижник просил: «Молись, молись, чтобы из меня вышел бес». Как-то раз один юный пятнадцатилетний монашек сказал мне о нём: «Да ну его, этого бесноватого». — «Не говори так, — заметил я ему. — Этот человек стяжал немалую добродетель

---

[10] *Ви́гла* — гористая пустынная местность в юго-восточной части Афонского полуострова.
[11] *Духовные братья* — монахи, получившие монашеский постриг от одного и того же старца.

и бесноватым только притворяется». Впоследствии этот юный монах относился к подвижнику с благоговением. А когда подвижник умер, его нашли держащим в руках лист бумаги со списком монастырской братии. Против имени каждого монаха добрый притворщик написал какое-то прозвище. Он сделал это для того, чтобы и после кончины испортить другим тот — пусть самый малый — добрый помысел, который они, возможно, могли иметь о нём. Потом его останки стали благоухать. Видишь как, он хотел утаиться, но благодать Божия выдала его другим.

Поэтому нам не следует делать о человеке выводов на основании видимого — коль скоро мы не в состоянии различить, что он скрывает в себе.

ГЛАВА ВТОРАЯ
О ТОМ, ЧТО САМООПРАВДАНИЕ ОТГОНЯЕТ ОТ НАС БЛАГОДАТЬ БОЖИЮ

Самооправдание препятствует духовному преуспеянию

— Геронда, что имеют в виду, когда говорят, что в Священном Писании не встретишь самооправдания?
— То, что самооправданию, некоторым образом, не находится оправдания.
— А я, геронда, когда оправдываюсь, то уже задним числом понимаю, что монаху самооправдание не приличествует.
— Оно ему не просто не приличествует — самооправдание не имеет ничего общего с духовной жизнью. Необходимо понять, что, оправдывая себя, я нахожусь в состоянии ложном. Я прерываю связь с Богом и лишаю себя Божественной благодати. Ведь Божественная благодать не приходит к человеку, который находится в ложном состоянии. С того момента как человек оправдывает то, чему нет оправдания, он отделяет, изолирует себя от Бога. Пространство между человеком и Богом заполняет изоляционный материал, как бы духовный каучук. Разве

через каучук может пройти электрический ток? Нет, не может, он для тока непроницаем. Так и для Божественной благодати нет более сильного изолирующего материала, чем самооправдание. Оправдывая себя, ты словно строишь стену, отделяющую тебя от Бога, и таким образом прерываешь с Ним всякую связь.

— Геронда, Вы часто говорите: «Будем стараться, по крайней мере, не оказаться ниже духовного проходного балла?» Что это за духовный проходной балл?

— Духовный проходной балл — это смиренное признание своей ошибки, а также отказ от самооправдания хотя бы тогда, когда человеку указывают на то, в чём он виноват, и он сознаёт свою вину. Ну а не оправдывать себя, когда обвиняют в том, в чём ты не виноват, — это уже пятёрка с плюсом. Тот, кто оправдывает себя, не только не преуспевает, но и не имеет внутреннего покоя. Бог не будет казнить нас за какую-то совершённую нами ошибку, однако и нам самим не следует оправдывать себя в этой ошибке и считать её чем-то естественным.

— А если мне делают замечание за какую-то оплошность, но я не могу понять, насколько велика моя вина, следует ли спросить об этом, чтобы в другой раз быть повнимательней? Или всё же лучше промолчать?

— Если, будучи виновата на пять процентов, ты обвиняешь себя на двадцать пять, то разве ты не остаёшься с барышом? Обвиняй себя с запасом, чтобы не прогадать. Это и есть то духовное делание, которое ты должна совершать: отыскивать свою погрешность и ловить себя на месте преступления. В противном случае ты боишься расстаться со своим «я», оправдываешь его, но внутреннего покоя не имеешь.

— Геронда, а получает ли пользу человек, который, оправдываясь по привычке, впоследствии осознаёт свою ошибку и окаивает себя?

— По крайней мере, у такого человека накапливается опыт. Если он использует этот опыт должным образом, то это пойдёт ему на пользу. А если Бог скажет: «Ну, поскольку он понял свою ошибку и покаялся, надо ему что-нибудь дать», то этот человек получит и какую-то «субсидию», но уже из другого духовного фонда — из фонда покаяния.

Причиной того, что человек оправдывает себя, является его эгоизм

— Геронда, если я не нахожу оправдания поступкам других, значит, у меня жестокое сердце?

— Не находишь оправдания другим и находишь себе? Но тогда очень скоро и Христос не найдёт для тебя оправдания. Если человек поведёт себя злобно, то его сердце может в одно мгновение стать жёстким, как камень. А если он поведёт себя с любовью, сердце может в одно мгновение стать очень нежным. Стяжи материнское сердце! Как ведёт себя мать? Она всё прощает своим детям и иной раз делает вид, что не замечает их шалостей.

Тот, кто правильно совершает над собой духовную работу, для всех находит смягчающие вину обстоятельства, всех оправдывает, в то время как для себя не ищет оправдания никогда — даже если прав. Он всегда называет себя виноватым, поскольку думает о том, что не использует тех благоприятных возможностей, которые ему даются. К примеру, если такой человек видит, как кто-то ворует, то думает о том, что и сам воровал бы ещё больше, если бы сбился с правильного пути. «Бог мне помог, — говорит такой человек, — однако я приписал Его дары себе самому. Это воровство большее, чем то, что совершает мой ближний: разница лишь в том, что его воровство заметно, а моё остаётся скрытым». Таким образом, человек со строгостью осуждает себя и со снисхождением судит ближнего. Или, увидев в ближнем какой-то — большой или малый — недостаток, такой человек оправдывает его, включая в работу добрые помыслы. Он думает о том, что и сам имеет много недостатков, которые заметны другим. Ведь если покопаться, то в себе можно отыскать такое множество недостатков! Тогда оправдание ближнего станет очень лёгким делом. Сколько же мы дров наломали! *Грех ю́ности моея́ и неве́дения моего́ не помяни́, Го́споди*[1].

— Геронда, бывает, когда меня просят о помощи, я с готовностью её оказываю, но в спешке что-то немножко порчу, а потом, когда мне делают замечание, стараюсь оправдаться...

— Если, желая сделать доброе дело, ты что-то немножко испортила, то тебе нужно смиренно принять замечание за совершённую оплошность, чтобы получить награду сполна. Диавол очень лукав. Своё ремесло он знает просто бесподобно. Так что же, разве он не использует свой столь многолетний опыт? Это он подстрекает тебя оправдываться, чтобы ты потеряла пользу от сделанного тобой добра. Если ты видишь, как человек, обливаясь потом, взваливает на плечи какую-то ношу, и хочешь переложить её на свои плечи, чтобы ему стало легче, то это, можно сказать, естественно. Увидела, как он нёс на себе эту тяжесть, и, движимая любочестием, поспешила ему помочь. Однако понести на себе тяжесть нанесённой кем-то несправедливой обиды имеет гораздо большую цену. Если нам делают замечание и мы тут же начинаем оправдываться, это свидетельствует о том, что в нас ещё в полной мере живо мирское мудрование.

— Геронда, так в чём же причина самооправдания?

— В эгоизме. Самооправдание — это падение, оно изгоняет благодать Божию. Человек должен не только не

---

[1] Пс. 24:7.

оправдываться, но и возлюбить ту несправедливость, которая совершается по отношению к нему. Ведь что как не самооправдание изгнало нас из рая? Разве не в этом заключалось Адамово падение? Когда Бог спросил Адама: «Может быть, ты вкушал от древа, с которого Я возбранил тебе вкушать?» — Адам не сказал: «Да, Боже мой, согреших», но стал оправдываться: «Жена, которую Ты мне дал, дала мне от древа, и я ел». Тем самым он всё равно что сказал Богу: «Это Ты виноват, потому что Еву сотворил Ты». Но разве Адам был обязан слушаться Еву в этом вопросе? Бог задал тот же вопрос и Еве, но и она начала оправдываться: «Змей прельстил меня»². Если бы Адам сказал: «Согрешил, ошибся, Боже мой», если бы Ева тоже признала свою ошибку, то всё опять встало бы на свои места. Но нет: оба они стали наперебой себя оправдывать.

— Геронда, а если человек не понимает, насколько большим злом является самооправдание, что тому виной?

— Что тому виной? То, что виноват он сам. Без конца оправдывая себя и считая, что другие его не понимают, что все вокруг несправедливы, а он — невинный страдалец и несчастная жертва, человек становится невменяемым, перестаёт владеть собой. И подумать только: совершив иногда несправедливость и провинившись перед другими, такой человек говорит: «Я бы, конечно, стерпел эту несправедливость, но не хочу вводить в грех других»! То есть он стремится оправдать себя якобы из побуждений любви, чтобы тот, кто, как ему кажется, его обидел, пришёл в чувство и не впал в грех! Или же он начинает приводить целую кучу объяснений, чтобы его «обидчик» не впал в грех из-за того, что случайно поймёт

---

² См. Быт. 3:11-13.

его превратно. Видите, какой тонкой работой занимается диавол?

*Тот, кто оправдывается,
не может получить духовной помощи*

Я заметил, что сегодня все — от мала до велика — оправдывают всё с помощью какого-то сатанинского помысла. Диавол для них перетолковывает всё на свой лад, и, таким образом, эти люди выпадают из реальности. Сатанинское толкование — вот что такое самооправдание.

— Геронда, а отчего у некоторых людей находится возражение на любое сказанное им слово?

— О, беседовать с человеком, который привык оправдываться, — это страшное дело! Это всё равно что разговаривать с бесноватым. Да простит меня Бог, но те, кто себя оправдывают, имеют «старцем» самого диавола. Это страшно измученные люди, они не имеют в себе мира. Они сделали самооправдание своей наукой. То есть, подобно тому как вор всю ночь не смыкает глаз и придумывает способ что-то украсть, эти люди постоянно придумывают способы оправдания своих погрешностей. Иной человек обдумывает, как ему смириться или сделать какое-то доброе дело, а они придумывают прямо противоположное — способ оправдать то, чему не может быть оправдания. Эти люди становятся настоящими адвокатами! Их невозможно переубедить — это всё равно что пытаться переубедить самого диавола. Знаете, как я намучился с одним таким человеком?! «То, что ты делаешь, не лезет ни в какие ворота, — увещевал я его. — Тебе необходимо обратить внимание на некоторые вещи, ты совсем отбился от рук, тебе следует поступить так-то и так-то...» Однако он находил себе оправдание в ответ на каждое моё слово, а в конце разговора ещё и заявил: «Ты так и не сказал, что мне нужно сделать!» — «Золотой ты мой, — опешил я, — о чём же мы тогда толкуем столько времени? Мы говорим о твоих ошибках, о том, что ты зашёл не туда, куда нужно, но ведь ты без остановки оправдываешься. За те три часа, пока мы беседуем, ты меня всего вымотал! Довёл до белого каления! Ну разве я не сказал, что тебе нужно сделать?» Вот так: ты приводишь человеку соответствующие примеры, поясняя, что относиться ко всему так, как относится он, — это сатанинский эгоизм, предупреждаешь, что он подвергается бесовским воздействиям и если не изменится, то погибнет, — а он после всего этого заявляет, что ты так и не сказал, что ему нужно делать! Нет, правда, разве тут не выйдешь из себя? Если человеку на всё наплевать, то он в таких случаях не расстраивается. Что бы ни произошло, всё для него мелочи жизни.

Однако если у тебя нет равнодушия, то в подобных ситуациях просто взрываешься. Нет, всё-таки счастливые они — люди, которым нет дела ни до чего.

— Однако, геронда, сами-то Вы ни при каких обстоятельствах не хотите оставаться равнодушным…

— Сестра ты моя, да равнодушный, по крайней мере, не растрачивает себя понапрасну. Страдать есть смысл ради того человека, которому больно. Но здесь-то: выматываешься ради него, говоришь ему столько всего, а он в конце концов заявляет: «Ты не сказал, что мне делать» — и оправдывает то, чему не может быть оправдания. Так из человека он превращается в демона! Как это страшно! Если бы он подумал хотя бы о том, какой ты подъял труд, чтобы ему помочь, то изменился бы хоть немножко. Я уже не говорю о том, чтобы он почувствовал, как тебе за него больно. Но где там: он видит, как ты страдаешь, видит, как ты бьёшься, мучаешься, и на всё это закрывает глаза!

— Геронда, если ты говоришь человеку, который оправдывает какую-то свою бесчинную выходку, что это самооправдание, а он, желая доказать, что это не самооправдание, продолжает себя оправдывать, то есть ли у него возможность исправиться?

— Да где же ему исправиться? Он понимает, что совершил ошибку, потому что испытывает мучение, но от эгоизма не хочет её признать. Это очень страшно!

— Да, но при этом он заявляет: «Ты отказываешься мне помочь. Я прошу тебя о помощи, а ты не хочешь даже пригласить меня для беседы. Ты относишься ко мне с презрением».

— Ну так что же, такое состояние тоже начинается с эгоизма. Тем самым он как бы говорит тебе: «Это не я, а ты виноват в том, что у меня всё так плохо!» Да-да, такой человек доходит и до этого. Оставь его в покое: не нужно тратить на него время, поскольку ты ему не поможешь. За такого человека не несёт ответственности ни его духовник, ни — если он живёт в монастыре — игумен или игуменья. Это не человеческий, а сатанинский эгоизм. Человеческим эгоизмом страдает тот, кто, не смирившись до такой степени, чтобы сказать «прости», всё же не станет и оправдываться. Но тот, кто, согрешая, оправдывает себя, превращает своё сердце в бесовское пристанище. Если такой человек не сокрушит своего «я», то будет совершать всё больше и больше просчётов, и его безо всякой пользы будет сокрушать его собственный эгоизм. Если человек не ведает, каким злом является самооправдание, у него есть смягчающие вину обстоятельства. Однако если он узнал это — сам или со слов других, — то смягчающих вину обстоятельств у него нет.

Когда хочешь помочь человеку, который привык оправдываться, будь очень внимательным. Потому что, если он оправдывается, это значит, что у него много эгоизма, и поэтому иногда происходит следующее: ты говоришь ему, что он поступил неправильно, а он, оберегая свою «безупречность» и доказывая, что не прав именно ты, начинает прибавлять враньё ко вранью и самооправдание к самооправданию. В этом случае уже ты, указавший ему на его неправоту, становишься причиной того, что этот человек оказывается ещё большим эгоистом и лжецом, чем был раньше. Увидев, что он продолжает оправдываться, прекращай что-либо ему втолковывать, но молись, чтобы Бог его просветил.

Если ты не оправдываешь себя, тебя оправдает Бог

— Геронда, часто, когда мне делают замечание, я, думая, что нужно дать какие-то объяснения, начинаю: «Да, это так. Но не знаю, то ли вы подумали...»

— Да зачем тебе все эти «но» и «то ли»? В этом «то ли» нету... соли![3] И оно всё извращает. Если делают тебе замечание, говори: «Прости. Твоими молитвами в будущем я буду внимательнее».

— Геронда, а если кто-то, видя, как я совершаю тот или иной поступок, приходит к ошибочному заключению, нужно ли объяснять, что побудило меня поступить так, а не иначе?

— Если есть у тебя духовная сила, то есть смирение, то признай себя виновной и ничего не объясняй. Предоставь Богу тебя оправдать. Если не скажешь ты сама, то впоследствии за тебя скажет Бог. Посмотри, ведь когда братья продавали Иосифа в рабство[4], он не сказал измаильтянским купцам: «Я их брат, а не раб. Мой отец любил меня больше всех своих детей». Он не сказал ни слова, зато потом Бог сказал Своё слово и сделал его царём[5].

---

[3] На греческом языке игра слов: «Τὸ „ἀλλά" δὲν ἔχει ἁλάτι» — «но» не имеет соли. — *Прим. пер.*

[4] См. Быт. 37:20 и далее.

[5] См. Быт. 41:41.

Что же ты думаешь, Бог не известит людей о том, как всё обстоит на самом деле? Если Бог, ради твоей пользы, откроет людям правду, то хорошо. Однако, если Он её не откроет, это тоже будет ради твоей пользы. Когда кто-то поступает с тобой несправедливо, думай о том, что он делает это не по злобе, а просто оттого, что увидел всё в таком свете. Если у этого человека нет злобы, то пройдёт какое-то время и Бог известит его об истинном положении дел. И тогда человек этот поймёт, что был несправедлив к тебе, и покается. Бог не извещает человека только в том случае, если в нём есть злоба, поскольку радиостанция Бога работает на частоте смирения и любви.

— Геронда, а можно ли просить у человека объяснений после какого-то недоразумения между тобой и им?

— У тебя что, повредился помысел об этом человеке?

— Нет.

— Если твой помысел не повредился, то нет необходимости и в том, чтобы человек что-то тебе объяснял. Если же твой помысел повредился, то неплохо услышать какие-то объяснения, чтобы он не повредился ещё больше.

— Геронда, но если объясняешься не с целью оправдаться, а просто рассказываешь о своём отношении к тому или иному событию, о том, что подвигло тебя поступить так или иначе?

— Это тоже ни к чему. Лучше сказать «прости» и воздержаться от объяснений, за исключением тех случаев, когда их у тебя просят. Тогда уже смиренно расскажи, как всё произошло.

— Геронда, в каких случаях объяснения необходимы?

— Они необходимы в тех случаях, когда речь идёт о недоразумении, которое касается других людей. Тогда человек обязан дать объяснения, чтобы как-то исправить положение дел. А ещё бывает, что человек слишком чувствителен, имеет некоторую долю эгоизма, и если он не объяснится, это может его травмировать. В таком случае предпочтительнее, если он объяснит, что побудило его сделать тот или иной шаг.

— Иногда, геронда, мы не можем отличить самооправдание от объяснения.

— Самооправдание не приносит покоя душе, тогда как объяснение приносит ей покой и мир.

Кто исследует себя правильно, тот себя не оправдывает

— Геронда, отчего, даже чувствуя, понимая свою духовную слабость, я всё равно оправдываюсь?

— Ты оправдываешься как раз потому, что ещё не почувствовала своей слабости. Если бы почувствовала, то не оправдывалась бы. Ведь мы, себялюбцы, трудностей испытывать не хотим, трудиться не любим, часто хотим духовно разбогатеть, не ударив при этом палец о палец. Нам следует, по крайней мере, признать, что, относясь ко всему подобным образом, мы духовно хромаем на обе ноги. Признав это, нам следует смириться. Но где там! Ни трудом, ни признанием своей немощи в нашем случае и не пахнет.

— А может ли оправдывать себя человек, который занимается самопознанием, исследует себя?

— Кто изучает себя правильно, тот себя не оправдывает. Погляди: ведь некоторые умные люди, будучи семи пядей во лбу, в конце концов делают ужаснейшие глупости. Это потому, что подмешивается желание устроиться поудобней. «Как бы устроиться поудобней, — размышляет такой человек, — как бы сделать так, чтобы было хорошо мне самому».

— Геронда, а тот, кто себя оправдывает, не видит своих падений в духовной жизни?

— Диавол обманывает такого человека во всём, что бы он ни делал, и этот человек находит оправдание всему: собственному своеволию, упрямству, эгоизму, лжи.

— А если бы такой человек оценивал себя, как в зеркало смотрясь в святоотеческие сочинения и особенно в Священное Писание, то разве это не помогло бы ему?

— Для человека, который мыслит правильно, духовно, Священное Писание и книги святых отцов разрешают все затруднения. Он понимает смысл написанного чётко и ясно. Однако если человек не занимается духовным деланием и его душа не очищена, то даже Священное Писание ему не поможет, поскольку всё прочитанное такой человек истолковывает шиворот-навыворот. Ему лучше открывать помысел своему духовнику и не пытаться самому истолковывать смысл прочитанного. К примеру, читая Ветхий Завет, такой человек может истолковать смысл прочитанного в духе лукавства и заразиться духовной инфекцией. Я заметил, что некоторые выбирают что-то из прочитанного в духовных книгах и потом истолковывают это так, как им на руку. Причина не в том, что у них не хватает соображения или они неправильно понимают смысл прочитанного. Нет, они дают прочитанному своё толкование для того, чтобы оправдать себя. Страшное дело! При этом те духовные советы, наставления, которые они слышат от других, эти люди, как я убедился, также нечасто воспринимают должным образом. К примеру, желая обратить их внимание на что-то, я рассказываю им какой-нибудь случай. Я хочу подчеркнуть что-то одно совершенно конкретное, но они перерывают рассказанную мной историю с тем, чтобы найти в ней нечто совершенно другое, ухватиться за это «другое» и оправдать что-нибудь из своих недостатков или ошибок. То есть они делают всё это ради того, чтобы найти оправдание своим страстям. Когда я им рассказываю о каком-нибудь человеке, который докатился до плачевного состояния из-за своей невнимательности, они, выслушав историю, не задумываются об этом, а говорят: «Ну если уж бывают люди в таком ужасном состоянии, то мы вообще выше всяких похвал». Таким образом они оправдывают себя. Да, чего-чего, а самооправданий диавол подыщет сколько угодно.

Самооправдание не приносит покоя душе

Душа того, кто оправдывает себя, не находит покоя. Такой человек лишён утешения. Сам-то он оправдывает своё «я», но вот оправдывает ли это «я» его самого? Его «я», его совесть не находят ему оправдания, и поэтому душа не имеет покоя. Это свидетельствует о том, что он виноват. Насколько же премудро Бог всё устроил! Он дал человеку совесть. Страшное дело! С помощью жестокости, хитрости, лести человек может добиться того, чего хочет, но при этом он будет лишён душевного покоя. А если человек руководствуется совестью, то он и без посторонней помощи может убедиться в том, что сбился с пути.

Благодушно терпеть несправедливость — это всё равно что получать духовное богатство, приносящее радость. А оправдывая себя, человек словно растрачивает какую-то часть своего богатства — и радости не ощущает. Я хочу сказать, что в последнем случае у человека нет того духовного покоя, который он имел бы, не оправдывая себя. А что уж говорить о том, кто себя оправдывает, будучи к тому же и вправду виноватым! Такой человек собирает на свою голову гнев Божий. Ведь, по сути дела, он занимается расхищением того, что ему не принадлежит. Ему даётся богатство, а он пускает его на ветер. Разве может иметь покой душа того, кто пускает богатство на ветер?

Тот, кто оправдывается, себя ослепляет. Потом диавол найдёт ему оправдание, даже если такой человек совершит убийство. «Как же ты его так долго терпел? — говорит диавол. — Да тебе надо было прикончить его гораздо раньше!» И такой человек может даже захотеть получить от Христа воздаяние за те несколько лет, которые он «терпел»! Тебе понятно? Да-да, можно и до этого дойти!

— Геронда, но раз тот, кто оправдывает себя, страдает, то почему он не хочет перестать себя оправдывать, чтобы прекратить мучающие его угрызения совести?

— Потому что самооправдание — это привычка. Чтобы её отсечь, необходима сила воли. Такому человеку необходимо научиться не просто не оправдываться, но ещё и занимать правильную духовную позицию. Ведь если человек, не оправдываясь вслух, станет всё же носить в душе уверенность в том, что с ним обошлись несправедливо, то будет ещё хуже, потому что если бы он сказал что-то в своё оправдание, то ему бы на это возразили, и таким образом он смог бы познать себя и выйти из заблуждения. В противном же случае он может ничего не говорить вслух, но про себя думать: «Правда на моей стороне, однако я молчу, потому что я выше этого». Так человек остаётся в заблуждении.

Будем брать на себя тяжесть чужих грехов

— Геронда, вчера Вы говорили, что одно дело — это терпение, а другое — терпимость. Что Вы имели в виду?

— Терпеть — это не значит относиться к кому-то с терпимостью. Утверждая, что я обладаю терпимостью по отношению к какому-то человеку, я тем самым говорю: «У него всё очень плохо, а у меня хорошо, и я отношусь к нему с терпимостью». Настоящее терпение заключается в том, чтобы чувствовать свою вину за то состояние, в котором находится ближний, и ему сострадать. В таком отношении к ближнему много смирения и любви. В этом случае я приемлю благодать Божию, а мой ближний получает помощь. К примеру, увидев какого-нибудь хромого, глухого или наркомана, я должен подумать так: «Если бы я был духовно преуспевшим человеком, то я умолил бы Бога, и Он исцелил бы этого несчастного». Ведь Христос сказал: «Я дам вам силу творить чудеса большие, чем сотворил Я»[6]. От таких размышлений приходит боль за ближнего и любовь к нему. Если же я говорю: «Э, да чем я могу ему помочь: калека он и есть калека; ладно, посижу с ним немножко — глядишь, получу и награду за доброе дело», то я «снисхожу» к своему ближнему, отношусь к нему «с терпимостью» и оправдываю себя тем, что исполнил свой долг.

— Геронда, а всегда ли полезно полностью брать на себя вину за какой-то чужой грех?

— Да, если ты можешь понести это бремя, то польза от этого немалая. За всё укоряй себя. Забирай у ближнего вину за грех, взваливай её себе на плечи и проси Христа, чтобы Он давал тебе силу её понести. А беря на себя бремя более тяжкое, чем твоя действительная вина (да хоть бы даже на тебе и вовсе не было вины, но ты находишь способ доказать себе, что она всё-таки есть), ты никогда не будешь приписывать своим собственным силам то, что несёшь на себе чужой грех. Значит, ты не будешь гордиться и сможешь стяжать богатую благодать Божию. Однако требуется с осторожностью соразмерять свои силы и рассчитывать: а сможешь ли ты понести на себе больший груз? Ведь если надорвёшься, то заработаешь себе грыжу, сорвёшь поясницу…

— А что значит в этом случае «заработать грыжу» и «сорвать поясницу»?

---

[6] Ср. Ин. 14:12.

— Ну вот, к примеру, если ты возьмёшь на себя чужой грех, тяжесть которого будет превышать твои силы и не дашь при этом никаких объяснений, то потом начнёшь роптать, раздражаться, осуждать...

— Однако, если я дам какие-то объяснения, разве это не будет самооправданием?

— А вот ты и старайся дать оправдание только тому, на что не хватило твоих силёнок. На что сил хватает, то оставляй без объяснения. К примеру, если человек чувствителен, ему надо стараться не поднимать таких духовных тяжестей, которые превышают его силы. Такому человеку не стоит изображать из себя силача. Ему надо испытывать себя и подвергать себя несправедливому обвинению с рассуждением — в соответствии с тем весом, который ему по силам поднять, чтобы в противном случае, надорвав его чрезмерной чувствительностью, враг не низринул бы такого человека в отчаяние и не привёл бы его в негодность.

— Геронда, а я иногда не только не нахожу в себе сил понести несправедливость, но ещё и перекладываю на чужие плечи ответственность за своё собственное падение.

— Вы не только не хотите от любви понести котомку своего ближнего, но ещё и свою тяжёлую торбу хотите навьючить на его плечи. И не только на здорового, но и на маломощного! Тебе требуется стяжать духовную отвагу, чтобы быть в состоянии брать на себя всю ответственность за свой грех. А чем больше мы будем увеличивать свою ношу, беря на себя чужие прегрешения, тем больше будет облегчать тяжесть нашего бремени Благий Бог — и мы станем переживать божественное радование.

Если какой-то здоровяк от любви к ближнему, у которого нет сил на то, чтобы ворочать тяжести, взваливает на свои плечи два мешка цемента, то это стоит не так много, как принятие на себя тяжести чужого греха, «усваивание» этого греха себе — пусть даже люди подумают, будто бы именно ты действительно согрешил. Это большая добродетель, большое смирение.

Как-то раз послушник одного афонского общежительного монастыря нагрубил уставщику[7], который был к тому же иеромонахом. Уставщик, желая помочь послушнику, который читал за богослужением, подошёл к нему и показал, какой кондак надо читать первым. Но тот совершенно вышел из себя и после службы в гневе закрылся в своей келье. Поискав вину в себе, уставщик принял бремя на себя и стал переживать, размышляя о том, что это он виноват в том, что брат ответил ему грубо. По-настоящему мучаясь от угрызений совести, он не стал оправдывать своё поведение тем, что обязан был указать послушнику, что нужно читать, потому что как уставщик нёс ответственность за то, что совершается в храме. Вместо этого он сказал себе: «Это я виноват в том, что брат пришёл в немирность». И вот он пошёл в келью послушника, чтобы положить ему поклон и попросить прощения, однако тот заперся изнутри на ключ и не открывал. Тогда иеромонах сел у него под дверью. Он просидел так с самого утра до трёх часов пополудни. Когда ударили к вечерней службе, послушник был вынужден открыть дверь и выйти. Уставщик опустился на колени, положил ему земной поклон и сказал: «Прости меня, брате, это я виноват». Вот каким образом приходит благодать Божия.

---

[7] *Уставщи́к* — ответственный за соблюдение богослужебного устава и вообще за порядок в храме.

ГЛАВА ТРЕТЬЯ
О СПРАВЕДЛИВОСТИ БОЖЕСТВЕННОЙ И ЧЕЛОВЕЧЕСКОЙ

— Геронда, скажите, что такое справедливость Божественная?

— Справедливость Божественная — это когда ты делаешь то, что доставляет покой твоему ближнему. К примеру, если тебе нужно разделить что-то между собой и ближним, то дай ему не половину того, что имеешь, а столько, сколько он хочет. Спроси его: «Сколько ты хочешь взять себе? Две с половиной, три части? На, возьми их». Отдавай другому хорошее, а себе оставляй гнилое. Отдавай другому большую часть, а себе оставляй меньшую. Вот представь, что сестра приносит нам сейчас десять слив. Съев от чревоугодия восемь слив и оставив тебе две, я поступлю с тобой несправедливо. Сказав: «Поскольку нас двое, то я съем пять, а пять останутся тебе», я поступлю по человеческой справедливости. А если, увидев, что сливы пришлись тебе по вкусу, я съем только одну и скажу тебе: «Окажи любовь, доешь остальные, а то мне они не очень нравятся, да к тому же у меня от них болит живот», это будет справедливостью Божественной.

— То есть скажите, а в чём заключается человеческая справедливость?

— Человеческая справедливость заключается в том, что, когда тебе нужно, к примеру, с кем-нибудь поделиться, ты одну половину даёшь ему, а другую оставляешь себе.

— Геронда, а какое место человеческая справедливость занимает в духовной жизни?

— Человеческая справедливость предназначена не для людей духовных, но для того, чтобы служить тормозом для людей мира сего. Если духовный человек возлагает надежду на человеческую справедливость, то он глуп, потому что в сравнении со справедливостью Божественной, человеческая равна нулю. Но даже и человек мирской, добившись чего-то в этой жизни, применяя человеческую справедливость, не будет иметь подлинной радости и душевного покоя.

Допустим, два брата владеют участком земли площадью десять стремм[1]. По человеческой справедливости каждый из них должен взять себе по пять стремм, но по справедливости Божественной каждый должен взять столько, сколько ему необходимо. То есть, если у одного брата семь душ детей, а у другого только двое или если один получает низкую зарплату, а другой высокую, то большую часть земли следует взять тому, кто испытывает большую нужду. Если в этом случае второй брат возьмёт себе столько же, сколько и первый, это будет несправедливо. Однако человек мирской не принимает во внимание того, что его брат едва сводит концы с концами. Не мысля духовно, такой человек не понимает, что разделить имение так, как собирается сделать он, будет несправедливостью. «Тебе следует объяснить своим домочадцам, что твой брат нуждается, чтобы они согласились с тем, что большую часть ты отдашь ему», — говоришь такому

---

[1] *Стре́мма* — мера площади, равная 1000 м². — *Прим. пер.*

человеку. А в ответ слышишь: «Почему? Ведь, разделив имение пополам, я вовсе не поступаю по отношению к нему несправедливо».

Однако если бы говорящий так был духовным человеком, то, даже несмотря на сопротивление жены и детей, следовало бы убедить их отдать нуждающемуся брату столько, сколько ему нужно. Если бы нуждающийся брат сказал: «Ты возьмёшь себе одну стремму», то другому следовало бы взять себе одну и не сказать ни слова, чтобы брат, взявший себе большую долю, чувствовал себя свободно. Как ни взгляни, но самый справедливый раздел совершается по Евангелию.

Меня поражает великодушие Авраама. Когда пастухи Лота и Авраама стали ссориться из-за пастбищ, Авраам пошёл к Лоту и сказал: «Негоже нам с тобой ссориться, ведь мы родственники. Какая сторона тебе больше по сердцу? Хочешь пойти направо или налево?» Лот хоть и отчасти, но поступил из человеческих побуждений, он выбрал Содом и Гоморру, потому что там были зелёные луга, хорошие пастбища для скота[2]. И какого же лиха ему потом довелось там хлебнуть! А Авраам, движимый Божественной справедливостью, желал доставить радость Лоту. То, что Лот поселился в лучшем месте, даже принесло Аврааму радость.

Правосудие Божие

— Геронда, что такое правосудие Божие?

— Правосудие Божие — это долготерпение, которое имеет в себе также смирение и любовь. Бог весьма справедлив, но Он и весьма сострадателен[3], и Его сострадание

---

[2] См. Быт. 13:1-13.
[3] Дословно «многоблагоутробный» (греч. «πολυεύσπλαγχνος»). — *Прим. пер.*

побеждает Его справедливость. Чтобы тебе было понятно, приведу такой пример: если человеку никогда не представлялось благоприятной возможности услышать о Боге, то Бог будет судить его не в соответствии с тем состоянием, в котором он находится, но в соответствии с тем состоянием, в котором он находился бы, если бы Его познал. Ведь в противном случае Бог не был бы справедлив. У Божественной справедливости свои математические законы: иногда один плюс один равняется двум, а иногда — двум миллионам.

— Геронда, а каким образом Божественная справедливость исполняется над человеком, совершающим какую-то погрешность?

— Человеческая справедливость говорит: «Ты совершил погрешность и должен быть наказан», а справедливость Божественная: «Ты признаешь свою ошибку и раскаиваешься? Получаешь прощение». Погляди, ведь если человек, совершивший преступление, искренне кается и сам сознается в содеянном, хотя на него ещё не пало и малейшее подозрение, то даже человеческий закон относится к нему снисходительно. И если такой человек снисходительно судится даже людьми, то насколько больше снисхождения оказывает ему Бог — праведный и сострадательный Судия!

Все мы находимся в руках Божиих. Бог наблюдает за нами и видит доподлинно всё, Ему открыто сердце каждого человека. Он не будет к нам несправедлив. Поскольку есть Божественная справедливость, Божественное воздаяние и — что важнее всего — поскольку Бог нас любит, то всё доброе, что делает человек, не пропадает зря. Поэтому тот, кто стремится к справедливому отношению людей, — человек никчёмный, совершенно недоразвитый.

Я заметил, что если человек, с которым поступили несправедливо, относится к происшедшему так, как этого требует Божественная правда, то Бог оправдывает его ещё в этой жизни. Помню, как после войны к нам в часть приехал генерал вручать ордена. Меня в тот день не было. Когда генерал выкрикнул мою фамилию, из строя вышел один мой сослуживец, родом из Фессалии, и получил награду, которая предназначалась мне. Другие солдаты промолчали, потому что в те времена за такой обман в армии сажали в тюрьму. А когда генерал уехал, тот солдат спрятался в страхе, что остальные изобьют его до полусмерти. И ко мне, когда я вернулся в часть, он боялся подойти. Ходил, ходил кругами и наконец сказал «Прости меня, я сделал то-то и то-то». — «Ну и правильно сделал, что взял этот орден! — ответил ему я. — Что бы я с ним делал?» Потом он надевал этот орден на парады. А сорок лет спустя сюда в монастырь приехал командующий Первой Армией из Фессалии и привёз мне награду — орден Александра Македонского. Увидев его, я не мог сдержать улыбки. Сорок лет спустя! И меня поразило то, что маршал приехал из Фессалии — с родины того солдата, который получил тогда мою награду. Видите, как бывает! Если же мы стремимся к тому, чтобы с нами поступили по справедливости, то, в конечном итоге, теряем и то, к чему стремимся здесь, и то, что Христос готовит нам в жизни вечной за то, что мы претерпели несправедливость. То есть из-за никчёмных вещей мы теряем самое главное, вечное. Ведь, так или иначе, всё земное никчёмно. Зачем же оно нам нужно?

То, на что монах имеет право, Христос сберегает для жизни иной

— Геронда, что значит «иметь право» на что-либо?

— «Иметь право» — это мирская логика. Чем больше в человеке мирского, тем больше «прав» он имеет. Чем больше в нём духовного, тем меньшими он обладает правами, особенно монах: у него есть одни лишь обязанности, он не имеет права ни на что. Я хочу сказать, что монах не должен иметь ни к кому никаких притязаний. Ради Христовой любви монах отказался от всего, поэтому, если он стремится иметь в этой жизни какие-то права, это полная ошибка. Ведя себя таким образом, монах оскорбляет Христа, оскорбляет монашество. Люди мира сего «имеют право» на многое — на то они и мирские. Но то, на что имеет право монах — да и просто человек духовный, — сберегает для будущей жизни Христос.

Тенденция «имею право» видна сегодня не только почти во всей мирской молодёжи, но и среди молодых монахов. Некоторые из них не знают ни того, зачем они стали монахами, ни того, что такое монашество вообще. Поэтому они и носят в себе это «имею право», обладают мирским духом, всё объясняющей логикой, человеческой справедливостью — по отношению ко всему. Эта человеческая справедливость, начавшаяся с европейского духа, проникла уже и в монашество.

В нынешнюю эпоху в монашестве нередко можно встретить такой дух: «Я не делаю своему ближнему никаких неприятностей и не хочу, чтобы он доставлял неприятности мне. Я ведь его не обижаю, у меня всё в порядке». Или как говорят некоторые монахи: «Я свою работу сделал: где должен был помочь — помог, всё, что надо было закончить, — закончил. У меня всё в порядке. А что другая работа? Она не моя. Я ухожу — иду в келью совершать своё монашеское правило». Такие люди не задумываются о том, что их брат немощен или у него болит голова, и поэтому он не может выполнить какую-то работу или же работает меньше, потому что был на всенощном бдении и вернулся сильно уставшим. Или же говорят так: «Это моя порция пищи. Я имею на неё право», не думая о том, что их ближний более слаб или же его организм потребляет больше энергии и он нуждается в усиленном питании. В результате всего этого, находясь в духовной среде, они доходят до того, что имеют мирской образ мышления и становятся безупречными людьми… мира сего. Знаете, каково видеть людей духовных, но относящихся ко всему по-мирски? Я заметил, что многие из монахов — кто больше, кто меньше, — постясь, молясь, ходя на службу, исполняя положенное послушание, нося монашеские одежды, живя по монашескому распорядку, относятся ко всему не духовно, а по-мирски. Они следят, как бы им не сказали обидного слова, как бы к ним не отнеслись несправедливо. То есть эти монахи находятся в рамках мирской справедливости, а некоторые не дорастают даже до неё. И вот попробуй-ка теперь прийти с ними к духовному взаимопониманию! Эти монахи стараются устроить всё так, чтобы в будущем облегчить Христу бухгалтерские расчёты с собой, чтобы Он не остался у них в долгу! Но Христос смотрит на степень несправедливости, которую претерпевает каждый человек, и на степень его жертвенности, чтобы воздать ему соответствующую мзду, эти люди желают сами произвести расчёты своих заслуг.

Я возмущён вообще тем образом мыслей, который вижу у некоторых современных монахов. Ну совершенно человеческая справедливость! Однако как человеческая справедливость укладывается в жизнь духовную? На человеческой правде далеко не уедешь, даже в жизни мирской — что уж говорить о жизни духовной! Когда я жил в общежительном монастыре, все тамошние насельники то и дело старались пойти на какую-нибудь жертву. Этот дух царил везде: за работой, на трапезе. Думали сначала о своём ближнем и поэтому жили, словно в раю. К примеру, сидя за трапезой, монах старался съесть поменьше, чтобы другому досталось побольше. Даже если сам он не отличался богатырским здоровьем, то не придавал этому значения.

Такого монаха не заботило, здоров или немощен его ближний. Монах просто жертвовал собой. Он не пользовался даже своей способностью к суждению и не говорил: «Если брат съест больше нормы, ему это повредит». Однако с той самой минуты, когда монаха начинает заботить то, как бы его не обидели, как бы ему не перетрудиться, как бы не пропал его труд, — он словно перестаёт верить в то, что есть Бог, что существует жизнь иная, что каждого ждёт грядущий Суд и Божественное воздаяние. Да хотя бы он потрудился немного больше других — этот труд тоже не будет напрасным. Напрасным бывает лишь труд животных. Но даже и эти несчастные создания жертвуют собой ради нас! И это несмотря на то, что мучаются они по нашей вине. Ведь после преступления праотцев природа стонет вместе с человеком, сострадает ему. Как это страшно! Посмотрите, как мучаются дикие животные, которых ранят охотники! Искалеченные, с поломанными ногами, они не могут убежать от крупных хищных зверей, которые их терзают и пожирают. И при этом несчастные не имеют ни малейшего воздаяния! Если человек не понимает этого, то он не человек. Бог дал ему разум как раз для этого: чтобы он совершал им правильную работу и находил свой путь. Я говорю сейчас не о том, чтобы вы выжимали из себя последние соки, но о том, чтобы вы имели любочестие.

— То есть, геронда, Вы хотите, чтобы наши сердца трепетали от горячего желания принести ближнему облегчение и успокоение…

— Да, потому что, стараясь облегчить участь ближнего, доставить ему покой и при этом всецело предавая себя в руки Божии, ты не выбиваешься из сил. Но вот если, выбившись из сил, ты скажешь об этом другим, то все твои труды идут насмарку. Что, думаешь, Христос наградит тебя за то, что ты жалуешься на свою горькую участь? Если и «наградит», то разве что оплеухой.

Насколько возможно, старайтесь совершать ту работу, о которой я говорю. Это и есть то духовное делание, которым вы должны заниматься. Для того, кто не совершает этого делания, не будет пользы даже от аскетических подвигов, потому что его радиостанция работает не на той частоте, что радиостанция Бога. А коли так, то и всё остальное идёт насмарку: и поклоны, и посты... Я не говорю, что всего этого делать не нужно, но не следует думать, что, если мы выполняем все эти подвиги, у нас всё в порядке.

Люди создали себе другое «евангелие»

— Геронда, в каком случае человек может называться справедливым?

— С мирской точки зрения, справедлив тот человек, суждение которого основано на человеческой справедливости. Однако совершен человек, который справедлив не по законам человеческой справедливости, но по Божественной правде. В этом случае его благословляет Бог. Никогда не примешивая к своим действиям своего «я» и собственной выгоды, я, можно сказать, вынуждаю Бога ниспослать мне Божественную благодать.

Любая, даже самая совершенная, человеческая правда всегда имеет в себе человеческие начала. И пока в человеке духовном жива правда человеческая, Дух старается исторгнуть из него эту правду, как чужеродное тело. А человек бьётся, то побеждая, то побеждаясь, и душевно выбивается из сил. Однако, стяжав Божественную правду, он очищается и приемлет Божественное просвещение.

— Геронда, если я скажу человеку, который утверждает, что его несправедливо обидели, о том, что существует Божественная справедливость, помогут ли ему эти слова?

— Нет, лучше скажи ему так: «Взгляни на происходящее духовно, как заповедует Евангелие». Ведь если ты скажешь ему о том, что существует Божественная справедливость, то он и вправду поверит, что другие его обидели, тогда как на самом деле, возможно, он сам обидел их.

Нет, правда, у меня болит душа. Я был знаком с человеком, который регулярно ходил в храм, постился, выполнял другие положенные христианину действия и думал о себе, что живёт духовно. Притом что у него было пять квартир, две зарплаты и ни одного ребёнка, он не давал бедным ни драхмы милостыни. «Ну ладно, — сказал я ему, — ведь у тебя столько неимущих родственников. Почему же ты не поможешь им? Что ты будешь делать с такой уймой денег? Раздай их вдовам, сиротам…» И знаете, что он мне на это ответил? «Так что же, — говорит, — раз моя сестра вдова, то получается, я не должен брать с неё денег за квартиру?» Когда я это услышал, у меня кровь прихлынула к голове! Вот она — правда мира сего! «Раз дети, которым нечего есть, не мои, а чужие, — думает человек такого склада, — то я за них ответственности не несу. Я никого не обижаю. Да Боже меня упаси, чтобы я кого-то обидел!» Такие люди находят способ успокаивать свой помысел, однако они не имеют настоящего успокоения. Руководствуясь человеческой логикой, мирской справедливостью, эти люди остаются равнодушными, в то время как на их глазах творится что-то серьёзное, требующее их участия. Как же они почувствуют после этого что-то духовное? Есть люди, которые могут пожертвовать кому-то целый дом, но в то же время, если кто-то задолжает им плату за квартиру, они подают на него в суд. Как вы это можете объяснить?

— Геронда, это объясняется правдой человеческой?

— Это даже и не правда человеческая. У таких людей и человеческой-то правды — кот наплакал. С одной стороны, жертвуют кому-то сто тысяч драхм, а с другой — из-за тысячи драхм торгуются с таксистом и тащат его в полицию. Ну как вы это объясните?

— Может быть, геронда, у них не всё в порядке с головой?

— Нет, с головой у них как раз всё в порядке.

— Может быть, геронда, они дают милостыню с гордостью, чтобы испытать от этого удовлетворение собой?

— Ага, вот в этом-то всё и дело! Они жертвуют много с гордостью и делают это не во славу Божию, а для того, чтобы прославиться самим. Такие люди могут пожертвовать другим даже всё, что у них есть, однако любви они не имеют.

Сегодня среди людей есть некий порочный дух. Даже духовные люди стремятся к юридической справедливости и при этом ещё утверждают, что веруют в Бога. «Ты имеешь право на то, я имею право на сё…» О, если бы среди людей не было этого «евангелия здравого смысла», чудовищного «здравого смысла»! «Пусть меня не считают за дурачка», — говорят такие люди. Вы знаете, что христиане доходят до того, что подают друг на друга в суд? Они не должны были бы обращаться в суд, даже если бы правда была на их стороне, — тем паче, если они не правы! Вот поэтому некоторые и теряют веру — по вине таких христиан. Люди видят, что кто-то ни в церковь не ходит, ни бдений не совершает, а, тем не менее, не доходит до такого, как какой-нибудь христианин, который посещает храм, бывает на всенощных бдениях, совершает всё, что положено, и при этом тащит в суд какого-нибудь бедняка за то, что тот должен ему немного денег. И делает это только и только для того, чтобы «отстоять свои права». Я спросил одного человека, который собирался подать в суд на того, кто задолжал ему некую сумму: «Ты что, терпишь нужду? Или у тебя больше детей, чем у твоего должника? Или, может быть, твоя жена настаивает на том, чтобы ты подавал в суд, и поэтому ты находишься в затруднительном положении?» — «Нет, — отвечает, — я делаю это для того, чтобы добиться справедливости».

Что тут скажешь! Конечно, сыграло свою роль и то воспитание, которое некоторые получили в детстве в определённых околоцерковных кругах. Вот уже много лет у меня из памяти не выходит такой случай. В одном детском доме несли послушание сестёр милосердия девушки из христианского сестричества, в котором давали обет не выходить замуж. Как-то один малыш заболел, и ему понадобилось сделать обследование, связанное с радиационным облучением. Врач попросил сестёр прийти ему помочь, однако ни одна из сестричества даже не пошелохнулась: побоялись радиации. Но начнём с того, что раз они дали обет не выходить замуж, то вопрос вообще не требовал обсуждения. Если бы они собирались замуж, то ещё ладно, страх был бы как-то оправдан. Но ведь они были людьми духовными, и поэтому им следовало проявить жертвенность даже в том случае, если бы они собирались создавать семьи. Было бы правильно, если бы эти сёстры поругались, отстаивая своё право пожертвовать собой. Но тогда дело кончилось тем, что на помощь врачу поспешила другая медсестра — не из сестричества. Эта девушка не только не жила жизнью духовной, но и собиралась замуж, однако ей стало жаль малыша.

И хуже всего то, что таких людей не мучает совесть за подобное, поскольку они говорят: «Всё это не для нас. Мы живём для духовных занятий». У них может даже возникнуть и такой помысел: «Ну что же: кому-то по душе жертвовать собой, а мне вот больше нравится спокойная, безмятежная жизнь…» Иногда они даже могут осуждать того, кто приносит себя в жертву, и говорить, что он не достиг духовного состояния. Но Христос почивает там, где благородство и великодушие, там, где дух жертвенности, неброскость и желание оставаться в безвестности.

— Геронда, если видишь человека в затруднительном положении, то разве не нужно спешить ему на помощь — независимо от того, устал ли ты сам или болен?

— Да, конечно! Но, знаете, я заметил, что многие духовные люди взрастили в себе мирское мудрование. Они создали своё собственное мирское «евангелие» — «евангелие», сшитое по их меркам. «Христианин, — говорят такие люди, — должен иметь чувство собственного достоинства, ему нельзя ударить в грязь лицом, нельзя показаться дурачком». То есть такие люди ко всему относятся с мирской логикой и правдой. «Я имею на это право! — говорит такой человек. — Я его не обижаю и не хочу, чтобы он обижал меня!» И при этом помысел успокаивает его тем, что он прав. В таком человеке видны все проявления правды мирской. Любочестия у него нет, жертвенности у него нет — ничего у него нет. Он создал своё собственное «евангелие» и не имеет с Богом ни малейшего родства. Э, ну так разве может его после всего этого осенить Божественная благодать?

Когда я служил в армии[4], один радист с военного аэродрома приходил к нам в часть за позывными, и мы с ним общались. В миру он получил богословское образование, а в части даже произносил перед сослуживцами проповеди. Однако все звали его Иезуит[5], потому что он не только ни в чём не жертвовал собой, но не хотел просто помочь другому даже малостью. Иногда я его просил: «Ты

---

[4] В армии преподобный старец был радистом.
[5] *Иезуи́ты* — основанный Игнатием Лойолой в XVI в. католический монашеский орден, известный суровой внутренней дисциплиной и использованием крайних средств для достижения своих целей. В переносном смысле иезуитами называют людей, строго соблюдающих правила формального благочестия, но не имеющих при этом соответствующего внутреннего состояния.

ведь всё равно идёшь на аэродром, будь добр, захвати вот эти позывные для такого-то радиста». Но он ни в какую не соглашался. «Нет, — говорил, — я ходил за своими позывными, а он пусть идёт за своими». Он успокаивал свой помысел тем, что не поступает в отношении другого несправедливо. Но ведь Христос говорит, что надо идти с кем-то два поприща, если тебя не просто просят, но и принуждают к тому, чтобы пройти одно[6]. Он не говорит: «Если кто-то просто попросит у тебя рубашку, то отдай ему и верхнюю одежду», но заповедует: *Кто захочет судиться с тобой и взять у тебя рубашку, то отдай ему и верхнюю одежду*[7]. Христос даёт нам такую заповедь, а человек, считающий себя духовным, говорит: «Я сходил за своими, а он пусть идёт за своими». То есть он всё равно что говорит: «Нашли дурачка! Меня просят об одной версте, а я что, должен идти целых две?» Ну так что же, как после этого благодать Божия приблизится к такому человеку? А вот если кто-то действительно применяет к себе эту евангельскую заповедь и, в то время как его принуждают пройти одно поприще, идёт больше, то потом начинает работать Христос. И тот, кто заставлял этого человека идти вместе с ним, духовно изменяется и с удивлением чешет в затылке «Ну, — говорит, — дела! Я-то его припряг только на одну версту, а он — гляди в какую даль унёсся! Вот это доброта!»

Если бы у Христа была та мирская логика, которая присутствует сегодня у многих «духовных» людей, то Он не оставил бы Своего Небесного Престола, чтобы снизойти на землю, пострадать и претерпеть распятие от нас, окаянных людей. Однако в этом — по человечеству — «неуспехе» Христа была сокрыта тайна спасения всех людей. Ведь

---

[6] Ср. Мф. 5:41.
[7] Мф. 5:40.

чего только Он не перенёс ради нашего спасения! Он умалил Себя до такой степени, что люди заушали Его и говорили: «Прореки, кто ударил Тебя?» То есть евреи нашли себе забаву, издеваясь над Христом! Знаешь, как мне было горько, когда, будучи маленьким, я видел, как другие ребята играют в «жучка»? И евреи затеяли ту же игру... со Христом! *Прорцы́, кто есть ударе́й Тя?*[8] О, как это страшно! А мы стремимся к христианству без распятия, к «христианству сиюминутного воскресения». Мы переделываем христианство, монашество так, как нам хочется. Мы не желаем ни в чём себя ограничивать.

Однако для того чтобы пережить сверхъестественное, мы должны жить сверх естества.

---

[8] Лк. 22:64.

ЧАСТЬ ТРЕТЬЯ

О ГРЕХЕ И ПОКАЯНИИ

«Настоящее покаяние состоит в том, чтобы сперва, осознав свой проступок, человек почувствовал боль, попросил у Бога прощения и уже после этого поисповедовался. Таким образом приходит Божественное утешение. Поэтому я всегда советую людям каяться и исповедоваться. Только исповедоваться, без покаяния, я не советую им никогда».

ГЛАВА ПЕРВАЯ
О ТОМ, ЧТО ГРЕХ МУЧАЕТ ЧЕЛОВЕКА

Очищение сердца

— Геронда, Христос способен вместиться в сердце любого человека?

— Христос-то вместиться способен, только вот люди не способны Его вместить, потому что не стараются исправиться. Чтобы Христос в нас вместился, наше сердце должно очиститься. *Се́рдце чи́сто сози́жди во мне, Бо́же...*[1]

— Геронда, а почему дикие животные не причиняют вреда святым?

— Когда люди утихомириваются, дикие животные тоже утихомириваются и признают человека своим властелином. В раю до грехопадения Адама и Евы дикие звери их благоговейно облизывали, а после грехопадения стали на них кидаться, чтобы разорвать. Когда человек возвращается в состояние, в котором находился до грехопадения, животные снова признают его своим господином. Однако сегодня встречаются люди, которые хуже, чем животные, хуже, чем змеи. Они используют в корыстных

---

[1] Пс. 50:2.

целях беспризорных детей, забирают у них деньги, а когда видят, что над ними сгущаются тучи, вызывают полицию, сваливают на малолетних всю вину и даже сдают их в дома для умалишённых. Поэтому сто сорок седьмой псалом, который преподобный Арсений Каппадокийский читал для того, чтобы дикие животные стали смирными и не делали зла людям, я читаю с той целью, чтобы стали смирными люди и не делали зла ни подобным себе людям, ни животным.

— Геронда, а каким образом человек возвращается в состояние, в котором находился до грехопадения?

— Должно очиститься сердце. Надо стяжать душевную чистоту: то есть искренность, честность, несвоекорыстие, смирение, доброту, незлобие, жертвенность. Таким образом человек вступает в родство с Богом и в нём почивает Божественная благодать. Если у человека есть телесная чистота, но нет чистоты душевной, Бог не почивает в нём, потому что в таком человеке живут лукавство, гордость, злоба и подобные страсти. Его жизнь — один сплошной обман. Начинайте свой подвиг именно с этого — старайтесь стяжать душевную чистоту.

— Геронда, а можно ли одним разом отсечь какую-то дурную привычку?

— Прежде всего человек должен понять, что эта привычка ему вредит. Поняв это, он должен захотеть начать борьбу, чтобы избавиться от этой привычки. Для того чтобы отсечь дурную привычку одним махом, надо обладать большой силой воли. Верёвка, постепенно протерев ложбинку в колодезном срубе, уже не соскальзывает ни вправо, ни влево. Так и любая привычка постепенно протирает ложбинку в сердце и потом выходит из этой ложбинки с трудом. Поэтому надо быть очень внимательным, чтобы не приобретать дурных привычек, потому что потом потребуется немалое смирение и большая сила воли, чтобы их отсечь. Как говорил батюшка Тихон[2]: «Добрая привычка, сынок, — это добродетель. Привычка злая — страсть».

Но, что ни говори, я убедился в том, что если, подвизаясь, человек всё равно продолжает спотыкаться и не меняется, то причина в его эгоизме, себялюбии и своекорыстии. Такому человеку не хватает смирения и любви, и это препятствует Божественному вмешательству. Сам человек не даёт Богу ему помочь. К примеру, если Бог поможет такому человеку преодолеть какую-то страсть, то он припишет это себе и возгордится, потому что решит, что справился со своей страстью сам, без Божией помощи.

Избавление от греховной тьмы

— Геронда, если человек запачкает себя грехами после святого крещения, то это очень тяжко?

— Всё зависит от того, насколько он себя запачкает. Один измажется весь с головы до ног, другой — забрызгается только чуть-чуть, у кого-то — одно грязное пятно, у кого-то два...

— А какие грехи пачкают благодать святого крещения — тяжкие?

— Ну, естественно, смертные грехи оскверняют святое крещение, и тогда Божественная благодать тоже удаляется от христианина. Конечно, она не оставляет его совсем, как и ангел-хранитель его не оставляет. Помните, что сказал диавол идольскому жрецу, на дочери которого хотел

---

[2] О старце Тихоне см. в книгах: *Старец Паисий*. Отцы-святогорцы и святогорские истории. Свято-Троицкая Сергиева Лавра, 2001. С. 13–39; Новый Афонский Патерик. Том I. М.: Орфограф, 2013. С. 102–111. — *Прим. пер.*

жениться один монах? «Не торопись. Этот монах оставил Бога, но Бог его ещё не покинул»[3].

— Геронда, а можно ли жить во тьме греха и не чувствовать этого?

— Нет, чувствуют-то все, но только у людей есть равнодушие. Для того чтобы кто-то пришёл к свету Христову, он должен захотеть выйти из греховной тьмы. Давайте возьмём в пример человека, который оказался в тёмном погребе и по оплошности захлопнул за собой дверь. Увидев, как через какую-нибудь дырочку в погреб пробивается луч света, он идёт на этот свет, потихоньку расширяет отверстие, находит дверь и выходит наружу. Так же и человек, находящийся во тьме греха: с того момента как он почувствует добро необходимостью и в него войдёт добрая обеспокоенность, он будет прилагать усилия, чтобы выйти из этого мрака. Сказав: «То, что я делаю, — неправильно, я сбился с пути», человек смиряется, к нему приходит благодать Божия, и в дальнейшем он живёт правильно. Но если в человека не войдёт добрая обеспокоенность, то исправиться ему непросто. К примеру, кто-то сидит в запертом помещении и чувствует себя плохо. Ты говоришь такому человеку: «Встань, открой дверь, выйди на свежий воздух — и придёшь в себя», а он в ответ начинает: «Выйти на свежий воздух я не могу. Но скажи, почему я заперт в четырёх стенах и не могу вздохнуть? Почему здесь нет свежего воздуха? Почему Бог посадил меня сюда, а другим дал возможность наслаждаться свободой?» Ну разве можно помочь такому человеку? Знаете, сколько людей мучаются, потому что не слушают того, кто может оказать им духовную помощь?

Грехом человек превращает земной рай в земную адскую муку. Если душа запачкана смертными грехами, то

---

[3] См. Древний Патерик. Глава V, п. 41

человек переживает демоническое состояние: становится на дыбы, мучается, не имеет в себе мира. И напротив: мирен тот, кто живёт с Богом, устремляет свой ум в божественные смыслы и постоянно имеет добрые помыслы. Такой человек живёт в земном раю. У него имеется что-то ощутимо иное, чем у того, кто живёт без Бога. И окружающим это тоже заметно. Вот это и есть Божественная благодать, которая выдаёт человека, даже если он стремится остаться в неизвестности.

Грехи по произволению

Нам следует быть очень внимательными к грехам по произволению, потому что наше произволение — это и есть то, на что обратит Своё внимание Бог, когда станет нас судить. Грехи, которые мы совершили по невниманию, не столь тяжелы. У некоторых из грехов есть и смягчающие обстоятельства, несмотря на то что быть грехами они всё равно не перестают.

Кроме того, если мы согрешаем, не желая этого, то Бог устраивает всё так, чтобы наша ошибка была использована для чего-то доброго. Это не значит, что нам нужно было согрешить, для того чтобы это доброе произошло, — просто Бог использует наше прегрешение во благо, и получается что-то доброе, поскольку мы согрешили, не желая этого. Однако если мы каемся в грехе, совершённом нами сознательно, то нам самим надо молиться, чтобы результатом нашего греха не стало какое-то зло.

— Геронда, а как спасся тот монах, о котором говорится в «Эвергетине»? Он десять лет ежедневно впадал в один и тот же грех, но ежедневно приносил за него покаяние[4].

---

[4] См.: Эвергетин. Том I. М: 2008, с. 43–45.

— Монах, о котором идёт речь, был некоторым образом порабощён страстью, пленён ею. У него не было дурного расположения, но он не получил помощи, его подтолкнули ко злу. Поэтому он имел право на Божественную помощь. Он боролся, страдал, у него было искреннее покаяние. И в конце концов Бог его спас. Видишь как: у человека может быть доброе расположение, однако если он не получит помощи в детстве и увлечётся злым, то потом ему уже трудно будет подняться на ноги. Человек старается встать, снова падает, снова поднимается… То есть он борется. Бог не оставит такого человека. Ведь несчастный прилагает собственное малое старание, он просит Божественной помощи и совершает грех не злонамеренно. К примеру, человек выходит в путь, не имея цели совершить грех. Но, идя по этому пути, он подвергается какому-то искушению и впадает в грех. Потом он кается, старается освободиться от греха, но ему опять устраивают какую-то западню, и несчастный, не будучи расположен делать что-то плохое, снова падает и снова кается. У такого человека есть смягчающие вину обстоятельства. Ведь он не хочет совершать что-то плохое, но увлекается ко злу, а затем кается. Но если кто-то говорит: «Для того чтобы добиться этой цели, мне нужно совершить такую-то несправедливость, для того чтобы добиться чего-то ещё, надо пойти на такое-то лукавство», и тому подобное, — то он согрешает умышленно, осознавая, что делает. То есть такой человек строит свой греховный план и вместе с диаволом составляет программу совершения того или иного греха. А это очень предосудительно, поскольку грех совершается с заранее обдуманным намерением. Такой человек не впадает в какое-то искушение, но приступает к совершению греха вместе с самим искусителем. Он никогда не получит Божественной помощи, потому что не имеет на неё права. В конце концов такие люди умирают нераскаявшимися.

Но и те, кто говорят, что покаются в старости, как могут быть уверены в том, что успеют покаяться и смерть не застанет их врасплох? Помню одного подрядчика, проводившего греховную жизнь. «Вот состарюсь, — говорил он, — поеду в Иерусалим, омоюсь в Иордан-реке — и все мои грехи изгладятся». И он продолжал жить, как жил. Наконец, когда он дошёл до того, что у него больше не было сил грешить — ходил и то еле-еле, — решил ехать в Иерусалим. «Слушай, — сказал он одному из своих мастеров, — решил я съездить в Иерусалим, омыться в Иордан-реке». — «Э, хозяин, — ответил ему тот, — если ты чист, то доедешь, если нечист — не доедешь». Как напророчил всё равно! Только лишь подрядчик доехал до Афин, чтобы оформить необходимые документы, как умер. Какие-то люди забрали все его деньги, отвезли его в похоронное бюро и оттуда в гробу прислали назад — в его город.

Будем делать добро от любви ко Христу

— Геронда, когда я думаю о грядущих трудных годах, мной овладевает страх.

— Чего ты боишься? Может быть, ты боишься попасть в ад и мучиться вместе с тангалашками? Я понимаю, если ты говоришь так: «Христе мой, помоги мне удостоиться рая, чтобы не причинить Тебе боль. Ведь Тебе будет очень тяжело знать, что я в аду после всего того, что Ты для меня сделал». Но в желании оказаться в раю ради того, чтобы тебе было хорошо, любочестия нет. Я говорю это не для того, чтобы мы стали жить расхлябанно, бесчинствовать и угодили в адскую муку. Но иногда у человека появляется своего рода пристрастие: «Буду делать добро ради того, чтобы не лишиться рая». Если же у нас есть любочестие, то мы станем размышлять следующим образом: «Столько несчастных людей, не испытавших даже немного истинной радости в сей жизни, будут мучиться в аду, а я стану думать о себе?» Скажу вам откровенно: вопрос о том, буду я в раю или в аду, меня не занимает. Я сам уже отбросил себя в сторону. Вопрос о том, буду ли я в раю, не занимает меня не потому, что я не хочу быть рядом со Христом, нет. Но я не ставлю перед собой цели делать добро для того, чтобы таким образом заработать себе рай. «Даже если Ты отбросишь меня в сторону, Христе мой, — говорю я, — я не буду в обиде: ведь рая я недостоин». Сегодня наша жизнь безрадостна и тяжела, потому что умалился героизм, любочестие. Даже духовные люди думают, как мелочные торговцы, и доходят до того, что живут псевдодуховной жизнью. Они стремятся урвать от жизни любое удовольствие, пока оно не перешло в грех. «Это уже грех или ещё не грех? — просчитывают такие люди. — Нет, ещё не грех. Значит, я могу этим насладиться». Например, к посту относятся так: «Ага, завтра у нас что: пятница. Ну так что же, значит, сегодня до без пяти двенадцать ночи можно есть мясо. Неси, покушаем! Нет, после двенадцати уже нельзя — начинаются новые сутки, и будет грех». То есть такие люди хотят и земной жизнью насладиться, и рая не лишиться. Тем самым они относятся ко греху и к адской муке подобно мелочным торговцам. Однако если бы они мыслили любочестно, то говорили бы так: «Христос претерпел распятие и столько выстрадал ради меня! Так как же я смогу ранить Его своим греховным поступком? Я не хочу оказаться в адском мучении ни по какой иной причине, кроме той, что я не смогу выдержать страданий Христа, Который будет видеть, что я нахожусь в аду».

Не будем делать добро с расчётом, что мы получим за него мзду, но станем подвизаться ради любви ко Христу.

Постараемся, чтобы всё, что мы делаем, было чистым, совершалось ради Христа. Будем внимательны, чтобы в наших действиях не было человеческого начала, самоугодия, своекорыстия и тому подобного. Будем помнить о том, что Христос видит нас, наблюдает за нами, и постараемся не огорчать Его. В противном случае наша вера и наша любовь расползаются по швам.

И если мы присмотримся ко всему, что делаем в духовной жизни: к подвижничеству, к посту, к бдению и тому подобному, — то увидим, что все эти средства укрепляют и наше телесное здоровье. Кто-то, подвизаясь, спит на жёсткой кровати? И врачи советуют то же самое: «Спи на жёстком, потому что спать на мягком вредно». Кто-то делает поклоны? Многие занимаются гимнастикой, чтобы укрепились их мышцы. Кто-то ещё довольствуется малым сном? Но долгий сон одурманивает человека. Разве не говорят: «Этот человек как сонная муха, а вон тот — молодец, не зевает»? То есть духовные упражнения, которые делает человек, укрепляют и его телесное здравие. А кроме того, человек получает большую пользу от воздержания. Ведь и те, кто занимаются научными исследованиями и тому подобным, стараются жить целомудренно, чтобы их головы были не заморочены, а имели ясность мысли. Конечно, не в этом цель нашего воздержания, но одним из результатов духовных упражнений, которые мы совершаем, является как раз та польза, к которой стремятся люди мирские. Мы совершаем духовное и через это духовное получаем и телесное здравие.

Искушения в нашей жизни

Бог попускает искушения соответственно нашему духовному состоянию. В одном случае Он попускает нам совершить некую ошибку, к примеру, проявить небольшую невнимательность в чем-то, чтобы в следующий раз мы были внимательны и избежали или, лучше сказать, предупредили большее зло, которое готовился сделать нам тангалашка. В другом случае Он позволяет диаволу искушать нас для того, чтобы нас испытать. То есть мы сдаём экзамены, и вместо зла диавол делает нам добро. Вспомните-ка старца Филарета, который скорбел: «Чадо, Бог оставил меня: сегодня не было ни одного искушения!»[5] Старец хотел бороться с искушениями каждый день, чтобы получать от Христа победный венец.

Человек сильный, подобный старцу Филарету, не избегает искушений, но просит Христа: «Христе мой, пошли мне искушения и дай мне силы бороться». Однако человек слабый скажет иначе: «Христе мой, не попусти мне впасть в искушение». *Не введи́ нас во искуше́ние…*[6] Однако часто, впадая в какое-то искушение, мы начинаем роптать: «Ну нельзя же так! Ведь я тоже человек, я больше не могу!» — тогда как нам бы следовало сказать: «Я не человек, я человеческое отребье. Боже мой, помоги мне стать человеком!» Я не призываю к тому, чтобы мы сами стремились к искушениям. Но, когда искушения приходят, мы должны встречать их выдержкой и молитвой.

Во время любого духовного зимнего ненастья будем с терпением и надеждой ждать духовной весны. Самые большие искушения обычно проносятся, как ураган. И если в тот момент, когда они обрушиваются, нам удаётся выстоять, то бесовское полчище, пролетев над нами, уносится дальше, а мы освобождаемся от опасности. Когда человек соединяется с Богом, у него уже не бывает ис-

---

[5] См. *Старец Паисий*. Отцы-святогорцы и святогорские истории. Свято-Троицкая Сергиева Лавра, 2001. С. 63; Новый Афонский Патерик. Том II. М.: Орфограф, 2015. С. 232–236. — *Прим. пер.*

[6] Лк. 11:4.

кушений. Разве может диавол сделать зло ангелу? Нет, приближаясь к нему, он сгорает сам.

Духовная жизнь очень проста и легка. Это сами мы, подвизаясь неправильно, её усложняем. Приложив немного старания и имея при этом многое смирение и доверие Богу, человек может очень преуспеть. Ведь там, где смирение, диаволу нет места. А там, где нет диавола, нет и диавольских искушений.

— Геронда, может ли человек впасть в какой-то грех по попущению Божию?

— Нет, говорить, что Бог попускает нам грешить, — это очень грубая ошибка. Бог никогда не попускает, чтобы мы впадали в грех. Это сами мы даём диаволу повод, а потом он приходит и начинает нас искушать. Например, имея гордость, я отгоняю от себя Божественную благодать, от меня отступает мой ангел-хранитель, и ко мне приступает другой «ангел», то есть диавол. В результате я терплю полную неудачу. Но это не Божие попущение, а сам я попустил диаволу подтолкнуть меня ко греху.

— Геронда, а правильно ли говорить о каком-то своём падении: «Это искуситель меня подтолкнул»?

— Мне тоже часто приходится слышать от некоторых, что в их страданиях виноват искуситель, тогда как на самом деле мы сами виноваты в том, что неправильно относимся к тому, что с нами происходит. А кроме того, искуситель — он ведь и есть искуситель. Разве он станет удерживать нас от зла? Он делает своё дело. Не надо сваливать всю вину на него. Один послушник жил в каливе вместе со своим старцем. Однажды, когда старец ненадолго отлучился, послушник взял яйцо, положил его на кольцо ключа — помните те старинные амбарные ключи? — и стал поджаривать яйцо на свечке! Вдруг возвращается старец и застаёт его за этим занятием: «Что это ты там делаешь?» — «Да вот, геронда, лукавый подбил меня испечь яичко!» — стал оправдываться послушник. Вдруг в комнате раздался страшный голос: «Ну нет, такого рецепта я раньше не знал! От него научился!» Диавол иногда спит, но мы сами провоцируем его нас искушать.

У грешников есть много исходного материала для смирения

Те, кто прежде жили греховной жизнью, а впоследствии, покаявшись, начали жить духовно, должны с радостью принимать случающиеся с ними уничижения и скорби, потому что, принимая их, они расплачиваются с прежними долгами. Мы видим, что, когда жившая прежде греховно преподобная Мария Египетская покаялась и изменила свою жизнь, её мучили мирские похоти. Однако, для того чтобы прогнать эти похоти, преподобная вступила в великую борьбу. Диавол говорил ей: «Ну что ты потеряешь, если одним глазком взглянешь на Александрию? Я ведь не подталкиваю тебя бежать туда на гулянки! Ты только немножко погляди на неё издалека!» Но святая даже и не глядела в ту сторону. Какое же у неё было покаяние! У других преподобных жен, не живших прежде мирской жизнью, такой брани не было. А у преподобной Марии, которая мирской жизнью жила, была и брань. Это страдание — прижигание греховных ран. Таким вот образом и первые, и вторые подходят к концу в одинаковом духовном состоянии.

— Геронда, а в случаях, как с преподобной Марией Египетской, подвизающийся совсем не имеет Божественного утешения?

— Да как же не имеет! Имеет, да ещё сколько! Преподобная Мария достигла такой духовной меры, что при молитве поднималась на локоть от земли.

Большие грешники, познав самих себя, естественным образом имеют много исходного материала для смирения. Конечно, любое падение остаётся падением. Но падение — это ещё и исходный материал, «сырьё» для смирения и молитвы. Грехи, которые используются грешником для смирения — всё равно что навоз, которым мы удобряем растения. Так отчего же не использовать это вещество для удобрения нивы своей души, чтобы она стала плодородной и дала урожай? То есть человек, совершивший большие грехи, прочувствовав, насколько велика его вина, и сказав: «Мне не должно поднимать главу и смотреть на человека», сильно смиряется и поэтому приемлет многую благодать. Он устойчиво, без сбоев преуспевает и может достичь немалой духовной меры. А тот, кто больших грехов не делал, не расположив себя правильно, не будет говорить: «Бог сохранил меня от многих опасностей, а я настолько неблагодарен. Я грешнее самого великого грешника». Такой человек духовно уступает смиряющему себя грешнику.

Вспомните хотя бы фарисея и мытаря[7]. У фарисея были дела, но была и гордыня. А у мытаря были грехи, однако он признавал их, сокрушался, смирялся — а это и есть то главное, чего хочет от человека Христос. Поэтому — лёгким способом — мытарь спасся. Видели, как изображён фарисей на одной иконе? Он показывает на мытаря пальцем: «Я не такой, как он!» Бедный мытарь, прячась за колонной, и глаз не смеет поднять, чтобы поглядеть вокруг. А фарисей показывает Христу пальцем, где находится мытарь! Вы обратили на это внимание? Можно подумать, Христос Сам не знал, где прятался мытарь! И вот, несмотря на то что фарисей исполнял внешние предписания закона, всё это не принесло ему никакой пользы. Что творит гордость! Грешник, у которого нет смирения, обладает мытаревыми грехами и фарисеевой

---

[7] См. Лк. 18:9-14.

гордыней. Двойные «дарования»! Как говорят в Эпире[8], и вшивый и паршивый.

Чтобы стать духовно здоровыми, постарайтесь, насколько возможно, очиститься от духовных токсинов, то есть страстей.

---

[8] *Эпи́р* — область в Западной Греции. — *Прим. пер.*

ГЛАВА ВТОРАЯ
О ТОМ, ЧТО НЕОБХОДИМО ПОПЕЧЕНИЕ О СОВЕСТИ

Будем испытывать свою совесть

Благий Бог даровал первозданным людям совесть — первый Божественный закон. Бог глубоко начертал совесть в человеческих сердцах, и с тех пор каждый наследует совесть от родителей. Если человек в чём-то поступает неправильно, то совесть, работая у него внутри, обличает и ведёт его к покаянию. Однако должно заниматься правильным духовным деланием и испытывать свою совесть, чтобы всегда быть способным слышать её глас. Не испытывая свою совесть, человек не получит пользы ни от чтения духовных книг, ни от советов святых старцев. И даже заповедей Божиих он, не испытывая своей совести, сохранить не сможет.

— Геронда, а можно ли совсем не видеть своего реального духовного состояния и не замечать того, что ты сбился с пути?

— Если человек не следит за своей совестью и не очищает её, то постепенно его совесть покрывается слоем накипи, и он становится бесчувственным. Он грешит, и при этом у него словно не происходит ничего особенного.

— Геронда, расскажите нам, пожалуйста, о том, как необходимо заботиться, печься о совести.

— Чтобы быть уверенным в том, действительно ли мы поступаем по голосу своей совести, должно следить за собой и открывать себя своему духовнику. Ведь можно, попирать свою совесть и считать, что у тебя всё в порядке. Или же, исказив свою совесть, человек может считать совершённое им преступление благодеянием. Возможно и такое: человеку вредит то, что он сделал свою совесть чрезмерно чувствительной.

— Геронда, я внутренне осуждаю других и не контролирую себя в этом. Может быть, всё происходит от того, что я стала бесчувственной?

— Необходимо многое внимание. Ведь, совершая грех в первый раз, человек чувствует некое внутреннее обличение, переживает. Сделав тот же грех повторно, он испытывает меньшее обличение, и если он невнимателен и продолжает грешить, то его совесть черствеет. К примеру, если некоторым делаешь замечание за какой-то проступок, то, чтобы не испытывать угрызений совести и не расстраиваться, они меняют тему разговора. Всё равно что индусы, которые погружаются в нирвану[1]! Один юноша в Гималаях убил пятерых итальянских альпинистов и, закопав трупы в землю, начал упражнение по концентрации сознания. Сев на землю, он два часа напролёт повторял: «Дерево-дерево-дерево...» — чтобы «выйти в духовный вакуум», забыть происшедшее и не иметь беспокойств от помысла. Вот, предположим, я ругаю кого-то из наших сестёр за какой-то своевольный проступок. Если эта сестра не совершает правильного

---

[1] Преподобный Паисий имеет в виду технику йоги и медитации, которую последователи восточных религий используют для того, чтобы достичь состояния так называемой нирваны, понимаемой ими как освобождение.

духовного делания и не старается исправиться, то в ответ на все мои распекания она может сказать: «А сегодня к вечерне будут звонить раньше…» — для того чтобы сменить тему разговора. А потом диавол заморочит ей голову и внушит: «Не беспокойся! Ты ведь сказала это для того, чтобы не расстраивался старец!» Диавол тоже находит ей оправдание, и, вместо того чтобы признаться: «Я сделала это, чтобы попрать свою совесть», она оправдывает себя: «Я сделала это ради того, чтобы не расстраивался старец!» Видите, что творит тангалашка? Тонкая работа! Он поворачивает ручку настройки на другую частоту, чтобы мы не увидели своего проступка.

— Геронда, а может ли человек замечать за собой малозначащие проступки и при этом не видеть грубых грехов?

— Да как же не может! Мой знакомый духовник рассказывал такой случай. Одна женщина, придя к нему на исповедь, безутешно рыдала и повторяла одну и ту же фразу: «Я не хотела её убивать!» — «Послушай, — стал успокаивать её духовник, — если у тебя есть покаяние, то у Бога есть прощение греха. Ведь Он же простил покаявшегося Давида»[2]. — «Да, да, но я этого не хотела!» — повторяла она. «Как же ты её убила?» — осторожно спросил духовник. «А вот как: я вытирала пыль, нечаянно махнула тряпкой и убила её! Но я не хотела убивать эту муху!» А помимо всего прочего, эта особа изменяла мужу, бросила детей, развалила семью и жила неизвестно где, но обо всём этом рассказывала как о ничего не значащих пустяках. «За всё это полагается епитимья», — сказал духовник, когда услышал о её «подвигах». «И почему же она за „всё это" полагается?» — возразила женщина. Ну скажите, чем можно помочь такому человеку?

---

[2] См. 2 Цар. 12:13.

Заглушённая совесть

— Геронда, бывает, что мне говорят: «Это похотение сидит у тебя в подсознании, но ты его не осознаёшь». Как мне его осознать?

— Приглядевшись к себе, ты поймёшь, что, даже говоря, что у тебя всё в порядке, ты всё равно чувствуешь себя плохо. Поэтому тебе требуется духовно обследоваться. Если человек плохо себя чувствует, испытывает упадок телесных сил и тому подобное, то его анализы исследуют в микробиологической лаборатории, ему делают томографию, чтобы найти причину недомогания. Если ты видишь, что не имеешь мира и расстраиваешься, то знай, что у тебя внутри что-то неладно и тебе надо найти этот непорядок, чтобы его исправить. Предположим, совершив какой-то проступок, ты переживаешь, но на исповеди о нём умалчиваешь. Проходит время, и с тобой случается радостное событие. Ты чувствуешь радость, эта радость покрывает переживание за грех, и ты постепенно его забываешь. Ты уже не видишь своего греха, потому что радость, как крышка, покрыла его сверху.

Радости покрывают грех, загоняют его вглубь, но он продолжает работать изнутри. Таким образом человек попирает свою совесть, и она начинает черстветь, а его сердце потихоньку засаливается. А потом тангалашка во всём находит ему оправдание: «Это дело пустяшное, а это вещь естественная...» Однако такой человек не имеет покоя, поскольку загнанное вглубь расстройство не умолкает. Он чувствует в себе беспокойство, не имеет внутреннего мира и тишины. Он живёт с непрекращающимся терзанием, мучается и не может понять, в чём причина всего этого, потому что его грехи покрыты сверху, загнаны вглубь. Такой человек не понимает, что его страдания — от совершённого греха.

— Геронда, а если такому человеку открыть глаза, сказать, в чём причина его страданий, это ему поможет?

— Требуется внимание, потому что, если ты откроешь ему глаза, у него проснётся совесть. Совесть начнёт его обличать. И если такой человек не смирится, то он может дойти до отчаяния, поскольку истина будет ему не по силам. Однако если он смирится, то знание истинной причины его страданий ему поможет.

— Геронда, а бывают ли люди, которые рождаются с очерствевшей совестью?

— Нет, людей, родившихся с очерствевшей совестью, не бывает. Бог очерствевшей совести не создавал. Однако если человек заваливает свои грехи, загоняет их вглубь, его совесть постепенно покрывается слоем накипи и перестаёт его обличать.

— Геронда, такой человек становится «самоуправляемым», он создаёт себе собственные законы.

— Да… Страшное дело!..

— Это что? прелесть?

— Ну а что же? Конечно, прелесть.

Искажённая совесть

— Геронда, Вы часто говорите, что человек должен быть внимателен, чтобы не испортить, не исказить свою совесть. Каким образом совесть становится искажённой?

— Успокаивая свой помысел, человек попирает свою совесть. Успокаивая свой помысел длительное время, человек устраивает себе другую — свою собственную совесть, сшитую на свой аршин, то есть совесть искажённую. Однако в этом случае человек лишается внутреннего покоя, поскольку искажённая, испорченная совесть внутреннего покоя принести не может. Ведь человек, допустивший какую-то погрешность, не находит себе покоя, даже если кто-то делает вид, что не заметил его погрешности или успокаивает его: «Ты не виноват, не волнуйся». Некоторые из тех, кто становится последователями разных гуру и занимается подобными вещами, поняв, что с ними происходит что-то неладное, приходят ко мне за советом. Но, когда, желая им помочь, я начинаю что-то объяснять, они упираются и стоят на своём: «Нет, в нашей вере всё правильно». — «Слушай-ка, — отвечаю я, — но раз у вас „всё правильно" и раз это „правильное" приносит тебе покой, то зачем ты приходишь ко мне со своими вопросами?» Вот так эти люди, не находя внутреннего покоя во лжи, всё равно настаивают на своём и стараются где только можно «урвать» хоть сколько-нибудь ложного покоя. Однако истинного покоя они не находят.

— Геронда, а может ли человек всю жизнь прожить с искажённой совестью?

— Если верит своему помыслу, то может.

— А как он может исправить свою искажённую совесть?

— Он может её исправить, если мыслит смиренно, не доверяет своему помыслу и обсуждает его с духовником.

— А может ли, геронда, человек исказить свою совесть, оттого что он чрезмерно чувствителен?

— Раз он исказил свою совесть, то это значит, что, скорее всего, его чувствительность никуда не годится. Ведь испорченное повлечёт за собой испорченное. Некоторые говорят: «Я человек чуткий», но с людьми при этом обращаются варварски и без причины на них набрасываются.

— Геронда, у людей, которые занимаются самооправданием, совесть покрылась «накипью»?

— Тот, кто занимается самооправданием, всё же не лишён и внутреннего обличения голоса совести, не бесчувствен. А раз человек не бесчувствен, то ему становится больно за свой греховный проступок, и потом к нему приходит Божественное утешение. Но тот, кто исказил свою совесть, доходит до бесчувствия. Такой человек хвалится преступлением, которое совершил. Мне приходилось видеть людей, которые рассказывали о совершённых ими преступлениях так, словно хвалились подвигами. Ведь если кто-то изощрит свою искажённую совесть, то это уже не просто очерствение, это кое-что похлеще. Однажды, когда я жил в монастыре Стомион в Конице, туда пришёл один мужчина и сказал: «Я хочу поисповедоваться». — «Я не священник», — стал отказываться я, но он продолжал настаивать: «Нет, хочу рассказать об этом тебе». Рядом с нами оказалось несколько женщин, пришедших в обитель поклониться святыне. «Вам лучше уйти», — сказал им я. «Ничего, пусть посидят, послушают», — разрешил мужчина и начал рассказывать о своих молодых годах: «В молодости меня отдали учиться сапожному ремеслу, но, сидя днём в мастерской, я всё время дремал, клевал носом. Спросишь, почему? Да потому, что ночами вместе с такими же отчаянными парнями я ходил воровать. У нас в уезде становой пристав был малый не промах. Он нам так говорил: „Ну, молодцы, ночь темней — вору прибыльней. Мне нужны два барана. Остальное ваше — сколько унесёте". Ну, раз такое дело, то шли мы, как говорится, по христианским домам. Снимал я свою бурочку, первым делом псам — хлыстом по морде с плеча, а хлыст у меня был хороший, кизиловый; потом заходили мы в загон, отбирали двух баранов и овец, сколько было по силам. Барашки — господину становому, овец в нашу овчарню прятали, а потом без промедления становой — что бы ты думал? — сажал нас в кутузку! Но ты послушай дальше! Хозяева, которые видали ночью, как мы у них воровали, спозаранку спешили в участок к становому и говорили: „Такой-то и такой-то нас обокрали!" — „Как так: "такой-то и такой-то"? Они оба сидят в каталажке! Клевету на людей пришли наводить?" И давай их лупцевать — охаживать!.. Но вот какой я тебе расскажу случай: пришли мы однажды к отаре и видим: сторож, молодой ещё влашёнок[3], но здоровый как бык, и с ним его отец. „Как подойти к отаре? — говорят мне товарищи. — Ведь они нас разбросают, как спички!" Спички, говоришь? А ну-ка... Снимаю я с плеча обрез, ловлю влашёночка в прицел, и — пук! — готово дело, завалился родимый... Папашу его я верёвками примотал к одной груше... Ну, я тебе скажу, мы там и набрали добра!..» И обо всём этом он рассказывал как о подвигах, со смехом! Видишь, до чего доводит человека искажённая совесть?

А один мой знакомый полицейский, служивший в конвойном управлении, не переставая плакал, потому что преступник, которого ему пришлось конвоировать из одной тюрьмы в другую, за множество преступлений был приговорён военным трибуналом к высшей мере наказания и расстрелян. Полицейский начал разыскивать родственников расстрелянного, кое-кого отыскал и попросил у них прощения. Но один из родственников преступника, живший в Америке, прислал ему такой ответ: «Да его давным-давно надо было расстрелять, ведь столько людей осталось бы в живых!»

Видите, какая огромная разница между состоянием полицейского и того человека, о котором я рассказал вам раньше? Первый по долгу службы просто отконвоировал в тюрьму злодея и считал себя виновным в его смерти. А второй рассказывал о совершённых им преступлениях, словно о подвигах, и хвалился ими!

---

[3] *Вла́хи* — балканская народность, проживающая в горных районах Греции и разговаривающая на романском диалекте. — *Прим. пер.*

Ложное не приносит человеку покоя

— Геронда, может ли помочь человеку молитва других, если, веря своему помыслу, он создал свой собственный мир?

— Раз он создал свой собственный мир, то что ему за нужда в помощи... Человек создал целый собственный мир! Думаешь, это пустяк? Гляди: если кто-то своим помыслом создаёт свой собственный мир, то, думаешь, он имеет покой, чувствует радость? Это ложь. А ложь оставляет человека без извещения. Предположим, кто-то вынужден сказать ложь, чтобы спасти своего ближнего. Он может спасти его даже от смерти, однако ложь при этом не перестаёт быть половиной греха. Иногда человек с добрым помыслом идёт на ложь для того, чтобы помочь в каком-то деле и избежать соблазна. К примеру, в монастырь тайно, чтобы никто не знал, приезжает паломник, для того чтобы поделиться своей семейной проблемой, выговориться. А потом в монастырь приезжает, предположим, его брат и спрашивает: «Не было ли у вас такого-то?» Если сказать ему правду, то получится целая история, потому что его брат будет скомпрометирован. Таким образом, ты вынужден ответить: «Не знаю». Ведь если ты скажешь ему, что тот приезжал, то дело может дойти даже до рукоприкладства. Хотя сейчас мы ведём речь не о таких случаях, всё равно необходимо быть внимательным, потому что если три-четыре раза произойдёт что-то подобное, то потихоньку человек может зайти и дальше. Привыкнув использовать ложь без необходимости, он исказит свою совесть. Он дойдёт до того, что будет сочинять целые сказки, и при этом его совесть совсем не будет его обличать. Потом такое «сочинительство» становится настоящей наукой.

Как же умеют некоторые люди «подгонять» одно враньё к другому, отработав это искусство! О! Для того чтобы убедить тебя в чём-то, они могут сочинить целую небылицу! Как-то раз ко мне в каливу пришёл один мой знакомый, и одновременно с ним — несколько земляков паренька, которому я помогал. У этого несчастного паренька была и голова на плечах, и добрая душа, однако он был лодырем, не хотел работать. Привык слоняться без дела. Четыре года кряду я бился над тем, чтобы пристроить его к какому-нибудь делу, и в этот раз стал тоже просить его земляков: «Постарайтесь пристроить паренька на какую-нибудь работу. Я и раньше старался ему помочь. Я даже посылал его к моим знакомым в город Касторию[4], чтобы он выучился ремеслу скорняка, но он убежал оттуда. Ведь он ещё молодой — жалко, если испортится. У него только одна мать, а отец умер». Слыша всё это, мой знакомый, пришедший одновременно с людьми, к которым я обращался, начал говорить им: «Да, мы с отцом Паисием постарались пристроить парня в учение и сделать из него скорняка. А знаете, сколько денег я угрохал на телеграммы, которые посылал в Касторию тем людям, у которых он учился, чтобы успокоить их после того, как он от них убежал! Ну что там — дело прошлое, о таких вещах лучше помалкивать. Я тогда так и сказал отцу Паисию: „Горбатого могила исправит"». — «Что же он такое несёт!», — подумал я, но выражать своего удивления вслух не стал, чтобы не скомпрометировать этого человека. Подумать только! Впервые в жизни услышав об этом пареньке, он сочинил целую небылицу о том, как мы вместе с ним заботились о юноше, как, желая ему помочь, «пристроили его в скорняки» и тому подобное! Он говорил это таким тоном, что даже я стал сомневаться: может быть, это правда?!

[4] *Касто́рия* — город в западной Греции, крупный центр переработки пушнины. — *Прим. пер.*

— Он говорил Вам это в глаза?
— В глаза, да ещё и при других.
— А что он чувствовал?
— Что он там чувствовал?! Произнося всю эту ложь, он чувствовал в себе некое эгоистическое удовлетворение, однако потом испытывал терзание. Думаешь, он имел в себе мир?
— А когда человек, рассказывая о каком-то событии, его немного преувеличивает…
— Да, немножко поливает его соусом!..
— Он делает это от тщеславия?
— Ну от чего же ещё? Человек говорит о чём-то с преувеличением от тщеславия, от эгоизма.
— А что поможет такому человеку исправиться?
— Он должен прекратить врать. Он должен знать, что ложь, даже имея смягчающие вину обстоятельства, не прекращает быть половиной греха.
— Геронда, а может ли происходить следующее: нам дают что-то, протягивая руку помощи, а мы считаем, что нам дали это, потому что мы были этого достойны?
— Смотри, если я скажу тебе: «Ты, сестра, можешь достичь меры своей святой!» — то, услышав эти слова, ты можешь ненадолго расплыться в глупой улыбке, однако внутреннего покоя иметь не будешь. Ложное не приносит человеку покоя. Как не имеет в себе покоя и тот несправедливый человек, который, обижая других, говорит: «Это моё». Посмотри, турки взяли Константинополь уже столько лет назад, однако, глядя на приезжающих в Константинополь греков, турки чувствуют, что захватили чужое, и смотрят так, словно вернулся хозяин! А ведь они турки, и прошло уже столько лет!

Неиспорченная совесть даёт неложное извещение

Для человека нет ничего важнее, чем спокойная совесть. Если твоя совесть не обличает тебя в том, что ты мог сделать что-то ещё и не сделал, то это великое дело. В этом случае человек имеет постоянную внутреннюю радость и вся его жизнь — торжество, праздник. Эта внутренняя радость даёт человеку духовную силу.

— Геронда, а как понять, что наши действия благоугодны Богу?

— У человека есть внутреннее извещение.

— Собственного внутреннего извещения достаточно или необходимы также свидетельства других?

— Я веду речь о человеке, совесть которого не испорчена, а не о том, кто свою совесть исказил. Неиспорченная совесть даёт неложное извещение. В этом случае человек имеет надежду и со смирением говорит: «Я не гожусь для рая, я заслужил вечную муку, однако верую в то, что любовь и милость Божия меня не оставят». Он чувствует это, потому что подвизается, он не сидит сложа руки, успокаивая при этом свой помысел словами: «Бог меня спасёт».

Совесть — это страшное дело! Нет более жгучего пламени, нет большей адской муки, чем жжение совести. Угрызения совести — это самый страшный и самый мучительный для человека червь. Те, кто находится в аду, будут вечно мучиться, потому что их будет терзать мысль о том, что они потеряли райские блага за те недолгие годы, которые прожили на земле, хотя и эти земные годы были полны угрызениями совести и внутренним удушьем. Кроме того, страсти людей, находящихся в адской муке, не будут находить себе удовлетворения, и это будет для них ещё одним мучением.

— Геронда, а каким образом монах может на практике переживать «мученичество» совести?

— «Мученичество» совести предназначено не только для монахов, оно — для всех людей, а монахи, кроме того, мучаются и сладкой мукой подвижничества. Однако, в сущности, для человека, который подвизается правильно, «мученичества» совести не существует. Ведь чем бо́льшую духовную боль испытывает человек, то есть чем ему больнее — либо за свою скверну, либо оттого что он соучаствует в Страданиях Господа, — тем бо́льшим Божественным утешением ему воздаётся. Если совесть человека спокойна, то, даже имея скорби, расстройства и тому подобное, человек чувствует в себе Божественное утешение.

ГЛАВА ТРЕТЬЯ
О НЕОБХОДИМОСТИ НАБЛЮДЕНИЯ ЗА СОБОЙ И ПОЗНАНИЯ СЕБЯ

Исследование себя

В армии, в войсках связи, у нас была сеть радиослежения, а у радистов были таблицы распознания своих и чужих радиостанций. Мы следили за радиостанциями и понимали, какая из них чужая, а какая наша, потому что иногда к связи между нашими радиостанциями подключались вражеские радисты. Так же всякому человеку следует наблюдать за своими помыслами и действиями, чтобы видеть, согласны ли они с заповедями Евангелия. Надо замечать свои ошибки, бороться ради их исправления. Ведь тот, кто позволяет своей ошибке проскальзывать незамеченной или не задумывается о своих недостатках, когда другие говорят ему о них, не может духовно преуспеть.

Исследование себя — это самое полезное из всех прочих исследований. Человек может читать много книг, однако, если он не следит за собой, всё прочитанное не приносит ему никакой пользы. А вот если он за собой следит, то польза, которую он получает, велика, даже если он читает немного. В последнем случае поступки, поведение человека утончаются, что бы он ни делал. А иначе он совершает грубые ошибки и не понимает этого. Когда ко мне в каливу приходят посетители, то я приношу им пеньки для сидения с другого конца двора. И я заметил, что, уходя, люди даже не задумываются о том, кто отнесёт эти пеньки обратно на своё место. Или, видя, как я несу им один пенёк, и понимая, что его не хватит для того, чтобы усесться всем, посетители всё равно ждут, пока я принесу им и другие. Но если бы эти люди хоть немножко задумались и сказали: «Хорошо, ведь нас пять-шесть человек, неужели батюшка должен сам таскать для нас пеньки с другого конца двора?» — то, взяв каждый по пеньку, они быстро перенесли бы их на нужное место.

— Геронда, одна из младших сестёр спросила меня: «А будучи новоначальным монахом, старец не имел падений в своей борьбе? У него не было никакого помысла „слева"? Он никогда не впадал в осуждение?»

— Когда в моей борьбе происходило что-то подобное или когда меня ругали, то я не давал всему этому «беспошлинных прав».

— Геронда, что значит «беспошлинные права»?

— Давать своим ошибкам, прегрешениям «беспошлинные права» — это значит относиться к ним с равнодушием, то есть стараться, чтобы осознание ошибки не касалось души, а «пролетало» мимо неё. Если земля окаменеет, сделается жёсткой, то, сколько бы дождя на неё ни лилось, она не впитывает в себя воду. То же самое происходит и с человеком, который даёт своим ошибкам и прегрешениям «беспошлинные права». Нива сердца такого человека ожесточается от равнодушия, и что бы ему ни сказали, что бы с ним ни случилось, его это не трогает, то есть он не чувствует своей вины и не кается. Когда я, будучи ещё новоначальным, узнавал, что кто-то назвал меня, к примеру, лицемером, я не говорил: «Да чтоб ему пусто было, раз он говорит такие вещи!» — но старался найти причину, побудившую его так про меня сказать. «Что-то здесь неладно, — говорил я, — этот человек не виноват, это сам я был в чём-то невнимателен, дал ему повод, и он неправильно истолковал моё поведение. Ни с того ни с сего сказать такое он не мог. Если бы я был внимателен и вёл себя разумно, он не истолковал бы моё поведение так превратно. Я навредил своему ближнему и дам за это ответ Богу». И сразу же я старался найти, в чём моя ошибка, и исправить её. То есть я не исследовал, почему человек сказал про меня такое: от ревности ли, от зависти или потому, что понял превратно услышанное от других. Этот вопрос меня не занимал. И сейчас во всех подобных случаях я поступаю таким же образом. Если, к примеру, кто-то скажет мне жёсткое слово, я не могу даже уснуть. И если дело действительно обстоит так, как он говорит, то я огорчусь и постараюсь себя исправить. Но даже если дело обстоит и не так, как подумал и сказал этот человек, то я всё равно огорчусь, буду думать о том, что я в чём-то виноват, потому что был невнимателен и соблазнил моего ближнего. Я не валю всю вину на ближнего: я задумываюсь о том, как будет судить мои действия Бог, а не о том, какими они покажутся людям.

Если человек не будет исследовать происходящее подобным образом, то ему ничто не принесёт пользу. Часто говорят: «Такой-то человек потерял контроль над собой». Знаете, когда человек теряет над собой контроль? Когда он за собой не следит. Если у человека не всё в порядке с головой, и поэтому он не контролирует себя, то у него есть смягчающие вину обстоятельства. Однако смягчающих вину обстоятельств нет у того, кто, не имея никаких проблем с головой, не контролирует свои действия, поскольку не следит за собой.

Опыт от наших падений

В исследовании самих себя вам будет очень полезно время от времени рассматривать свою жизнь: шаг за шагом, начиная с детского возраста. Это необходимо для того, чтобы видеть, где вы находились раньше, где вы находитесь сейчас и где вы должны находиться. Не сравнивая прошедшего с настоящим, вы не поймёте, что, даже будучи в более-менее неплохом состоянии, вы всё равно находитесь не там, где вам следовало бы находиться… Вы не поймёте того, что огорчаете Бога. Когда человек молод, у него есть оправдание в том, что он находится в не слишком-то хорошем состоянии. Однако у него нет оправдания, если он, уже выйдя из юного возраста, пребывает в том же состоянии или же исправляется недостаточно.

Чем больше проходит лет, тем более духовно зрелым должен становиться человек. А используя во благо опыт своего прошлого, мы идём вперёд более уверенно и более смиренно. Часто даже переменчивые взлёты и падения в духовной борьбе помогают человеку в том, чтобы он плодотворно и уверенно совершал свой путь к Горнему.

Вполне естественно, если младенец, учась ходить, кубарем сваливается с лестницы, ударяется головой о перила, залезает с ногами на стул и падает с него. Малыш не понимает, что, забираясь с ногами на стул и вставая на его край, он упадёт вместе со стулом. Однако, взрослея, ребёнок приобретает опыт, зреет и становится внимательным. «В прошлый раз, — думает он, — я забрался с ногами на стул и упал. Сейчас я уже не буду этого делать». Так же и в нашей духовной борьбе: внимательно следя за всем происходящим и используя всё во благо, мы приобретаем опыт, используя который, получаем немалую помощь.

Помню, у нас дома, в Конице, было шесть лошадей: и взрослые кони, и жеребята. Однажды мне случилось переводить наших лошадок по бревенчатому мостику. Одно бревно прогнило, и нога молодой четырёхлетней лошади провалилась между брёвен и досок. Потом я починил мостик, заменил все сгнившие брёвна и доски на крепкие. Однако каждый раз, когда я гнал лошадей через этот мост, лошадка, которая однажды на нём провалилась, начинала беспокоиться, трясти головой и либо, порвав уздечку, убегала, либо одним махом перепрыгивала на другую сторону мостика. Видите, уж если бессловесное животное — четырёхлетняя лошадь использовала свой опыт и не наступала на тот мост, где ей однажды довелось провалиться, то насколько больше должен использовать опыт от своих падений человек!

Надо приковывать врага к одному месту и наносить ему удар

— Геронда, я ещё не полюбила смирение, жертвенность, принятие несправедливости…

— Дело обстоит не совсем так, как ты говоришь. Я за тебя не тревожусь, потому что вижу, что в тебе появилась добрая обеспокоенность. Ты быстро избавишься от страстей, потому что ты начала «ловить себя на месте преступления». А это помогает больше, чем любой другой подвиг. Тот, кто «ловит себя на месте преступления», совлекается своего ветхого человека и выходит на правильную духовную дорогу. Наш ветхий человек расхищает то, что делает человек новый. Выучившись ловить нашего ветхого человека на месте преступления, мы ловим вместе с ним всех остальных воров, расхищающих то доброе, что дарует нам Бог. Таким образом, духовное богатство остаётся у нас.

— Геронда, а если я буду очень переживать за совершённую мной ошибку, например за то, что я грубо поговорила с кем-то из сестёр, то это пойдёт мне на пользу?

— На пользу-то тебе это пойдёт, однако тебе надо быть внимательной, чтобы не переборщить, не выйти за границы разумной печали. Испытывай огорчение, но вместе с огорчением испытывай и радость, потому что тебе была дана благоприятная возможность заметить свою вылезшую наружу болезнь и её исцелить. Поразмысли так: «Раз я нагрубила сестре и повела себя с ней плохо, то это значит, что у меня внутри сидела какая-то страсть. А сейчас мне дана благоприятная возможность: страсть вышла наружу, чтобы я её увидела и исправила». Но, конечно, и прощения у сестры попросить нужно. Падения помогают тебе познать саму себя. Всё выходит наружу, и потихоньку совершается полезная работа над собой. Погляди, ведь и врачи иногда дают больным разные вещества для того, чтобы проявились симптомы их болезни и был поставлен правильный диагноз. Например, больным дают сахар, потом берут у них на анализ кровь и смотрят, повысился ли уровень сахара.

В духовной борьбе необходимо определить «координаты» слабых мест нашего характера — наши недостатки — и после этого стараться наносить удары в эти места. Как на войне: совершая разведку какого-то района, мы отмечаем на карте места, в которых находится враг или плацдармы, с которых он может пойти на нас в наступление, и потом мы следим за этими местами с особым вниманием. Ведь, зная, в каких конкретно местах находится враг, можно двигаться с уверенностью. Военные разворачивают карту и говорят: «Враг находится здесь и здесь. Значит, нам нужно успеть захватить вот эту и вот эту высоту. Сюда нужно послать подкрепление, а здесь необходимы такие-то и такие-то виды оружия». То есть, зная, где находится враг, можно построить какой-то план. Однако, для того чтобы это узнать, нужно беспокоиться и исследовать район боевых действий. Спать тут нельзя.

— Геронда, что лучше: когда человек замечает свои недостатки сам или же когда ему говорят о них другие?

— Хорошо, если человек находит свои недостатки сам, однако и в том случае, когда о них говорят другие, ему тоже не следует возражать. Надо принимать обличение от других с радостью. Ведь можно видеть себя таким, каким тебе хочется себя видеть, а не таким, каков ты в действительности.

— Геронда, другие, со стороны, видят меня лучше, чем я вижу себя сама?

— При желании можно увидеть себя лучше, чем видят нас наши ближние. То есть самому человеку удобнее выявить свою реакцию на что-то, какую-то ошибку и определить их причины, тогда как сторонний наблюдатель приходит к заключению о своём ближнем на основании собственных предположений.

— Геронда, а может ли человек, стараясь увидеть себя таким, каков он есть, этого не добиться?

— Да. Если в старании человека присутствует гордость, то увидеть себя таким, каков он есть в действительности, он не сможет.

Надо смотреться в других, как в зеркало

Человек видит себя лучше, когда он смотрится в других, как в зеркало. Каждого Бог наделил дарованием, необходимым для того, чтобы получить пользу, независимо от того, использует человек это дарование во благо или нет. Если человек использует дарованное ему с пользой, то он достигнет совершенства. Наши недостатки — приобретены ли они от собственной невнимательности либо унаследованы от наших родителей — это тоже наша собственность. Каждый из нас должен совершать соответствующую борьбу, для того чтобы от этих недостатков освободиться. А пока мы от них не освободимся, нам нужно «смотреться» в недостатки нашего ближнего и испытывать, где находимся мы. К примеру, увидев в ближнем какой-то недостаток, надо сразу же сказать: «Дай-ка я посмотрю, может быть, такой же недостаток есть и у меня». И, если мы действительно обнаружим в себе этот недостаток, нам надо подняться на борьбу, чтобы от него избавиться.

— Геронда, а если помысел говорит мне, что у меня нет такого недостатка, как мне нужно ему отвечать?

— Отвечай так: «У меня есть другие — бо́льшие недостатки. Этот недостаток моего ближнего, по сравнению с моими, ничтожно мал». Ведь иногда твои недостатки могут в действительности быть меньшими, однако и смягчающих вину обстоятельств у тебя тоже меньше. Если человек исследует себя подобным образом, то он видит, что его изъяны больше, чем несовершенства его ближнего. А потом он начинает видеть в ближнем и его добродетели. «Дай-ка я посмотрю, — говорит такой человек, — есть ли эта добродетель у меня? Нет. Ох-ох-ох! Как же я ещё далеко от того духовного состояния, в котором должен находиться!» Совершая такую работу, человек от всего получает помощь, изменяется — в добром смысле этого слова — и совершенствуется. Он получает пользу от святых, получает пользу от подвижников, получает пользу даже от людей мира сего. К примеру, увидев, как мирской человек не берёт себя в расчёт и приносит себя в жертву, христианин, совершающий над собой такую духовную работу, говорит: «А у меня есть такое любочестие? Где там! А ведь я ещё и духовный человек!» И, таким образом, он старается подражать увиденному добру. У нас, то есть у всех людей, столько работы! Благий Бог премудрым образом всё устраивает для нашего блага.

Тот, кто познает себя по-настоящему, имеет смирение

— Геронда, я обычно обнаруживаю свою гордость задним числом, уже после того, как впадаю в этот грех.

— Задача в том, чтобы ты увидела её до падения. Если тебе говорят, что ты сделала что-то доброе, не чувствуй удовлетворения. Не давай похвале прилипать, цепляться за тебя.

— А что могло бы мне в этом помочь?

— Познание себя. Если человек познал самого себя, то всё — вопрос закрыт. После этого похвалы становятся инородными телами: они к нему уже не прилипают. К примеру, если человек знает, что он оборванец, то к нему не может прилипнуть помысел, что он король. Если ты возомнишь себя принцессой, это будет значить, что ты умственно отсталая.

— А если бы я уже заранее была готова не принимать похвалу, это содействовало бы мне в брани, о которой мы говорим?

— Конечно, надо стараться быть готовой. Однако иногда это будет у тебя получаться, а иногда и нет. Задача в том, чтобы ты познала себя. Не познав своего ветхого человека, христианин не смирится. Поэтому не сможет произойти духовное расщепление его эгоистического атома, необходимое для того, чтобы выйти на духовную орбиту. И, таким образом, человек остаётся на орбите мирской.

— Геронда, скажите, а может ли моё познание себя быть неправильным?

— Ведь мы же с тобой не говорим о неправильном состоянии. Тот, кто имеет о себе верное представление, имеет смирение. А когда человек смирится, обязательно придёт благодать Божия.

Человек, совершающий работу, необходимую для познания себя, похож на того, кто глубоко вкапывается в землю и находит в ней полезные ископаемые. Чем более мы углубляемся в самопознание, тем ниже мы себя видим. Таким образом человек смиряется, однако десница Божия его постоянно возвышает. И когда человек наконец познает себя, смирение становится уже его состоянием и благодать Божия в обязательном порядке имеет право на «продление аренды» в его сердце. Гордость такому человеку уже не грозит. А вот тот, кто не совершает над собой подобного делания, постоянно прибавляет к своему мусору всё новый и новый, увеличивает свою мусорную кучу, какое-то недолгое время гордо сидит на её вершине и в конечном итоге проваливается вниз.

Нам надо узнать, чем мы больны

— Геронда, я часто вижу недостатки других людей и осуждаю их.

— А знаешь ли ты свою собственную болезнь?

— Нет.

— Вот потому-то ты и знаешь болезни других. Если бы ты ведала свою собственную болезнь, то о болезнях других людей не имела бы и понятия. Я говорю не о том, чтобы ты не соучаствовала в их боли, но чтобы ты перестала заниматься их недостатками. Если человек не занимается собой, то лукавый найдёт ему работу, и этот человек будет заниматься другими. Однако, работая над собой, человек знает и себя, и своего ближнего. В противном же случае, имея ошибочные представления, делая неправильные заключения о самом себе и подходя с такими же критериями к другим, человек совершает ошибку и в отношении их.

— Геронда, а что больше всего помогает человеку исправиться?

— Прежде всего, воля, желание. Воля, желание исправиться — это, некоторым образом, добрый почин. Затем человек должен понять, что он болен, и начать принимать соответствующие духовные антибиотики. Ведь если телесно больной скрывает свою болезнь, то в какой-то момент он — неожиданно для самого себя — свалится как подкошенный, и медицинские средства уже будут для него бесполезны.

Скажем, человек знает, что у него предрасположенность к туберкулёзу, и по этой причине у него нет аппетита. «Почему ты не ешь?» — спрашивают его. «Э, — отвечает он, — это кушанье мне не очень-то по вкусу!» Потом у него начинается упадок сил и он еле-еле передвигает ноги. «Что с тобой, почему ты едва плетёшься?» — удивляются люди. «А мне, — отвечает он, — нравится ходить медленно. Зачем я буду нестись как угорелый!» Он скрывает, что у него упадок сил, и поэтому он едва передвигает ноги. Потом у него начинается кашель. «Почему ты кашляешь?» — спрашивают его люди. «Это у меня аллергия!» — отвечает он. Он скрывает, что чахотка уже поразила его лёгкие и они страшно больны. Проходит ещё какое-то время, и больной начинает харкать кровью. «А это что такое?!» — спрашивают его ближние. «Ерунда, — отвечает он, — воспаление слизистой оболочки горла!»

— Геронда, и всё это человек делает для того, чтобы его болезнь осталась незаметной для других?

— Да, он ведёт себя так, чтобы скрыть свою болезнь. Так он её скрывает-скрывает, а потом туберкулёз переходит в скоротечную форму. Лёгкое разлагается, у больного идёт горлом кровь, как из лопнувшей трубы, он валится с ног, и окружающие узнают о его болезни. Однако болезнь уже зашла в такую стадию, что помочь ему непросто. А если бы в самом начале болезни он признал, что причина его, к примеру, чуть повышенной температуры — начинающийся туберкулёз, и дал себя лечить, то стал бы здоровее здорового. Так же бывает и в духовной жизни: тот, кто оправдывает свои страсти, в конечном итоге подвергается бесовскому воздействию, и это не может остаться незаметным. А знаешь, что бывает, когда человек принимает бесовское воздействие? Тот, кто принимает бесовское воздействие, ожесточается, становится зверем, встаёт на дыбы, разговаривает с людьми дерзко, с бесстыдством и не принимает помощи ни от кого.

Поэтому вся основа в том, чтобы сначала человек познал свой недуг и радовался этому. После этого он должен дать себя лечить, принимать соответствующие лекарства. Кроме того, он должен быть благодарным своему врачу — духовнику или старцу — и не противиться ему. К примеру, больному делают переливание крови: он протягивает врачу свою руку, даёт проколоть вену, чувствует боль, но терпит, потому что знает, что переливание ему поможет. А как страдает тот, кому делают хирургическую операцию! Однако, несмотря на страдание, больной соглашается с тем, чтобы его прооперировали, для того чтобы стать здоровым.

— Геронда, а если я знаю, что, к примеру, чьё-то строгое замечание пойдёт мне на пользу, то почему я не принимаю это замечание как нечто приятное?

— Ну хорошо, пусть приятного ты в замечаниях не находишь. Но ты хотя бы понимаешь, что поступаешь неправильно?

— Да, это-то я понимаю.

— Ну, раз понимаешь, это уже кое-что. Смотри: горькую-прегорькую таблетку больной принимает охотнее, чем сладкую карамель, потому что понимает, что таблетка принесёт ему пользу. Не приняв горького лекарства, больной не исцелится. Человек должен познать свою немощь, принять соответствующие духовные лекарства, для того чтобы потом его укрепил Христос.

ГЛАВА ЧЕТВЁРТАЯ
О ТОМ, ЧТО ОСОЗНАНИЕ НАМИ СВОЕЙ ГРЕХОВНОСТИ ПРИВОДИТ БОГА В УМИЛЕНИЕ

Признание своей ошибки

— Геронда, авва Исаак говорит, что в молитве надо чувствовать себя подобно ребёнку[1].

— Да, надо чувствовать себя ребёнком, но ребёнком непослушным. Надо осознавать, что ты огорчил своего Отца, и оплакивать это. Тогда ты ощутишь Божественную ласку. Не надо говорить так: «Я ребёнок, и поэтому Бог должен меня любить и прощать, так что я могу выкидывать разные фокусы».

— Геронда, я прочитала у святого Григория Нисского, что для того чтобы называть Бога Отцом, мы должны достичь бесстрастия, в противном случае — это «брань и поношение»[2].

---

[1] *Преподобный Исаак Сирин.* Слова подвижнические. М., 1993. С. 97.

[2] «Если кто, видя себя имеющим ещё нужду в очищении и порочную совесть свою признавая исполненную скверн и дурных отметок, прежде нежели очистился от таких и столь многих худых свойств, нечистый Чистому скажет: „Отче", то речение сие прямо будет оскорблением и злословием». (*Святитель*

— Не волнуйся, глупенькая. Святитель написал это для тех, кто живёт праздно и грешно. Однако, если, согрешая, человек глубоко осознаёт свою вину, он может называть Бога Отцом.

— Геронда, я чувствую себя великой должницей по отношению к Богу, и это причиняет мне боль.

— С того момента, как ты начинаешь чувствовать себя должницей Бога и смиренно говорить: «Согреших, Боже мой», Бог прощает тебя, помогает тебе и даёт тебе Свою благодать. И если в этом состоянии тебя застанет смерть, ты спасёшься. Ведь ты же не просто называешь себя должницей и одновременно продолжаешь катиться по наклонной плоскости. Нет — ты подвизаешься. Ты не находишься в бесовском состоянии — Боже упаси! Ведь с Божией помощью здесь, в монастыре, все сёстры худо-бедно находятся в покаянии. А кроме того, знай, что, ощущая себя в состоянии никуда не годном, духовный человек приемлет Божественную благодать. Ведь это осознание своей греховности становится для такого человека духовным омовением.

Когда в разговоре со мной кто-то с болью говорит о себе: «Я такой, сякой, эдакий», то я радуюсь, потому что если человек признает свои погрешности, то он от них освободится. Как-то на Афоне я случайно набрёл на хижину, в которой жил один человек вместе с кошками и собаками. Боясь пожара, он даже не зажигал огня для тепла. Этот человек был забыт и оставлен всеми! Мне стало за него больно, но, когда я стал выражать ему своё сочувствие, он ответил: «Не жалей меня, монах. Я должен помучиться. Если бы ты знал, сколько я всего натворил, ты бы меня не жалел. Для меня и те условия, в которых я

Григорий Нисский. О молитве. Слово 2-е на «Отче наш...» // Творения. Ч. I. М., 1861). — *Прим. пер.*

живу сейчас, чересчур хороши». Но разве Бог не устроит спасение такого человека — какие бы грехи он ни совершил раньше? Недавно[3], когда я был в больнице, ко мне подошла одна женщина, руки которой были настолько исколоты от переливания крови, что на них было страшно смотреть! Там буквально не было живого места! «Во мне нет ничего доброго, — говорила мне она. — Но, может быть, Бог пожалеет меня и возьмёт в рай. Ведь у меня есть такой-то порок, такой-то недостаток…» — и она обличала себя в целой куче разных недостатков. Какой же тонкой работой по отношению к себе она занималась! Я не видел другого человека, находящегося в подобном состоянии!

— Геронда, я слышала, как один человек говорил: «У меня есть помысел, что Христос отнесётся к нам со снисходительностью». Правильный ли это помысел?

— Если у человека есть большое смирение, если он осознаёт свои ошибки, в высокой степени ощущает свою вину и страдает, тогда Христос отнесётся к нему со снисхождением и его простит. «Дитя Моё, — скажет Христос этому человеку, — перестань об этом думать. Это всё в безвозвратном прошлом». Однако если, не осознавая своей вины, человек успокаивает свой помысел тем, что Христос отнесётся к нему со снисхождением и милосердием, то это очень опасно. Что же получается, что Христос даст награду грешникам?

Доброе познание себя приводит Бога в умиление и даёт нам Божественную помощь и райскую радость. Однако если бы мы могли получить помощь и без познания себя, Бог не требовал бы от нас даже этого.

— Геронда, Вы сказали «доброе познание себя». А бывает и недоброе познание себя?

---

[3] В 1994 г.

— Да, можно, имея ошибочное познание своего внутреннего человека, оправдывать себя и успокаивать свой помысел. Поэтому, говоря, что у человека есть осознание ошибки, я имею в виду то, что он прилагает хотя бы малое старание исправиться. К примеру, я должен тебе пятьсот тысяч драхм. При встрече с тобой я говорю: «За мной должок — пятьсот тысяч», однако возвращение долга меня не беспокоит, я просто признаю за собой долг. Проходит немного времени, я снова вспоминаю об этом и снова говорю тебе: «Да, да, за мной должок». Но это не означает осознания долга. Действительно осознавая за собой долг, человек не спит: он ищет способ его отдать. И в этом случае слова: «Я тебе должен» — он произносит таким тоном, что заимодавец получает извещение о том, что отдача долга действительно волнует должника.

Осознание греховности и преуспеяние в борьбе

— Геронда, если человек не преуспевает в своей духовной борьбе, то правильно ли, если он говорит себе: «Какой ты есть, таким ты и останешься. Ничего лучшего я от тебя не жду».

— При таком отношении к своему состоянию можно впасть в прелесть. Человек может дойти до того, что начнёт говорить: «Те, кому суждено попасть в рай, в него попадут. Стало быть, зачем я буду подвизаться?» Так что же, получается, что святые освятились без борьбы? Говоря так, человек ждёт своего исправления и освобождения от страстей, не подвизаясь. Он ведёт себя подобно тому старику, который хотел полакомиться ягодами и уселся под шелковицей с разинутым ртом, ожидая, когда какая-нибудь ягода сама упадёт с дерева ему в рот.

— Геронда, скажите, как я могу понять, что духовно преуспеваю?

— Если у тебя есть осознание своей греховности, то будет и духовное преуспеяние. Чем бо́льшими ты видишь свои грехи, тем бо́льшее осознание греховности ты будешь приобретать и тем больше преуспеешь.

— Геронда, а можно ли осознавать свою греховную ошибку и при этом не преуспевать?

— Когда человек осознаёт свою греховную ошибку и снова, не желая того, её совершает, то это значит, что у него есть гордость или предрасположенность к гордости. И поэтому Бог не помогает ему преуспеть.

Если человек осознаёт свою греховность, то это великая сила, великое дело. Потом человек начинает гнушаться себя, смиряется, приписывает всё доброе человеколюбию и благости Божией и чувствует великую благодарность Ему. Поэтому Бог любит грешников, осознающих свою греховность, кающихся и живущих со смирением, больше, чем тех, кто много подвизается, однако не признаёт своей греховности и не имеет покаяния.

Надо смиренно просить милости Божией для нашего исправления

— Геронда, когда святые отцы говорят, что покаяние заключается в том, что человек принимает решение не повторять предшествующих грехов и скорбит о них, то это значит, что мы должны помнить о совершённых нами грехах постоянно?

— Нет, не нужно помнить каждый грех отдельно, но надо постоянно иметь осознание своей греховности. До какого-то момента человек должен думать о своём прегрешении, а затем ему следует смиренно просить милости Божией — и если у него нет гордости, то Бог ему поможет. Особенно человеку чувствительному, если он покаялся и поисповедовался в своих старых грехах, лучше их забыть. Ведь иначе тангалашка может напоминать ему его старые грехи, удручать его помыслами, для того чтобы отнимать у него время и отрывать его от молитвы. Однако если человек, не отличающийся чуткостью, видит, как в нём рождается гордость, то будет неплохо, если он вспомнит свои грехи, для того чтобы смириться.

— Геронда, а может ли человек осознавать свою греховность, но при этом не иметь покаяния?

— Может, если у него нет смирения. Когда к покаянию примешивается эгоизм, то человек без конца мучает себя мыслями: «Как же я мог это сделать?», «как посмотрят на это люди?», «что же обо мне подумают?» — и терзается. В словах: «Как же я снова мог это сделать?» и «как я мог до такого докатиться?» — есть эгоизм. Покаяния в таких словах нет. Человек должен понять, что он согрешил, и, поняв это, смиренно попросить милости Божией. «Боже мой, — должен сказать такой человек, — я согрешил, прости меня. Вот такая я дрянь. Пожалей меня. Если Ты не поможешь мне, то я могу стать ещё хуже, лучше я стать не могу. Сам я никогда не исправлюсь». И, сказав это, он должен постараться не повторять свой грех. Многие, согрешив, испытали боль не потому, что они пали в глазах людей, а из-за того, что они ранили своим грехом Бога.

Если живший по-мирски человек прерывает свои связи с мирским духом, то потом, часто и не желая того, он чувствует, что этот дух влечёт его к себе. Однако такому человеку не нужно отчаиваться. Я думаю, что в подобном случае преуспеянием будет и начавшаяся в грешнике добрая обеспокоенность, которая обличает его душу за совершённые проступки и за то, что он мог сделать что-то доброе, но не сделал этого. Потихоньку происходит борьба, человек невольно смиряется и отчаивается добрым отчаянием, то есть отчаивается в своём «я». Тогда он объясняет всё доброе благодатью Божией и воистину верует в слова, сказанные Господом: «*Без Мене́ не мо́жете твори́ти ничесо́же*»⁴. Если впоследствии такой человек станет любочестно, со многим смирением подвизаться, уповая при этом на всесилие Божие, то Благий Бог его помилует.

Печаль за наши согрешения

— Геронда, как человек может помочь себе не повторять совершённый им проступок?

— Если человеку станет по-настоящему больно за свой проступок, то он его не повторит. Для того чтобы человек исправился, в нём должно присутствовать внутреннее сокрушение с искренним покаянием. Поэтому святой Марк Подвижник говорит: «Если человек не восскорбит о своём грехе, в соответствии с его мерой, то он снова легко впадёт в ту же сеть»⁵. То есть, если грех невелик, требуется меньшее покаяние — если грех тяжелее, требуется покаяние большее. Не рассматривая величину своего падения и не печалясь о нём в соответствии с этой величиной, человек легко впадает в то же самое или даже ещё большее прегрешение.

— А как мы можем понять, что опечалились о нашем падении не в соответствии с его величиной?

— Доказательством несоответствия между падением и печалью является то, что вы снова впадаете в тот же самый грех. Кроме того, следя за собой, не ограничивайтесь одной диагностикой. Ведь вы без конца занимаетесь микробиологическими исследованиями. Найдя своего духовного микроба, вы разглядываете его и говорите: «Надо эту козявку раздавить». Однако лечения вы так и не

---

⁴ Ин. 15:5.
⁵ Ср. Добротолюбие (в русском переводе). Т. I. Свято-Троицкая Сергиева Лавра, 1992. С. 560.

начинаете. Ну хорошо, вот вы убедились, что страдаете каким-то недомоганием. Сразу же надо думать о том, как эту болезнь исцелить. Какая польза от того, что вы будете постоянно заниматься одними анализами, не стараясь исправиться? Вы говорите: «У меня есть такая-то страсть, у меня есть страсть другая». Однако вы не отсекаете эти страсти и, причитая, остаётесь в том же страстном состоянии. Таким образом, вы выбрасываете на ветер свои силы и растрачиваете себя попусту. Вы растрачиваете свой ум, своё сердце. От расстройства вы становитесь больными и потом ничего не можете делать. Затем, выздоровев, опять начинаете причитать: «Как же это я так в тот раз заболела? Почему это произошло?» Я не говорю, что не надо следить за собой, нет. Не позволяйте своим прегрешениям проскакивать незамеченными. Но расстраиваться тоже нужно до какого-то предела! Нельзя быть равнодушным, но ведь и чувства злополучия, несчастности тоже надо избегать! Ты сделала что-то неправильное? Задумалась над этим? Увидела, в чём была твоя ошибка? Осознала её? Поисповедовалась в ней? Если да, то продолжай свой путь, не застревай на этой ошибке. Отложи её только в своей памяти, для того чтобы в следующий раз, когда тебе снова представится повод её повторить, ты была внимательна. Если мы не стараемся исправить своих ошибок, то расстройство из-за них бесполезно. Печалясь об ошибках, не стараясь их исправить, мы всё равно что без остановки плачем о каком-то больном, но при этом не стараемся помочь ему стать здоровым.

— Геронда, печалиться не нужно даже тогда, когда ты заслуженно страдаешь за какую-то совершённую тобой ошибку?

— Не так. В этом случае печалиться нужно, однако печаль должна быть соответственной, соразмерной твоей ошибке. Если тебе не станет больно за совершённую тобой ошибку, то ты по легкомыслию снова впадёшь в неё — то есть останешься неисправленной. Однако, если, начав с покаянной печали, ты доходишь до отчаяния, значит, ты опечалилась больше, чем требовалось. В подобных случаях необходимо немножко взбодрить себя и отнестись к совершённой тобой ошибке с некоторой долей доброго равнодушия.

Нам требуется самоукорение, а не отчаяние

— Геронда, но разве человеку легко глубоко осознать свою греховность, когда он находится в начале духовного пути?

Когда мы находимся в начале нашей духовной жизни, Бог по Своей любви не попускает нам осознать нашу греховность, чтобы мы не согнулись под её тяжестью. Некоторые любочестные и чуткие души не смогли бы перенести осознание своей греховности и терпели бы вред. Таким образом, Бог ослепляет наши глаза, и мы не видим всех наших прегрешений вместе. К примеру, рукав нашей одежды может быть испачкан в птичьем помёте, а мы, глядя на него, будем думать, что это не помёт, а цветочные лепестки. Однако, когда мы преуспеваем в нашей духовной борьбе, Бог потихоньку попускает нам видеть наши ошибки. Одновременно с этим Он даёт нам и силу для того, чтобы мы подвизались и эти ошибки исправляли. Если отсутствует опыт, то тонкая работа не на пользу. То же самое происходит и с осознанием благодеяний Божиих. Если бы человек, находясь в начале своей духовной жизни, видел благодеяния Божии, то у него началось бы духовное кровоизлияние, потому что, видя благодеяния Божии и осознавая свою неблагодарность за них, человек страдает, тает.

— Геронда, а я не вижу своих ошибок, и моё сердце подобно камню.

— Иногда Бог попускает нашим глазам не видеть наших ошибок, а нашему сердцу — быть камнем, потому что в противном случае диавол может низвергнуть нас в отчаяние. Человек должен относиться к своей греховности с рассуждением. Покаяние, в котором присутствует душевное терзание и отчаяние, — не от Бога, в таком покаянии накрутил своим хвостиком тангалашка. Человек должен быть внимательным, потому что диавол, подловив его «справа» — на покаянии, может бросить его «влево» — в печаль и отчаяние. Диавол хочет сломать человека — душевно и телесно — и привести его в негодность. То есть он приносит другое сокрушение — исполненное душевной тревоги, для того чтобы сокрушить этим сокрушением человека. К примеру, диавол может сказать человеку: «Ты такой великий грешник, что не спасёшься». Делая вид, что заботится о душе человека, диавол ввергает его в душевную тревогу и отчаяние! Так зачем же позволять диаволу делать всё, что он хочет? Когда диавол говорит тебе: «Ты грешница», отвечай ему: «Ну а тебе-то какое до этого дело? Я скажу, что я грешница, когда захочу этого сама, а не тогда когда этого захочешь ты».

— Геронда, а в чём причина того, что душу часто посещает уныние?

— Уныние и душевная тяжесть обычно имеют свою причину в угрызениях совести, которые происходят, оттого, что человек излишне чувствителен. В этом случае человеку необходимо поисповедоваться, чтобы быть в состоянии получить помощь от духовника. Ведь если человек излишне чувствителен, то прегрешение, которое он совершил, может быть очень маленьким, однако враг увеличивает это прегрешение в глазах такого человека. Он показывает ему это прегрешение через микроскоп, для того чтобы низвергнуть человека в отчаяние и привести в негодность.

К примеру, диавол может внушить такому излишне чувствительному человеку, что он якобы очень огорчил своих ближних, что он создал им трудности и тому подобное. Таким образом диавол ввергает человека в расстройство, которое превосходит его силу. Однако если диавол действительно заботится о благе нашей души, то почему он не идёт будить совесть бесчувственного человека? Но где там! Человеку бесчувственному, для того чтобы он не пришёл в чувство, диавол внушает считать его большой грех ничего не значащим.

Человек должен познать себя таким, каков он есть в действительности, а не таким, каким представляет его в собственных глазах враг — диавол. Ведь диавола заботит одно: как бы сделать нам зло. Человек никогда не должен отчаиваться — только бы у него было покаяние, потому что и грехи его меньше, чем грехи диавола, и смягчающие вину обстоятельства у него есть: ведь он создан из земли, но, будучи невнимательным, поскользнулся и испачкался грязью.

Для того чтобы духовная борьба была правильной, мы должны вращать колесо нашей машины в сторону, противоположную той, куда его крутит диавол. Диавол внушает нам, что мы якобы что-то из себя представляем? Нам надо возделывать в себе самоукорение. Внушает, что мы не представляем из себя ничего? Будем говорить: «Бог меня помилует». Если человек ведёт себя таким образом — с простотой, доверием Богу и упованием на Него, — то в его жизнь входит покаяние, смирение и он восходит на духовные высоты.

— Геронда, стало быть, самоукорение не помогает в духовной борьбе?

— Помогает, однако требуется рассуждение. К примеру, человек может говорить самому себе: «Ах ты, бестолочь такая…». Однако укорять себя надо со смирением, для того чтобы посмеяться над диаволом, а также с мужеством, а не с чувством собственного злополучия. Нам необходимо самоукорение, а не отчаяние.

Если человек верит в то, что он не делает ничего доброго, если — в добром смысле этого слова — он отчаивается в себе, в своём «я», если он верит в то, что своими делами он постоянно прибавляет нули к нулям, и при этом продолжает свою духовную борьбу с надеждой на Бога, — это признак того, что он достиг духовной зрелости. В этом случае Благий Бог, увидев нули его благого произволения, пожалеет его и поставит в начале этих нулей единицу. Таким образом, его нули поднимутся в цене, и он станет духовно богатым. В смиренном состоянии разочарования в себе кроется доброе духовное состояние.

Духовное делание с увеличительным стеклом

— Геронда, каким образом человек может постоянно видеть себя грешным?

— Человек может видеть себя грешным, если он испытывает себя со вниманием. Чем с большим вниманием испытывает себя человек, тем более грешным он себя видит.

— А как может заниматься таким деланием тот, кто обременён множеством забот?

— Хорошо такому человеку в течение дня хоть сколько-то времени отводить на Иисусову молитву, а также иметь определённый час для подсчёта своих духовных прибылей и убытков. Поглядите: хозяин бакалейной лавки считает свои деньги каждый день. Ведь, не следя за своей прибылью и долгами, он разорится, и его посадят в долговую яму.

— Геронда, некоторые люди не знают, что им говорить на исповеди. Почему?

— Это показывает, что они не занимаются тонкой работой над собой. Если мы не занимаемся тонкой работой, то не замечаем за собой даже грубых погрешностей. Нам нужно очистить очи нашей души. Слепой человек не видит ничего. Человек одноглазый что-то уже видит, однако лучше других видит тот, у кого есть оба глаза и они здоровы. Ну а уж если у такого человека есть под рукой и телескоп с микроскопом, то он будет видеть очень чётко и то, что находится далеко-далеко, и то, что находится очень близко. К примеру, небольшую резную иконку я могу закончить в три дня, однако, оставив её полежать несколько дней и потом снова взяв её в руки, я найду в ней много недостатков. Над одной иконкой я могу работать и неделю, и месяц, и два года. А если захочу, то могу работать над ней и пять лет. Однако в этом случае я должен буду работать с увеличительным стеклом. Я хочу сказать, что духовное делание тоже не имеет конца. Чем больше человек духовно преуспевает, тем чище становятся очи его души, и тогда постепенно он видит свои грехи всё бо́льшими и бо́льшими. Таким образом человек смиряется, и к нему приходит благодать Божия. Святые, говорившие: «Я окаянный грешник», верили в это, потому что очи их души превратились в микроскопы. Чем более они преуспевали, тем более мощный духовный микроскоп приобретали и, таким образом, видели себя большими грешниками. Вот, например, сейчас невооружённым глазом я смотрю на мою руку, и она кажется мне красивой. Однако если я посмотрю на неё через увеличительное стекло, то вот эти волосики, которые сейчас еле видны, представятся целой кипарисовой рощей! «Брат ты мой, — удивлюсь я, — это что же, выходит, я троглодит?» Совершая над собой такое духовное делание, вы возгнушаетесь своим ветхим человеком.

Наш ветхий человек — это живущий в нас злобный «квартиросъёмщик». Для того чтобы он ушёл, мы должны разрушить его жилище и начать возводить новое здание — строить нового человека.

ГЛАВА ПЯТАЯ
О ТОМ, ЧТО ПОКАЯНИЕ ОБЛАДАЕТ ВЕЛИКОЙ СИЛОЙ

«В себе́ же прише́д...»[1]

Бог находится очень близко к нам, но одновременно и очень высоко. Для того чтобы человек преклонил Бога снизойти и пребывать вместе с ним, ему нужно смириться и покаяться. Тогда, видя смирение этого человека, Многомилостивый Бог возвышает его до небес и питает к нему великую любовь. *Ра́дость бу́дет на небеси́ о еди́нем гре́шнице ка́ющемся*[2], — говорит Евангелие.

Бог дал человеку ум для того, чтобы тот размышлял, насколько велик его грех, каялся и просил прощения. Нераскаянный человек очень очерствел и поглупел, потому что не хочет покаяться и освободиться от той малой адской муки, в которой он живёт и которая ведёт его в худшую — вечную муку. Таким образом, он лишает себя и тех земных райских радостей, которые, превращаясь в намного большие, вечные радости, продолжаются в раю рядом с Богом.

---

[1] Лк. 15:17.
[2] Лк. 15:7.

Находясь вдали от Бога, человек находится вне себя. Посмотри, в Евангелии написано, что блудный сын, *в себе́ же прише́д, рече́*: «*Иду́ ко отцу́ моему́*». То есть блудный сын решил возвратиться к отцу, придя в себя, покаявшись. Живя во грехе, он был вне себя, жил без разума и смысла, поскольку грех — вне здравого смысла.

— Геронда, авва Алоний говорит: «Если человек захочет, то от утра до вечера он может достичь божественной меры»[3]. Что он имеет в виду?

— Для духовной жизни не требуются многие годы. Покаявшись, человек за одно мгновение может перенестись из адской муки в рай[4]. Человек удобоизменчив. Он может стать ангелом, а может стать диаволом. Ах, какой же силой обладает покаяние! Оно впитывает в себя Божественную благодать. Если человек приведёт себе на ум один-единственный смиренный помысел, то он спасается. Если он приведёт себе на ум помысел гордый и при этом не покается и в таком состоянии его застигнет смерть, то всё — он погиб. Конечно, смиренный помысел должно сопровождать и внутреннее воздыхание, внутреннее сокрушение, потому что помысел есть помысел, однако у человека есть и сердце. «Все́ю душе́ю, и мы́слию, и се́рдцем»[5], — говорит песнописец. Но я думаю, что авва Алоний имеет в виду некое более твёрдое состояние.

Для того чтобы достичь доброго состояния, необходимо какое-то время. Я спотыкаюсь, каюсь — и в то же самое мгновение получаю прощение. Если у меня есть

---

[3] Ср. Достопамятные сказания о подвижничестве святых и блаженных отцов. Свято-Троицкая Сергиева Лавра, 1993. С. 42.

[4] В настоящем случае преподобный Паисий имеет в виду не загробную участь человека, а восстание грешника от падения и изменение состояния его земной жизни. — *Прим. пер.*

[5] См. Октоих. часть I. Канон молебный ко Пресвятей Богородице изрядный, песнь 7-я, л. 353.

подвижнический дух, то я могу потихоньку укрепить своё состояние, однако, пока это не произойдёт, меня будет бросать из стороны в сторону.

— Геронда, а может ли духовно помочь себе человек пожилой?

— Когда человек состарится, ему даётся особая возможность покаяться, потому что его иллюзии рассеиваются. Когда человек был молодым, имел телесные силы и не испытывал трудностей, он не видел своей слабости и думал, что он в хорошем состоянии. А в старости те трудности, с которыми он сталкивается, и то хныканье, которое они влекут за собой, помогают ему понять, что он не в порядке, что он хромает, и, поняв это, — покаяться. Если такой человек извлечёт духовную пользу из тех немногих лет жизни, которые у него остаются, и если он использует опыт, который оставили ему те многие прошедшие годы жизни, то Христос не оставит его, Он помилует этого человека.

Слёзы покаяния

Покаяние — это крещение слезами. Каясь, человек проходит через новое крещение, возрождается. Апостол Пётр своим отречением, в какой-то степени, предал Христа. Однако он *пла́кася го́рько*[6] и поэтому получил прощение в своём падении. То есть искреннее покаяние омыло апостола Петра, снова очистило его. Посмотри: ведь Бог сначала сотворил землю, сотворил море, всё остальное, а потом взял землю и сотворил человека. Человек сначала рождается плотски, а потом, в таинстве святого крещения, он духовно возрождается от воды — творения Божия и от Святого Духа — Божественной Благодати. *Водо́ю*

---

[6] Мф. 26:75 и Лк. 22:62.

и Ду́хом возрождается человек и становится человеком новым.

— Геронда, то есть подобно тому как Бог при творении человека взял землю и сотворил его, так и сейчас в таинстве святого крещения Он использует воду, для того чтобы человека воссоздать?

— Да, вода имеет очистительный смысл, поэтому священник в таинстве святого крещения погружает человека в воду. Человек омывается от первородного греха, очищается от грехов, его осеняет благодать Божия, он облачается во Христа и становится новым, возрождённым человеком. Это результат святого крещения. Когда Никодим, придя ко Христу, спросил Его, как человек может родиться вновь, Христос ясно ответил ему: *Ами́нь, ами́нь, глаго́лю тебе́, а́ще кто не роди́тся водо́ю и Ду́хом, не мо́жет вни́ти во Ца́рствие Бо́жие*[7]. В таинстве святого крещения человек становится новым, совершенным творением Бога после грехопадения. Поэтому если человек не осквернит своё святое крещение, то у него будет много Божественной благодати. Но даже если он испачкает себя после таинства святого крещения, то у него есть крещение покаянием. Если человек осознает свой грех, если ему станет за него больно, то он, некоторым образом, омывается слезами покаяния и к нему снова приходит благодать Божия[8].

— Геронда, я уже много лет не могу плакать о своих грехах, у меня нет ни слезинки. Это значит, что у меня нет настоящего покаяния?

— Тебе что, не больно за грех, который ты совершаешь?

---

[7] Ин. 3:5.
[8] В данном контексте, говоря: «Приходит благодать Божия», преподобный Паисий имеет в виду, что благодать Божия вновь вступает в действие, являет свою силу в покаявшемся грешнике.

— Больно, но, наверное, эта боль неглубока.

— Не приходи к заключению на основании слёз. Конечно, слёзы — это отличительный признак покаяния, однако не единственный. Некоторые люди плачут и ещё с мокрыми от слёз глазами начинают смеяться. Сердечная боль и внутреннее воздыхание — это те внутренние слёзы, которые выше, чем слёзы внешние. Один несчастный человек говорил мне: «Какой же я жёсткий человек, отче! У меня нет ни слезинки! Моё сердце окаменело. Ах, какое же у меня жёсткое сердце!» Будучи очень чутким, этот несчастный чувствовал себя очень жестокосердным, потому что не плакал. Однако он глубоко воздыхал, стонал, и было видно, что стоны и воздыхания словно исходят из глубин сердца этого несчастного! А кто-то другой может плакать и тут же смеяться. Такой человек подобен переменчивой весенней погоде. Например, увидев обездоленного, такой человек может умилиться, немножко поплакать и тут же сказать себе: «Погляди, как я сочувствую чужой боли!» Или, пролив немного слёз в молитве, он говорит: «Раз моя молитва совершается со слезами, то Бог её слышит!» И таким образом он успокаивает свой помысел.

А бывают и безутешные слёзы. Эти слёзы — от тангалашки. В таких слезах нет покаяния, но есть задетый эгоизм. В этом случае человек эгоистично плачет о своём падении. Он бередит свою рану не потому, что огорчил Бога, а потому, что, будучи невнимательным, пал в глазах других людей. Таким образом, он страдает вдвойне. Помню одного вожака шайки мятежников на гражданской войне. Да дарует Бог покаяние этому человеку! Как-то раз в его руки попал один бедный отец семейства, у которого было девять детей. Поскольку этот человек был не согласен с коммунистической идеологией, вожак бандитской шайки повалил его наземь и начал безжалостно избивать.

А когда-то этот несчастный был его слугой. «Слушай, — кричал несчастный, — неужели тебе меня не жалко! Ведь у меня девять детей! Разве ты не помнишь, как, когда ты был ребёнком, я носил тебя на закорках? Что плохого я тебе сделал?» Видя, как вожак жестоко избивает ногами этого несчастного, один из его товарищей по шайке крикнул ему: «Послушай, что плохого он тебе сделал? Неужели тебе его не жалко? Ведь он же глава семейства». И тут же произошла удивительная перемена: злодей начал горько плакать, потому что замечание товарища задело его эгоизм!

Подобные слёзы эгоистичны, они подобны раскаянию Иуды. Иуда, предав Христа, пошёл к фарисеям, чтобы сказать им «согреши́х». Но фарисеи ответили Иуде: «Ну а нам-то ты зачем говоришь о том, что согрешил?» Эти слова задели Иуду, он обозлился, швырнул фарисеям сребреники, ушёл и от эгоизма повесился[9]. Но если бы Иуда покаялся, пошёл ко Христу и сказал бы Ему: «Прости», то он бы спасся.

Бесконечное рукоделие покаяния

— Геронда, что такое радостотворный плач?

— Радостотворный плач — это радость, которая происходит оттого, что мы печалимся за какой-то сделанный нами грех. В радостотворном плаче присутствуют и боль и радость, поэтому он называется и радостной печалью. От любочестия человек печалится о том, что опечалил Христа, однако он и радуется, потому что чувствует Божественное утешение. Искренне покаявшийся грешник получает от Бога прощение, чувствует в себе Божественное утешение и может достичь духовного радования.

---

[9] См. Мф. 27:3-5.

— Геронда, может ли человек подвизающийся жить в покаянии всю свою жизнь?

— Да, подвизаясь правильно, человек видит не своё преуспеяние, но одни лишь падения и живёт в постоянном покаянии. Он не знает, что вначале боролся с одним бесом, а сейчас, может быть, борется с целым бесовским полчищем. Ведь чем с большей силой человек старается искоренить из себя страсть и насадить в себе добродетель, тем больше врагов собирается вокруг корней этой страсти, тянут за них вниз и мешают подвижнику её искоренить. Тогда человек весьма преуспевает, несмотря на то что не видит своего преуспеяния. И так человек может жить в таком состоянии, пока он не умрёт. Он может не видеть своего преуспеяния, думать, что раз он падает, то это значит, что он духовно топчется на месте. Однако в действительности такой человек преуспевает, потому что он непрестанно приумножает борьбу и сражается всё с бо́льшим и бо́льшим числом тангалашек.

Для человека подвизающегося покаяние — бесконечное рукоделие. Когда кто-то умирает, то его оплакивают, закапывают в землю, а потом забывают... Но о наших грехах мы будем плакать постоянно — покуда не умрём. Однако будем совершать это делание с рассуждением и надеждой на Христа, Который претерпел распятие, дабы нас духовно воскресить.

Изменение жизни

Для того чтобы прекратить впадать в грех, человек должен стараться избегать всего того, что провоцирует его на этот грех. К примеру, если пьяница хочет получить помощь и бросить пить, то он не должен проходить даже близко от пивной. Необходимо малое усердие и доброе расположение, и тогда Благий Бог поможет нам преодолеть трудности. К примеру, у человека есть какая-то страсть. Он признает эту страсть, подвизается для того, чтобы её отсечь, кается, смиряется. У него есть расположение отсечь эту страсть, это расположение извещает Бога, и Бог ему помогает. Но как Бог может дать человеку Свою благодать, если тот не прилагает усердия для того, чтобы измениться, и продолжает грешить? Благодать Божия не приходит к человеку, находящемуся в состоянии неправильном, потому что такому человеку благодать Божия не помогает. Ведь если бы благодать помогала и в таких случаях, то Бог даровал бы её даже диаволу.

Человек, впавший в какой-то грех, но не лежащий в нём, то есть не остающийся в своих греховных мыслях, но кающийся в своём падении и подвизающийся с целью не повторить этого падения, приемлет благодать Божию и получает помощь. Однако если у человека нет покаяния и он считает грех модой, то его состояние демоническое.

— Геронда, а каким образом спасся один из разбойников, распятый рядом со Христом?

— Этот разбойник перелез через забор и забрался в райский сад! «Разбо́йничо покая́ние ра́й окра́де»[10]. То есть своим великим покаянием благоразумный разбойник сумел «обворовать» даже рай.

— Геронда, если изменивший свою жизнь человек не живёт по своим старым греховным привычкам, однако иногда впадает в какой-то из старых грехов, то это значит, что у него нет покаяния?

— Если он падает при том, что прилагает необходимые старания к исправлению, то у него есть некоторые смягчающие вину обстоятельства. Вначале изменить свою жизнь нелегко. Однако, действительно поняв, насколько

---

[10] См. Октоих. Глас 1-й. На воскресной утрени ипакои.

тяжелы грехи, которые человек совершил, он перестаёт в них впадать.

В старину покаяние было искренним. Если человек каялся, то он не возвращался вспять. Помню одну каявшуюся женщину. Как же она помогла мне своим истинным покаянием! Она вела себя очень скромно, ничего не говорила. Одетая в чёрные, похожие на монашеские, одежды, эта женщина приходила в одну часовенку и наводила там порядок, зажигала лампады... Даже просто при взгляде на неё, можно было получить огромную пользу. А сейчас я вижу, как некоторые люди, едва успев изменить свою прежнюю греховную жизнь, начинают учить других, в то время как в них самих ещё живёт их ветхий человек. Конечно, если кто-то покается, прекратит жить так, как жил раньше — в блуде и разврате, — и начнёт жить духовно, это будет большой помощью и для других. Однако если, едва перейдя из одного состояния в другое, он тут же начинает изображать из себя духовного человека и проповедовать, то это прелесть.

— Может быть, геронда, такие люди ведут себя так, думая, что таким образом они помогут другим?

— Да, они ведут себя так для того, чтобы помочь другим. Однако за их действиями — особенно если они люди хоть сколько-нибудь известные — кроется гордый помысел: «Сейчас забудут о Караискакисе[11] и Колокотронисе[12] и будут говорить обо мне!» Отсюда понятно, насколько порочны их побудительные причины. Если им действительно больно за свои грехи, то в течение некоторого времени им лучше о них помнить и избегать уверенности

---

[11] *Караиска́кис Гео́ргиос* (1782–1827) — национальный герой Эллады, вождь повстанцев за независимость Греции в 1821–29 гг. — *Прим. пер.*
[12] *Колокотро́нис Теодо́рос* (1770–1843) — национальный герой Эллады, полководец освободительной революции 1821–29 гг. — *Прим. пер.*

в себе. Им нужно быть очень внимательными. И когда у них появляются различные образы или помыслы из их прежней жизни, им надо изгонять их как помыслы хульные. Такое изгнание будет доказательством того, что они уже не принимают эти помыслы, что их духовный организм реагирует на них отрицательно. То есть, для того чтобы по-настоящему измениться, человек должен, возгнушавшись своим прошлым, иметь многое смирение. Если он удержит из своей прежней жизни только немногое — то, что посчитает не очень вредным, то потом от этого «невредного» испачкается и всё остальное. С того момента как человек будет иметь хотя бы одну малую мыслишку — малое самомнение о своём ветхом человеке, Бог прекратит подавать ему Свою помощь и то, что будет делать этот человек, не будет чистым.

— Геронда, изменив свою жизнь, человек должен постараться исправить у людей тот помысел, который они имели о нём раньше?

— Не надо эгоистично стараться исправить чужой помысел. Если человек постарается исправиться сам, то и помысел у людей отпадёт сам собой. А если его прежняя греховная жизнь оставила шрам в обществе или в его окружении, то этот шрам рассосётся сам собой, когда человек будет вести себя правильно, по-христиански. Покаявшемуся человеку не нужно ничего говорить людям. Сам Бог будет говорить с людьми словами его покаяния.

«...грех мо́й пре́до мно́ю есть вы́ну»[13]

— Геронда, полезно ли записывать свои прегрешения, для того чтобы их не забыть до исповеди?

---

[13] Пс. 50:5.

— Если мне действительно больно за совершённый мною грех, то я не могу его забыть. Меня обличает моя совесть. Моя душа болит, и я постоянно помню про совершённый грех. Всё время между совершением греха и исповедью грех продолжает «работать» во мне, он уязвляет моё сердце и обличает меня. То есть я страдаю, однако в соответствии с этим страданием получаю воздаяние от Бога. Однако если, совершив какой-то грех, я о нём совсем не думаю, то это значит, что мой грех меня совсем не уязвляет. Я забываю его и остаюсь неисправленным. Поэтому некоторые люди, услышав, как им делают замечания за какой-то проступок, смеются — как будто всё это пустяки. В этом есть бесстыдство, равнодушие. Так относиться к своему греху — это совершенно по-сатанински. Помнишь, что говорил пророк Давид? *Беззако́ние мое́ аз возвещу́ и попеку́ся о гресе́ мое́м*[14]. И ещё: *Грех мой пре́до мно́ю есть вы́ну*. Несмотря на то что Бог простил покаявшегося Давида, он от любочестия испытывал внутреннюю боль и поэтому постоянно принимал Божественное утешение.

А некоторые люди постоянно занимаются «самодиагностикой», и это дело их засасывает. Они без конца скрупулёзно записывают свои прегрешения — якобы для того, чтобы заниматься тонким духовным деланием, «раскладывают» эти прегрешения на составные части, заморочивают себе голову, но не исправляются. А если бы один за другим они замечали свои крупные недостатки и предприняли подвиг исправления себя, то недостатки малые тоже бы исчезли.

— Геронда, если человек не живёт в покаянии и при этом славословит Бога, то приемлет ли Бог его славословие?

---

[14] Пс. 37:19.

— Нет, как же Бог может принять подобное славословие? Прежде всего необходимо покаяние. Ведь если человек пребывает во грехе, то какая ему польза от того, что он скажет: *Сла́ва Тебе́, показа́вшему нам свет...?* В этом есть бесстыдство. Вот единственное славословие, которое подходит такому человеку: «Благодарю Тебя, Боже мой, за то, что Ты не низвергаешь молнию, чтобы меня попалить», потому что в славословии такого рода присутствует покаяние.

Вынужденное покаяние

— Геронда, авва Исаак пишет: «Всякое покаяние, совершаемое без произволения, не содержит в себе радости, а также не считается достойным воздаяния»[15]. Каким образом человек может каяться без своего произволения?

— Речь идёт о человеке, который вынужден покаяться, потому что он пал в глазах других, однако смирения при этом не имеет. Я понимаю слова святого Исаака так.

— То есть бывает покаяние без нашего произволения?

— Да, бывает и вынужденное покаяние. Например, желая избежать неприятных для меня последствий, я прошу, чтобы ты простила меня за то зло, которое я тебе сделал, однако внутренне при этом не меняюсь. Человек, изощрившийся в лукавстве, делает вид, что покаялся, он ведёт себя с лукавством, с притворной добротой кладёт людям поклоны, просит у них прощения, для того чтобы ввести их в заблуждение. Однако и когда грешник идёт к духовнику, чтобы рассказать ему о своих грехах, потому что боится попасть в адскую муку, — это тоже не покаяние. То есть для такого человека задача не в том,

---

[15] *Преподобный Исаак Сирин.* Слова подвижнические. Слово 2-е. М., 1993. С. 11.

как бы покаяться, а в том, как бы не попасть в адскую муку! Настоящее покаяние — осознать свои прегрешения, испытать за них боль, попросить у Бога прощения и после этого поисповедоваться. Таким образом к человеку придёт Божественное утешение. Поэтому я всегда рекомендую людям покаяние и исповедь. Одну только исповедь я не рекомендую никогда.

Смотри: ведь когда начинается землетрясение, то видно, что те, у кого есть доброе произволение, приходят в сильное волнение, каются и изменяют свою жизнь. Другие же, большинство, на какое-то мгновение приходят в чувство, однако, когда опасность минует, они снова возвращаются к своей прежней жизни. Поэтому, когда один человек рассказал мне, что в их городе произошло сильное землетрясение, я спросил его: «Так значит, вас колыхнуло крепко? Однако разбудило ли вас это землетрясение?» — «Разбудило, разбудило!» — ответил он. «Разбудить-то разбудило, — заметил я, — однако вы снова уснёте».

Покаяние приносит человеку Божественное утешение

— Геронда, что такое Божественное утешение?

— Что такое Божественное утешение? Чтобы вы лучше поняли это, приведу один пример. Скажем, ребёнок портит недорогую вещь, к примеру, ломает какой-нибудь инструмент отца, а потом расстраивается и плачет, потому что нанесённый им вред считает очень большим. Однако, чем безутешней он плачет, сознавая, что он причинил вред, и страдает, тем больше отец ласкает и утешает его: «Ничего страшного, детонька моя, не расстраивайся; невелика беда — мы купим новый инструмент». Однако ребёнок, видя нежную отцовскую любовь, от любочестия плачет ещё безутешней. «Я не могу не расстраиваться, — говорит он сквозь слёзы. — Как раз сейчас нам понадобился этот инструмент, а я его сломал». — «Детонька моя, — снова утешает его отец, — ничего страшного, этот инструмент был старым». Однако ребёнок продолжает расстраиваться. И чем больше он расстраивается, тем больше отец сжимает его в своих объятиях, целует и ласкает его. Таким же образом, чем больше страдает и печалится человек за свою греховность или за свою неблагодарность Богу, любочестно плача о том, что своими грехами он огорчил Бога — Своего Отца, тем большим божественным радованием воздаёт ему Бог и тем больше услаждает его внутренне. Хотя в печали такого человека присутствует боль, однако в ней есть надежда и утешение.

Однако тот, кто хочет получить Божественное утешение, об утешении просить не должен. Такой человек должен прочувствовать свой грех, покаяться в нём, и тогда Божественное утешение придёт само собой. Как-то на Святой Горе возник один соблазн, и некоторые монахи подмочили свою репутацию. Один из них, случайно встретив меня, стал говорить: «Ах, как же я хотел тебя увидеть, чтобы ты меня утешил». Он хотел, чтобы я утешил его, потому что ему задали хорошую трёпку! И надо признать, что тот, кто задал ему эту трёпку, правильно сделал! Я слушал этого монаха с большим удивлением: быть виноватым и при этом просить утешения! Если бы, не прося утешения, он смирялся и говорил: «Я согрешил, Боже мой», то Божественное утешение появилось бы у него внутри. Однако, будучи виноватым, он хотел, чтобы я сказал ему что-нибудь вроде: «Ничего страшного, не волнуйся, ведь твоя вина не так уж велика. К тому же виноват не ты один, виноваты и другие». Ну, скажите, пожалуйста, что это за утешение? Это не утешение, а насмешка. Божественное утешение приходит от покаяния.

— Геронда, а когда после греховного падения человек пребывает в покаянии, однако одновременно чувствует душевный и телесный надлом, это значит, что его покаяние неправильное?

— В первый день душевный и телесный надлом оправдан. Однако если у этого человека есть настоящее покаяние, то он, переживая внутреннюю скорбь и боль, при этом испытывает и Божественное утешение.

— Да, но ведь и греха своего он тоже не забывает?

— Да, греха своего он не забывает. Такой человек скорбит и утешается, скорбит и утешается… Он наносит себе удар за совершённый грех, и Бог его ласково гладит, он опять бьёт себя, и Бог опять гладит его… Это и есть покаяние, которое приносит человеку Божественное утешение.

ЧАСТЬ ЧЕТВЁРТАЯ

ЧЁРНЫЕ СИЛЫ ТЬМЫ

«Чёрные силы тьмы бессильны. Сами люди, удаляясь от Бога, делают их сильными, поскольку, удаляясь от Бога, люди дают диаволу права над собой».

ГЛАВА ПЕРВАЯ
О КОЛДОВСТВЕ

Поскольку часто, желая вам помочь, я рассказывал вам о рае, об ангелах и о святых, то сейчас, снова желая вам помочь, расскажу вам немного об адской муке и о бесах, для того чтобы вы знали, с кем мы ведём брань. Однажды ко мне в каливу пришёл один юноша — колдун с Тибета. Он рассказал мне многое из своей жизни. Трёхлетним младенцем — будучи только отнятым от груди матери — он был отдан своим отцом группе тибетских колдунов из тридцати человек, для того чтобы они посвятили его в тайны своего колдовского искусства. Этот юноша дошёл до одиннадцатой степени колдовства — высшая степень двенадцатая. Когда ему исполнилось шестнадцать лет, он уехал с Тибета и поехал в Швецию, для того чтобы увидеть своего отца. В Швеции он случайно познакомился с православным священником и захотел побеседовать с ним. Юный колдун совсем не знал, что такое православный священник. В зале, где они беседовали, юноша, желая явить свою силу, начал показывать различные колдовские фокусы. Он вызвал одного из старших бесов по имени Мина и сказал ему: «Я хочу воды». После того как он произнёс эти слова, один из стаканов сам собой поднялся в воздух, подлетел под кран, вода открылась, стакан наполнился и затем сквозь закрытую стеклянную дверь влетел в зал, где они сидели. Юноша взял этот стакан и выпил воду. Затем, не выходя из зала, он показывал сидящему перед ним священнику всю вселенную, небо, звёзды. Он использовал колдовство четвёртой степени и хотел дойти до одиннадцатой. Потом он спросил священника, как тот оценивает всё, что видит. «Если бы он похулил сатану, — говорил мне молодой колдун, — то я мог бы его убить». Однако священник ничего не ответил. Тогда юноша спросил: «А почему и ты не покажешь мне какое-нибудь знамение?» — «Мой Бог — Бог смиренный», — ответил священник. Потом достал крестик, дал его в руки юному колдуну и сказал ему: «Сотвори ещё какое-нибудь знамение». Юноша позвал Мину — старшего беса, но Мина, трепеща, как осиновый лист, не мог решиться к нему приблизиться. Тогда юноша вызвал самого сатану, но тот, видя в его руках крест, вёл себя так же — боялся к нему подойти. Сатана велел ему только одно: побыстрей уехать из Швеции и снова вернуться на Тибет. Тогда юноша начал ругать сатану: «Теперь я понял, что твоя великая сила на самом деле — великое бессилие». Потом юноша был научен тем добрым священником истинам веры. Священник рассказал ему о Святой Земле, о Святой Афонской Горе и других святых местах. Уехав из Швеции, юноша совершил паломничество в Иерусалим, где видел Благодатный огонь. Из Иерусалима он поехал в Америку, для того чтобы дать хорошую взбучку своим знакомым сатанистам и вправить им мозги. Бог сделал этого юношу самым лучшим проповедником! Из Америки он приехал на Святую Афонскую Гору.

В младенчестве с этим несчастным обошлись несправедливо, и поэтому Благий Бог помог ему Сам, вмешавшись в его жизнь без усилий с его стороны. Однако молитесь за него, потому что колдуны со всеми бесовскими полчищами ведут против него войну. Раз они воздвигают такую брань против меня, когда он приезжает ко мне и просит помощи, то насколько бо́льшую брань они ведут против него самого! Когда священники читают над ним заклинательные молитвы, вены на руках у несчастного лопаются и течёт кровь. Бесы страшно мучают несчастного юношу, а ведь раньше, когда он водил с ними дружбу, они не делали ему ничего плохого, а только помогали ему и выполняли все его пожелания. Молитесь. Однако и самому ему сейчас надо быть очень внимательным, потому что в Евангелии написано, что нечистый дух, выйдя из человека, *и́дет и по́ймет с собо́ю седмь ины́х духо́в люте́йших себе́, и вше́дше живу́т ту: и бу́дут после́дняя челове́ку тому́ го́рша пе́рвых*[1].

Колдуны используют и различные бесовские «святыни»

— Геронда, кто такие «обаятели»[2]?

— Колдуны. Они используют в своей ворожбе псалмы Давида, имена святых и тому подобное, но смешивают это с призыванием бесов. То есть подобно тому как мы, читая Псалтирь, призываем помощь Божию и приемлем Божественную благодать, они, используя псалмы и святыни подобным образом, совершают прямо противоположное: хулят Бога, отходят от Божественной благодати, и после этого бесы делают то, что те попросят. Мне рассказывали об одном парне, который пошёл к колдуну, чтобы тот помог ему добиться какой-то цели. Колдун прочитал над ним что-то из Псалтири и паренёк добился того, чего хотел.

---

[1] Мф. 12:45.
[2] См. Книга Правил. 61-е Правило VI Вселенского Собора. Свято-Троицкая Сергиева Лавра, 1992. С. 101.

Однако прошло совсем немного времени — и бедолага начал угасать, таять как свечка. Что же совершил колдун?

Он взял в ладонь какие-то орешки, семечки и начал читать над парнем 50-й псалом. Произнося слова: *Жертва Богу*³, он сжимал руку и выбрасывал зажатые в ней орехи, семечки, принося таким образом жертву бесам, для того чтобы они исполнили его просьбу. Так с помощью Псалтири этот колдун хулил Бога.

— Геронда, а некоторые из тех, кто занимается магией, используют крест, иконы…

— Да, я это знаю. Из этого можно понять, какой обман кроется за всеми их действиями! Используя священные предметы, они обводят несчастных людей вокруг пальца. Люди видят, что колдуны зажигают свечи, «молятся» перед иконами, совершают подобные действия, — и доверяют обманщикам. Один человек рассказал мне, что в городе, где он живёт, какая-то турчанка поставила на один камень икону Пресвятой Богородицы и теперь называет этот камень «камнем, который помогает людям»! Она не говорит, что людям помогает Пресвятая Богородица, но говорит, что им помогает камень. Христиан, которые видят икону Пресвятой Богородицы, это сбивает с толку. Те из них, у кого не в порядке со здоровьем, бегут к этому камню с помыслом, что они получат от него помощь, а потом диавол делает с ними всё, что хочет. Ведь, с того момента как турчанка говорит, что людям помогает не Божия Матерь, а камень, сразу же в дело встревает диавол, поскольку эти слова — презрение к Пресвятой Богородице. От людей отходит благодать Божия, и начинается беснование. Вот христиане и бегут со всех ног к камню, чтобы он их вылечил — камень вместе с тангалашкой! А в конечном итоге они калечатся, потому что разве можно

---

³ Пс. 50:19.

получить помощь от диавола? Если бы у этих людей было хоть немножко соображения в голове, они бы задумались: турчанка — мусульманка, какую же связь она может иметь с иконой Пресвятой Богородицы? Даже если бы эта турчанка говорила, что людям помогает Пресвятая Богородица, то стоило бы задуматься: какое отношение она может иметь к Пресвятой Богородице, будучи мусульманкой, а уж тем более говорить, как она утверждает, что людей исцеляет камень! Услышав об этой истории, я попросил своего знакомого уведомить о происходящем ответственных лиц в Епархиальном управлении того города, где это происходило, и принять соответствующие меры, чтобы уберечь людей от этого зла.

— Геронда, люди просят у нас ладанки…

— Когда они просят у вас ладанки, лучше давайте им крестики. Не шейте ладанки, потому что ладанки используют сейчас и колдуны. Снаружи они приклеивают на ладанку иконку или крестик, но внутрь вкладывают разные чародейные предметы. Люди видят снаружи икону или крест и сбиваются с толку. Вот и мне несколько дней назад принесли ладанку, взятую у турка по имени Ибрагим. На этой ладанке снаружи был вышит крестик. Мне рассказывали об одном чародее, совсем не боящемся Бога, что он свёртывает в трубочку разные иконки, а внутрь вкладывает шерсть, какие-то деревяшечки, булавки, разные бусы и тому подобные предметы[4]. Когда Церковь обличила этого чародея, то

---

[4] 61-й Канон VI Вселенского Собора определяет подвергать шестилетней епитимье «делателей предохранительных талисманов», а в случае их нераскаянности отлучать их от Церкви. Канон имеет в виду колдунов, изготовляющих ладанки или талисманы, в которые они вкладывают различные колдовские предметы (например, волосы, шерсть, когти, кости змеи или летучей мыши и т. п.). Эти предметы колдуны с помощью колдовства предварительно подвергают бесовскому воздействию.

он сказал, что он медиум. А поскольку медиумам в нашей стране предоставлена свобода, он и продолжает делать всё, что ему вздумается. Я сказал одному человеку, повредившемуся от этого чародея: «Пойди поисповедуйся, потому что ты принимаешь бесовское воздействие». Он пошёл поисповедовался, потом вернулся ко мне и сказал: «Я не чувствую никакой разницы между нынешним состоянием и тем, в котором я находился до исповеди». — «Слушай-ка, может быть, ты носишь на себе какой-нибудь предмет, который дал тебе тот прельщённый?» — спросил я его. «Да, — ответил он, — у меня есть с собой маленькая коробочка, внешне напоминающая Евангелие, которую он мне дал». Я взял у него эту коробочку, открыл её и нашёл внутри разные скрученные иконки. Раскручивая их, я находил внутри бусы, клочки шерсти, щепки и тому подобные предметы! После того как я забрал у несчастного эту коробочку, он освободился от бесовского воздействия. Видишь, какой диавол искусник?!

Несчастные люди носят на себе подобные ладанки, талисманы якобы для того, чтобы получить помощь, и в конечном итоге они мучаются. Тем, кто, спутавшись с колдунами, получил от них в виде «благословения» подобные чародейские предметы, надо сжечь эти предметы, а пепел закопать в землю или бросить в море. Потом таким людям надо пойти поисповедоваться. Освободиться от бесовского воздействия можно только так. Однажды ко мне в каливу пришёл юноша, находившийся в очень тяжёлом состоянии, причём во многих отношениях. Он телесно и душевно мучился уже более четырёх лет. Он жил греховной жизнью, а в последнее время затворился у себя дома и не хотел никого видеть. Два его друга, регулярно приезжавшие на Святую Гору, с большим трудом убедили его поехать с ними. Они сделали это, чтобы привезти его ко мне. От Уранополя до Дафни[5] они плыли на корабле. Когда корабль причаливал к разным святогорским монастырям, юноша в изнеможении валился на корабельную палубу. Его друзья и монахи, которые находились на корабле, старались привести его в чувство, творя Иисусову молитву. С огромным трудом им удалось привести его ко мне в каливу. Несчастный открыл мне сердце, рассказал о своей жизни. Поняв, что он мучился от какого-то бесовского воздействия, я посоветовал ему пойти к одному афонскому духовнику, сделать то, что тот ему скажет, и таким образом получить исцеление. Он действительно пошёл и поисповедовался. Когда, возвращаясь с Афона, они поднялись на корабль, юноша сказал своим друзьям, что духовник велел ему выбросить в море талисман, подаренный ему знакомым, который он постоянно носил на себе. «Но я не могу его выбросить!» — говорил несчастный. Как ни уговаривали его друзья встать и выбросить талисман в море, он словно окаменел и не мог подняться со своего места. Тогда его на руках с большим трудом вынесли на палубу. С помощью друзей юноша снял с себя этот бесовский талисман. У него не было силы даже бросить его в море. Он просто разжал руку, и бесовский талисман упал в море сам. Мгновенно он почувствовал, как его руки получили свободу и его измученное тело сразу укрепилось. Полный жизни, юноша стал от радости скакать по пароходу, а потом бросился испытывать силу своих рук на железных корабельных поручах и корабельной обшивке.

---

[5] *Да́фни* — центральная святогорская пристань. — *Прим. пер.*

Те, кто занимаются колдовством, придумывают и много лжи

— Геронда, получают ли колдуны какие-то откровения о человеке, о происходящих событиях и прочем?

— Бывает, что они узнают о чём-то от диавола, однако и сами много выдумывают. Те из вас, кто несёт послушание в архондарике[6], должны быть внимательными. Вы не должны выпускать происходящее там из-под контроля. Вам надо смотреть, что за люди посещают монастырь, потому что может прийти и кто-то, занимающийся колдовством. Это кажется вам удивительным? Как-то сюда на одно всенощное бдение пришли два человека, занимающиеся колдовством. Они приставали к людям и морочили им голову. Они обманывали всех и тем, что якобы поддерживают связь с митрополитом Августином[7]. Одной женщине они сказали: «На тебя навели порчу. Давай придём к тебе домой и снимем с тебя порчу при помощи креста, который у нас есть». А люди, видя, как колдуны приходят на бдение, разговаривают о духовном, думают: «Но раз они ходят по бдениям, то, значит, они люди верующие» — и открывают обманщикам своё сердце. Как же они морочат людям головы своим враньём! Один такой лжец, желая обмануть девушку, сказал ей: «Отцу Паисию было видение о том, что мы с тобой поженимся. Так возьми же вот эту штучку и надень себе на шею. Но только не смотри, что там внутри!» И он дал ей какой-то колдовской талисман. К счастью, девушка не надела его на себя. «Ах, так, значит, отец Паисий занимается такими вот „штучками"!» — вскипела она. Недолго думая,

---

[6] *Архондáрик* — место приёма гостей в греческих монастырях. — *Прим. пер.*

[7] *Августи́н (Кандио́тис)* (1907–2010) — митрополит Флорины с 1967 по 2000 год; автор более 80 книг о духовной жизни (некоторые из них были переведены на другие языки). — *Прим. пер.*

села за стол и написала мне письмо — полное сильных выражений. Четыре страницы убористым почерком! Она отругала меня самыми последними словами! «Поругайся, поругайся, — приговаривал я, читая письмо, — ничего страшного. Для меня твоя ругань всё равно что бальзам — ведь ты не дала себя обмануть и не надела на себя бесовскую ладанку!»

— Она вас знала, геронда?

— Нет, не знала. И я их тоже не знал: ни её, ни того обманщика.

Бесовские колдовские действия

— Геронда, что Вы сказали школьникам, которые приходили сегодня и рассказывали Вам, что они вызывали духа?

— Что им было говорить? Первым делом я задал им хорошую взбучку! Ведь всё то, что они сделали, было отречением от христианской веры. В тот самый момент, когда люди вызывают диавола и принимают его, они отрекаются от Бога. Поэтому я посоветовал им прежде всего покаяться, искренне поисповедоваться и в будущем быть внимательными: ходить в церковь, с благословения своего духовника причащаться, для того чтобы уцеломудриться. Но у этих школьников, поскольку они дети, есть смягчающие вину обстоятельства. Они занимались этим так, словно это была игра. Если бы это были взрослые, то такое занятие нанесло бы им огромный вред: диавол приобрёл бы над ними немалую власть. Но и этих детей он уже всех издёргал.

— Геронда, а чем конкретно они занимались?

— Тем, чем занимаются многие… Они ставят на стол стакан с водой, вокруг чертят круг с алфавитом: альфа, вита, гамма и так далее. Потом погружают в воду пальцы рук и вызывают духа, то есть диавола. Стакан начинает ездить по столу, останавливается перед буквами и таким образом образуются слова. Дети, приходившие сегодня, вызвали духа и, когда он пришёл, спросили: «Есть ли Бог?» — «Бога нет!» — ответил им диавол. «А ты кто такой?» — спросили дети. «Сатана!» — ответил он им. «А сатана есть?» — спросили дети. «Есть!» — ответил он им. То есть такая дурь, что ни в какие ворота не лезет! Бога — нет, а диавол есть! А когда они снова спросили его, есть ли Бог, он ответил им: «Да, есть». То да, то нет. Так что и сами дети не знали, что подумать. Так устроил Бог, чтобы им помочь. А потом одна девушка из их компании взяла и разбила этот стакан. Она разбила его по Промыслу Божиему, чтобы остальные ребята тоже пришли в чувство.

Сегодня многие, желая сделать кому-то зло, прибегают к помощи колдунов, которые используют восковых кукол. Восковые куклы — это всё равно что игрушка, хобби колдунов.

— Геронда, а что они делают с куклой?

— Они делают из воска куклу, похожую на человека. Когда к ним приходят и просят, чтобы, например, их враг ослеп, то они втыкают иголку в глаза куклы и при этом произносят имя человека, которого хотят ослепить. Они совершают и другие бесовские действия. И если человек, на которого таким образом наводят порчу, живёт греховной жизнью и не исповедуется, то бесовское воздействие поражает его глаза. От боли они словно выходят из орбит! Человек обследуется у врачей, но врачи ничего не находят.

А какое зло делают людям медиумы, экстрасенсы, ясновидящие и подобные им! Мало того, что они выкачивают из людей деньги, они ещё и разрушают семьи. К примеру, человек идёт к ясновидящему и говорит ему о своих проблемах. «Гляди, — отвечает ему ясновидящий, — одна твоя родственница, немного смугловатая, роста чуть выше среднего, навела на тебя порчу». Человек начинает искать, кто из его родни имеет такие характерные признаки. Не может быть, чтобы никто из его родни хоть немножко не был похож на ту, которую описал ему колдун. «А-а, — говорит человек, найдя „виновницу" своих страданий. — Так это, значит, она навела на меня порчу!» И им овладевает ненависть к этой женщине. А сама эта бедняжка совсем не знает причины его ненависти. Бывает, что она оказала ему какое-нибудь благодеяние, но он кипит по отношению к ней ненавистью и не хочет даже видеть её! Потом он снова идёт к колдуну и тот говорит: «Ну что ж, теперь надо с тебя эту порчу снять. Для этого тебе придётся заплатить мне кое-какие деньги». — «Ну что же, — говорит запутавшийся человек, — раз он нашёл, кто навёл на меня порчу, я должен его вознаградить!» И раскошеливается.

Видишь, что творит диавол? Он создаёт соблазны. Тогда как человек добрый — даже если он в действительности точно знает, что кто-то сделал кому-то что-то плохое, — никогда не скажет пострадавшему: «Такой-то сделал тебе зло». Нет, он постарается помочь несчастному. «Послушай-ка, — скажет он ему, — не принимай ты разные помыслы. Пойди поисповедуйся и ничего не бойся». Таким образом он помогает и одному, и другому. Ведь тот, кто нанёс своему ближнему вред, видя, как тот ведёт себя по отношению к нему с добротой, задумывается — в хорошем смысле этого слова — и кается.

Диавол никогда не может сделать добра

— Геронда, а может ли колдун исцелить больного?

— Чтобы колдун исцелил больного? Человека, которого мучает бес, колдун может «исцелить» — посылая этого беса к другому человеку. Ведь колдун и диавол — это друзья-товарищи. Колдун говорит диаволу: «Выйди из этого человека и войди в того». То есть, изгоняя беса из человека, который находится под бесовским воздействием, колдун обычно посылает его в того из его родственников или знакомых, кто дал диаволу права над собой. Потом человек, имевший в себе беса, говорит: «Я страдал, а такой-то целитель меня исцелил». Вот колдуну и создаётся реклама. Но в конечном итоге вышедший из человека бес кружится по его родственникам и знакомым. Предположим, попав под бесовское воздействие, человек стал горбатым. Колдун может изгнать из этого человека беса и послать его в другого человека. Таким образом, горбатый человек выпрямится. Однако, если он стал горбатым в результате несчастного случая, колдун не может его исцелить.

Как-то мне рассказали, что одна женщина «исцеляет» больных, используя различные священные символы и предметы. Услышав о том, что она делает, я был поражён выдумкой, искусством диавола. Во время своих сеансов колдунья берёт в руки крест и поёт различные церковные песнопения. К примеру, она поёт «Богоро́дице Де́во» и, дойдя до слов «благослове́н Плод чре́ва Твоего́», плюёт рядом с крестом, то есть таким образом хулит Христа, и поэтому тангалашка ей помогает. Таким образом она «исцеляет» — например, от душевной подавленности, депрессии — некоторых людей, заболевших из-за бесовского воздействия. Врачи не могут вылечить этих людей, а она их «исцеляет», потому что изгоняет из них беса, который давит на их души. А потом она посылает этого беса к другому человеку. А многие из больных считают эту колдунью святой! Они советуются с ней, а она потихоньку вредит их душам, губит их.

Необходимо внимание. Надо держаться подальше от колдунов, от колдовства, подобно тому как человек держится подальше от огня или змей. Не надо смешивать разные вещи. Диавол никогда не может сделать ничего доброго. Он может, «исцелить» только те болезни, которые вызывает сам. Я знаю такой случай. Один юноша связался с колдуном и стал заниматься колдовством сам. Потом он повредился, заболел, и в конце концов его положили в больницу. Он лежал в больнице несколько месяцев, и его отец потратил очень много денег, потому что в то время не было страховок и тому подобного. Врачи старались найти причину его болезни, но ничего не находили. Юноша дошёл до ужасного состояния. И что же тогда сделал диавол? Он явился к этому юноше в виде Честного Предтечи — покровителя их местности. «Честной предтеча» сказал больному: «Я исцелю тебя, если твой отец построит церковь». Юноша рассказал о видении своему отцу, и несчастный отец сказал: «Ведь это мой ребёнок. Я отдам всё, что у меня есть, лишь бы он стал здоров». И отец больного дал обет построить церковь в честь Честного Предтечи. Диавол вышел из больного, и юноша стал здоров. Диавол сотворил… «чудо»! После исцеления отец юноши сказал: «Я дал обет построить церковь, а теперь пришло время этот обет исполнить». Лишних денег у этих людей не было, и, чтобы построить храм, они продали все свои земельные участки. Отец юноши разорился, и все его дети остались под открытым небом. «Да чтоб ему пусто было, этому Православию!» — сказали они в гневе и стали иеговистами. Видишь, что творит диавол? По всей вероятности, в той местности раньше не было иеговистов, и он придумал способ посеять иеговистские сорняки и там!

В каком случае колдовство имеет силу

— Геронда, в каком случае колдовство имеет силу?

— Раз колдовство подействовало, значит, человек дал диаволу права над собой. То есть он дал диаволу какой-то серьёзный повод и потом не упорядочил себя с помощью покаяния и исповеди. Если человек исповедуется, то порча — даже если её подгребают под него лопатой — не причиняет ему вреда. Это происходит потому, что, когда человек исповедуется и имеет чистое сердце, колдуны не могут «сработаться» с диаволом, чтобы этому человеку повредить.

Однажды ко мне в каливу пришёл человек средних лет. Он пришёл с наглым и бесцеремонным видом. Увидев его ещё издалека, я понял, что он находится под бесовским воздействием. «Я пришёл, чтобы ты мне помог, — сказал он мне. — Помолись за меня, потому что я уже долгое время мучаюсь страшными головными болями, и врачи ничего не находят». — «В тебе бес, — ответил я ему. — Он вошёл в тебя, потому что ты дал диаволу права над собой». — «Да нет, ничего я такого не сделал», — стал он уверять меня. «Ничего такого не сделал? — говорю. — А о том, как ты обманул ту девушку, что, забыл? Ну так вот, она пошла к колдуну и навела на тебя порчу. Теперь иди проси у обманутой девушки прощения, потом поисповедуйся. Кроме того, над тобой надо прочитать и заклинательные молитвы, чтобы ты стал здоров. Но если ты не поймёшь, не осознаешь своего греха и не покаешься в нём, то даже если все духовники со всего мира соберутся и будут молиться за тебя, бес всё равно из тебя не выйдет». Когда ко мне приходят люди с таким бесстыдством, я говорю с ними без обиняков, называя вещи своими именами.

Ещё один человек рассказывал мне о том, что его жена одержима нечистым духом, она устраивает дома страшные скандалы, вскакивает ночью, будит всю семью и переворачивает всё вверх дном. «А ты исповедуешься?» —

спросил я его. «Нет», — ответил он мне. «Должно быть, — сказал я ему, — вы дали диаволу права над собой. Такие вещи ни с того ни с сего не происходят». Этот человек начал рассказывать мне о себе, и наконец мы нашли причину того, что происходило с его женой. Он, оказывается, посетил одного ходжу[8], который «на счастье» дал ему какую-то воду, чтобы тот окропил свой дом. Этот человек не придавал этому бесовскому окроплению никакого значения. А потом диавол разгулялся в его доме не на шутку.

Каким образом может быть разрушено колдовство

— Геронда, если колдовство подействовало на человека, возымело над ним силу, то как от него освободиться?

— Освободиться от колдовства можно с помощью покаяния и исповеди. Прежде всего должна быть найдена причина, по которой колдовство подействовало на человека. Он должен признать свой грех, покаяться и поисповедоваться. Сколько же людей, измученных наведённой на них порчей, приходят ко мне в каливу и просят: «Помолись за меня, чтобы я освободился от этой муки!» Они просят моей помощи, но при этом не вглядываются в себя, не пытаются понять, с чего началось происходящее с ними зло, для того чтобы устранить эту причину. То есть эти люди должны понять, в чём была их вина и почему колдовство возымело над ними силу. Они должны покаяться и поисповедоваться, для того чтобы их мучения прекратились.

— Геронда, а если человек, на которого навели порчу, доходит до такого состояния, что уже не может помочь

---

[8] *Ходжа́* — почётное наименование духовного лица, состоятельного чиновника, учителя, писателя или поэта (в исламских странах). — *Прим. пер.*

себе сам, то есть если он уже не может пойти поисповедоваться, побеседовать со священником, могут ли другие ему помочь?

— Его близкие могут пригласить в дом священника, чтобы он совершил над несчастным таинство елеосвящения или отслужил водосвятный молебен. Человеку, находящемуся в таком состоянии, надо давать пить святую воду, чтобы зло хоть немножко отступило и в него хоть немного вошёл Христос. Одна женщина, ребёнок которой находился в состоянии, о котором вы говорите, поступала таким образом, и от этого ребёнок получил помощь. Она рассказала мне, что её сын очень страдал, потому что на него навели порчу. «Ему надо пойти поисповедоваться», — посоветовал я ей. «Отче, — воскликнула она, — да как же он может пойти поисповедоваться в том состоянии?» — «Тогда, — сказал я ей, — попроси своего духовника прийти к вам в дом, чтобы совершить водосвятный молебен, и дай своему сыну выпить этой святой воды. Однако будет ли он её пить?» — «Будет», — ответила она. «Ну что же, — говорю, — начни с водосвятного молебна, а потом постарайся, чтобы твой ребёнок поговорил со священником. Если он поисповедуется, то сможет далеко отбросить от себя диавола». И действительно, эта женщина послушалась меня, и её сын получил пользу. Прошло немного времени, и он смог поисповедоваться и стал здоров.

А знаете, что придумала другая несчастная женщина? Её муж спутался с колдунами и не хотел даже надевать на себя нательный крестик. Для того чтобы хоть немножко ему помочь, она вшила маленький крестик в воротник его пиджака. Однажды её мужу надо было пройти по мосту на другую сторону реки. Поднявшись на мост, он услышал, как некий голос внушает ему: «Анастасий! Анастасий! Сними-ка ты свой пиджачок, чтобы мы вместе с тобой прошли по мосту». К счастью, погода стояла холодная, и он ответил: «Куда там снимать? Холод собачий!» — «Сними, — уговаривал его тот же голос, — сними, чтобы мы прошли по мостику». Да чтоб тебя, диавол! Диавол хотел сбросить этого человека с моста в реку, однако не мог этого сделать, потому что на нём был крестик. И в конце концов диавол смог отшвырнуть несчастного только к краю моста. Родные искали всю ночь и наконец нашли его лежащим на мосту. Если бы не было холодно, он снял бы свой пиджак, и тогда диавол сбросил бы его в реку. Этого человека спас вшитый в его одежду крест. Его несчастная жена была верующая. Ведь если бы у неё не было веры, разве она стала бы вшивать крестик в его одежду?

Сотрудничество колдунов и бесов

— Геронда, а разве человек, имеющий святость, не может помочь какому-то колдуну?

— Да как же он ему поможет? Тут вон говоришь человеку, у которого есть немного страха Божия, чтобы он был внимателен, потому что, живя так, он идёт по ложному пути, — и такой человек, даже имея страх Божий, всё равно продолжает дуть в свою дуду. А уж что говорить о колдуне, который сотрудничает с диаволом! Как можно помочь такому человеку? Ты станешь говорить ему духовные вещи, а он всё равно будет оставаться с диаволом. Колдуну не поможешь ничем. Только, если творишь Иисусову молитву в его присутствии, тогда бес может смешаться и колдун будет не в состоянии сделать своё дело.

Один человек был нездоров. И вот колдун — шарлатан такой, что поискать — пришёл к нему в дом, чтобы «помочь». А больной творил Иисусову молитву. Он был очень простой человек и не знал, что пришедший к нему — колдун. Поэтому Бог и вмешался в происходящее. И посмотрите, что попустил Бог, для того чтобы несчастный понял, с кем он имеет дело. Больной творил Иисусову молитву, и бесы начали бить колдуна, так что колдун сам стал просить помощи у человека, в дом которого он пришёл, чтобы его «исцелить»!

— Геронда, больной, что, видел беса своими глазами?

— Он не видел беса — он видел, что происходит нечто невообразимое. Колдун кричал: «На помощь!» — кувыркался по полу, падал, закрывался руками от ударов невидимых врагов. Так что не думайте, что у колдунов сладкая жизнь и бесы всякий раз делают для них всё, что только попросишь. Бесам достаточно уже того, что колдуны один раз отреклись от Христа. Вначале колдуны заключают с бесами договор, чтобы те им помогали, и на несколько лет бесы подчиняются их приказаниям. Однако проходит немного времени, и бесы говорят колдунам: «С какой стати мы будем с вами церемониться?» А если колдуны не справляются с заданиями бесов, то знаете, как им потом достаётся?

Помню, мы разговаривали во дворе каливы с тем юным колдуном с Тибета, о котором я рассказывал вам раньше. Внезапно он вскочил, схватил меня за руки и заломил их за спину. «Пусть придёт сейчас Хаджефенди[9] и освободит тебя!» — вызывающе сказал он мне. «Ах ты, диавол! — вскипел я. — А ну пошёл отсюда!» Я толкнул богохульника, и он упал на землю. А что, слушать, как он хулит святого?! Потом он вскочил и хотел ударить меня ногой, однако и этого сделать не смог: его нога останови-

---

[9] *Хаджефенди́* — от тур. «господин, совершивший хадж (паломничество)» — так соотечественники называли святого Арсения Каппадокийского, поскольку он каждые десять лет пешком ходил во Святую Землю. — *Прим. пер.*

лась прямо возле моих губ. Меня сохранил Бог. Я оставил его стоять во дворе и вошёл в келью. Проходит какое-то время, и смотрю: он — весь в колючках, в каких-то ветках — выходит из находившегося возле моей кaливы заросшего бурьяном оврага. «Сатана наказал меня, — сказал он мне, — потому что я не смог тебя победить. Это он затащил меня в эту чащу».

Чёрные силы тьмы бессильны. Сами люди, удаляясь от Бога, делают их сильными, потому что, удаляясь от Бога, люди дают диаволу права над собой.

ГЛАВА ВТОРАЯ
ОБ ОДЕРЖИМЫХ НЕЧИСТЫМ ДУХОМ

— Геронда, сколько бесов было в гадаринском бесноватом?[1]

— *Бе́си мно́зи*, — написано в Евангелии. Потому-то нечистый дух устами одержимого и сказал, что его имя *легео́н*[2]. И посмотрите, подобно тому как в человеке, одержимом нечистым духом, могут обитать многие бесы, так и в сердце верующего человека могут вместиться все святые. Да раз в сердце христианина вмещается Сам Христос, то что уж говорить о святых! Это великая тайна! Однажды, когда я жил в каливе Честного Креста, ко мне пришёл посетитель и постучал железным клепальцем возле калитки. Когда я выглянул из окна, моим глазам предстало страшное зрелище! Я увидел человека, за которым шла целая фаланга бесов. Его окружал целый чёрный бесовский рой! Я впервые увидел человека, находящегося под властью столь многих нечистых духов. Этот несчастный был экстрасенсом. Между словами церковных молитв он вставлял призывания бесов, христианские книги

---

[1] См. Лк. 8:26-39.
[2] *Легио́н* (церк.-слав. *легео́н*) — подразделение римской армии численностью от 3 до 6 тысяч воинов.

смешивал с оккультной литературой, и после всего этого бесы получали над ним власть. Страшное дело! Увидев его, я очень расстроился.

Есть психиатры, которые считают людей, одержимых нечистым духом, психически больными. Есть священники, которые в свою очередь считают некоторых психически больных бесноватыми, тогда как психически больной и одержимый нечистым духом должны получать помощь в разных местах и по-разному. Каким образом психиатр может помочь бесноватому?[3]

— Геронда, а в состоянии ли бесноватый понять, в чём была его вина и почему в него вошёл нечистый дух?

— Да, он может это понять, кроме тех случаев, когда уже повредился и его рассудок. В последнем случае помочь бесноватому очень непросто. Если же он просто бесноватый, то есть если его рассудок не повреждён, то с ним можно легко прийти к взаимному пониманию и оказать помощь. Однако такой человек должен быть послушным. В противном случае как он может получить помощь?

Однажды ко мне в каливу пришёл один посетитель из Южной Греции. Он связался со всякими там индусами, и в результате в него вошёл нечистый дух. Он изрыгал гнусные ругательства, изо рта у него шла пена. Глаза несчастного были дикими, они вылезали из орбит. «Не говори эти богохульства, потому что таким образом ты призываешь бесов», — увещевал я его, однако он меня не слушал. И одновременно он просил, чтобы я ему помог.

---

[3] Преподобный Паисий говорил, что психически больной человек нуждается во врачебной помощи хорошего, верующего психиатра и в духовной помощи духовника, тогда как одержимому нечистым духом (в случае, если его рассудок не повредился) необходимо отыскать свою вину — причину, по которой он стал бесноватым, покаяться и поисповедоваться, для того чтобы освободиться от нечистого духа.

«Помоги мне, — упрашивал он меня, — только ты можешь мне помочь». — «Послушай, — отвечал ему я. — Ну как же я тебе помогу? Ты хочешь, чтобы я помолился о том, чтобы ты благодатью Христовой освободился от нечистого духа, и одновременно ты сам этих нечистых духов призываешь! Пойди поисповедуйся, пусть над тобой прочитают заклинательные молитвы, а потом приходи ко мне снова и мы поговорим». — «Не пойду», — ответил он мне. «Эх, ну что же, тогда пойдём хоть в церковь, я помажу тебя маслицем из лампадки», — предложил я ему. «Не хочу, — отвечает. — Я хочу, чтобы ты мне помог». Потом он отошёл в сторону и заговорил с одним из посетителей, находившихся у меня во дворе. А я в это время беседовал с группой паломников о том, что Бог попускает испытания для нашего спасения. Услышав мои слова, бесноватый, не подходя к нам, закричал: «Ну ты, что ты там несёшь о том, что Бог трудится над тем, чтобы люди спаслись? У нас один отец на небе и один отец на земле! А превыше всего мы имеем ещё одного князя!» — «Прекрати бесословствовать!» — ответил я ему и стал творить Иисусову молитву. «Да, — говорит, — сейчас ты меня спутал!» — сказал он. «А ну уходи!» — велел ему я, и он отлетел в сторону. Потом он стал меня спрашивать: «А сам-то ты с кем?» — «Со Христом», — говорю. «Врёшь, — говорит, — ты не со Христом, потому что Христос — это я, а ты меня бьёшь». Диавол всё представлял ему шиворот-навыворот.

— Геронда, это всё говорил сам диавол?

— Да, диавол, но посмотри, ведь Бог дал этому человеку силу, для того чтобы он смог приехать на Святую Гору. Находясь в таком состоянии, приехать на Афон с другого конца Греции — это дело нешуточное! Но что поделаешь: он не слушает тебя, и ему становится хуже. А вот если бы он оказывал послушание, то получил бы и помощь.

Имея диавольскую гордость, человек может стать одержимым

Тот, у кого много гордости, — человек помрачённый. Его голова затуманена, словно задымлена выхлопными газами. Он совершает грубые грехи и не понимает этого. «Я, — заявил мне один такой человек, — люблю всех и диавола тоже люблю. Ведь диавол не злобен, нет…» — «Да что же ты такое несёшь? — возразил я ему. — Ведь если бы Бог позволил диаволу хозяйничать совершенно свободно, то он бы нас всех растерзал. Кто видел от диавола что-нибудь доброе, чтобы ты тоже мог ждать подобного?» Однако этот несчастный дошёл до такого помрачения, что ничего не понимал, что бы ты ни говорил, надеясь оказать ему помощь. Он сразу начинал говорить, что ты «подвергаешь его давлению»! Да разве попытка освободить его от этого помысла — это давление? Этот человек не сумасшедший, ведь его мозги работают. Он должен понять, что говорить так — это всё равно что отрекаться от Христа; утверждать, что диавол не злобен, есть богохульство.

И таким вот путём люди потихоньку доходят до поклонения сатане. Когда видишь сатанистов — становится понятно, что эти люди порабощены диаволом. Даже на их внешности отпечаталось что-то бесовское. Тёмные силы с помощью сатанинской музыки направляют и несчастных детей туда, куда хотят. Доходит уже до того, что сатану призывают на помощь. Говорят, что если прослушать некоторые диски с рок-музыкой задом наперёд, то можно услышать песни с призываниями сатаны[4]. Доходит даже

---

[4] Преподобный Паисий имеет в виду содержащуюся на некоторых дисках информацию, воспринимаемую слушателем на подсознательном уровне. В книге греческой исследовательницы рок-музыки Е. Дади «Рок-музыка» приводятся 16 конкретных примеров песен и дисков известных западных и греческих исполнителей рок- и поп-музыки, содержащих воспринимаемые на подсознательном

до того, что «славословят» сатану: «Сатана, я посвящаю себя тебе». Как же это страшно!

— Геронда, то есть гордость может довести человека до беснования?

— Да. Предположим, что человек совершает какой-то грех и оправдывает себя. Если люди сделают ему замечание, чтобы ему помочь, он говорит, что они относятся к нему несправедливо. Веря, что сам он лучше тех, кто делает ему замечание, он осуждает их. Потом потихоньку он начинает судить святых: сначала новых святых, затем святых старых… «Этот святой не сотворил никаких чудес, — говорит такой человек, — а тот имел такой-то недостаток…» Проходит ещё немного времени, и такой человек, заходя всё дальше в своём осуждении, начинает осуждать и Соборы нашей Церкви. «И на всех этих Соборах, — говорит он, — напринимали всяких там решений…» Стало быть, по его мнению, и Соборы нашей Церкви ошибались. В конечном итоге такой человек доходит до того, что заявляет: «Ну и зачем Бог сделал это так, как это сделано?» Ну что же, если человек доходит до такого состояния, то он не сходит с ума — нет. Он становится бесноватым.

Однажды ко мне в каливу пришёл один бесноватый, который называл себя богом. Он пришёл ко мне со своим отцом. Этот бесноватый ходил к одному духовнику, живущему не на Святой Афонской Горе, и тот, испугавшись, что диавол может на него наброситься, сказал одержимому: «Ну что же, тогда меня благословляй!» Что ты тут скажешь? Ладно, лучше оставить это… И вот потом этот одержимый стал говорить своему отцу: «Вот увидишь, и отец Паисий тоже согласится с тем, что я бог». И так он поспорил с отцом на все деньги, которые у него были

уровне призывы поклоняться сатане, употреблять наркотики, заниматься развратом и т. п. См. Ἑλ. Δάδη. «Μουσική Ρόκ». Θεσσαλονίκη, 1993. — *Прим. пер.*

при себе, что я приму его как бога. Но только я начал молиться по чёткам, бесноватый вскочил как ужаленный. «Что ты делаешь этой своей бурчалкой? — закричал он. — Я совершил все грехи, какие бывают! Я совершил и такой-то грех, и такой-то... Я имею в себе диавола. Я стал богом. Ты должен согласиться с тем, что я бог. А ты, такой-сякой, не сделал ничего! Ты только постоянно бурчишь этой своей бурчалкой!» Знаете, какие мерзости он говорил? Я пришёл в гнев. «А ну-ка, пошёл отсюда, пропащий человек!» — прикрикнул я на него. Я ему задал взбучку! Тут он совсем взбесился, стал подобен зверю. Вытащил из кармана деньги и швырнул их отцу. «Бери, — говорит, — свой выигрыш, я проспорил».

Бесноватый реагирует на любую святыню

— Геронда, а как можно понять, что с человеком: беснование или душевное заболевание?

— Это может понять даже простой благоговейный врач. Люди, страдающие от беса, приближаясь к святыне, возбуждаются, их начинает трясти. Отсюда совершенно ясно видно, что в них бес. Если предлагаешь таким людям выпить немного святой воды или хочешь перекрестить их святыми мощами, то они противятся, потому что благодать Божия стесняет бесов, находящихся у них внутри. А если люди страдают какой-то душевной болезнью, они совсем не противятся святыне. Бесноватые беспокоятся, их начинает трясти, даже если ты просто приближаешься к ним, имея на себе крест. Однажды я пришёл на всенощное бдение в один святогорский монастырь. Братия монастыря сказали мне, что у них есть помысел о том, что один из пришедших в монастырь паломников одержим нечистым духом. Я сел в стасидию рядом с этим человеком и дотронулся до него своим крестом, в который вставлена частица Честнаго Древа Креста Господня. Одержимый затрясся, вскочил и ушёл в дальний угол храма. Когда народ после бдения разошёлся, я аккуратно, по-доброму, пытался с ним заговорить. Но снова повторилось то же самое. И я понял, что этот человек действительно одержим.

Иногда ко мне в каливу привозят детей и говорят, что они одержимы бесом. Иногда, для того чтобы понять, действительно ли это так, я беру частицу мощей святого Арсения Каппадокийского и зажимаю её в ладони. И вы бы только видели: обе мои руки сжаты, однако, если ребёнок одержим нечистым духом, он в страхе глядит на ту руку, в которой скрыта частица святых мощей. А вот если у ребёнка нет никакого беснования, но он просто страдает какой-то, к примеру, болезнью мозга, то он совсем не реагирует на мощи, не противится им. А иногда я даю детям воду, в которую предварительно погружаю частицу святых мощей. Но если в детях бес, то они эту воду не пьют — убегают. Однажды ко мне принесли одного бесноватого малыша. Сначала я как следует накормил его сладостями, чтобы распалить его жажду, а потом принёс водички от святых мощей. «Нашему Янакису, — сказал я, — я дам попить водичку повкусней, чем другим». Отпив чуть-чуть этой воды, малыш начал кричать: «Эта вода меня жжёт, что в ней?» — «Ничего в ней нет», — ответил я. «Что ты со мной делаешь? Она меня жжёт!» — кричал несчастный малыш. «Она не тебя жжёт, — сказал я, — она жжёт кое-кого другого». Я начал крестить голову малыша, и его затрясло, он впал в кризис беснования. Бес, находившийся в малыше, скрутил его тело.

А помните того студента, который много лет назад приходил сюда, в монастырь? «Во мне живёт бес, — говорил он мне, — и он очень мучит меня. Я страшно страдаю от этого беса, потому что помимо всего он вынуждает меня говорить разные гадости. Я дошёл до отчаяния.

Я чувствую, как он сдавливает меня изнутри, зажимает меня то здесь, то там», — и несчастный юноша показывал на свой живот, на грудь, на рёбра, на руки. Этот несчастный был очень чувствителен. Поэтому, для того чтобы его не ранить и утешить, я сказал: «Слушай-ка, да нет в тебе никакого беса. То, что происходит с тобой, — это внешнее бесовское воздействие». Когда мы зашли с ним в храм, я попросил находившихся там сестёр молиться за несчастное Божие создание. А сам зашёл в алтарь, взял частицу мощей святого Арсения, вышел из алтаря, приблизился к несчастному и снова спросил его: «Так в каком месте давит и мучает тебя бес? Как ты сам думаешь, где он сидит?» Тут он показал мне на свои бока. «Где? Здесь?» — спросил я его и прикоснулся к нему святыми мощами. Ух, как же он тут завыл! «Ты меня обжёг, ты меня обжёг! Я не уйду, не уйду!» Он кричал, сквернословил, произносил разные мерзости. Тогда я начал творить про себя Иисусову молитву: «Господи, Иисусе Христе, Господи Иисусе Христе, изгони нечистого духа из Твоего создания». Молясь, я крестил несчастного святыми мощами. Это продолжалось около двадцати минут. Потом бес начал его трясти, повалил наземь, и несчастный стал кататься по полу. Его костюм от пыли стал похож на половую тряпку. Мы поставили несчастного на ноги. Он трясся всем телом и резко, судорожно дёргался. Для того чтобы устоять на ногах, он держался за иконостас. Его руки покрылись холодной испариной — как роса на утренней траве. Вскоре бес вышел из него, и несчастный успокоился. Он освободился от нечистого духа и сейчас жив, здоров и чувствует себя прекрасно.

Не придавайте значения словам бесноватого человека

— Геронда, на что нужно обращать внимание, беседуя с бесноватым?

— Нужно творить Иисусову молитву и вести себя с таким человеком по-доброму.

— Геронда, а помнят ли бесноватые то, что они говорили в припадке беснования?

— Что помнят, что не помнят. Мы не знаем, как действует Бог. Иногда Он попускает несчастным помнить то, что они сказали в припадке одержимости, для того чтобы они смирились и покаялись.

Если бесноватый что-то просит, то нелегко понять, в каком случае он просит это, находясь под действием диавола, а в каком случае сам как человек испытывает в этом нужду. Однажды я повстречался с одной бесноватой девушкой. Она начиталась книг Казандзакиса[5] и верила тем богохульствам, которые были в этих книгах. В результате всего этого ею овладел нечистый дух. Когда мы с ней разговаривали, с ней внезапно случился бесовский припадок, и она начала кричать страшным голосом: «Я горю, я горю!» Родные держали её, чтобы я мог её перекрестить. Потом она закричала: «Воды, воды!» — «Принесите воды», — попросил я её родных. «Нет, нет! — ответили они. — Один человек сказал нам, чтобы мы не слушались диавола». — «Сейчас, — сказал я, — несчастная хочет пить. Принесите воды». Мне было понятно, когда жжение, которое она испытывала, происходило от диавола, а когда — оттого, что она испытывала жажду. Несчастная выпила

---

[5] *Казандза́кис Ни́кос* (1885–1957) — известный греческий богохульник и антихристианский писатель, автор богохульнейшего романа «Последнее искушение» (известного многим по фильму М. Скорцезе) и других книг, хулящих Христа, Церковь и святыни христианской веры. — *Прим. пер.*

два стакана воды. «Во мне, — говорила она потом, — словно горящие угли, такое я чувствую жжение. Даже если бы я выпила целое ведро воды, то всё равно пламя, которое я чувствовала в себе, не погасло бы». Так её жгло!

— Геронда, а если бесноватый кричит, то как можно понять, в каком случае его устами говорит диавол, в каком случае говорит он сам как человек?

— Когда говорит диавол, губы бесноватого движутся неестественно. Они шевелятся механически. А когда бесноватый говорит как человек, его губы шевелятся естественно. Если над бесноватым читают заклинательную молитву и он кричит, это может происходить оттого, что мучается сам человек и, к примеру, говорит диаволу: «Уходи, почему ты не уходишь?» А в другом случае сам диавол поносит человека или священника, который его отчитывает. Бывает, что диавол хулит Христа, Пресвятую Богородицу и святых. Иногда диавол говорит ложь, а иногда сила имени Христова вынуждает его сказать правду. Бывают случаи, когда бесноватый выкрикивает что-то из прочитанных им духовных книг и тому подобное. Что тут сказать? Всё это очень запутано. Поэтому, беседуя с одержимым человеком, будьте очень внимательны. Не придавайте значения его словам. К примеру, он может сказать: «Ты меня жжёшь». Если ты правда его жжёшь и, согласившись с этим, скажешь: «Я его жгу», то всё — ты погорела. Если же ты поверила в то, что жжёшь диавола, тогда как на самом деле ничего подобного не происходит, то ты погорела дважды. Или, например, бесноватый кричит: «Ах вы, гадкие бабы!» — а какой-то одной монахине может сказать: «А вот ты — чистая». Если эта монахиня поверит сказанным диаволом словам, то всё — она пропала. Поэтому не надо проводить с диаволом экспериментов.

Как-то в один монастырь привезли бесноватого. Игумен собрал братьев в церкви, чтобы они молились о нём по чёткам. В этом монастыре хранилась глава святого Парфения, епископа Лампсакийского[6]. Благодать Божия стала очень теснить беса. Братия молилась за одержимого по чёткам, и одновременно игумен поручил одному монастырскому иеромонаху прочитать над бесноватым заклинательные молитвы. Этот иеромонах представлялся благоговейным внешне, однако внутри имел скрытую гордость. Он подвизался, исполнял всё, что положено уставом. Он был образованным и давал другим духовные советы. Однако сам не получал помощи ни от кого — потому что другие братья, видя, как он делает что-то не так, от уважения к нему не решались ему об этом сказать. У этого человека начались иллюзии о себе. Он считал себя самым добродетельным насельником обители и взращивал другие помыслы такого рода. В этот день лукавый нашёл благоприятную возможность сделать этому иеромонаху зло. Он приложил всё своё лукавство, для того чтобы у несчастного сложилось впечатление, что это он изгоняет беса из бесноватого. Итак, когда он начал читать над одержимым заклинательные молитвы, бес закричал: «Я горю! Куда ты меня загоняешь, немилосердный?» Иеромонах стал думать, что бес горит, потому что молитвы читает именно он, тогда как на самом деле беса изгоняли молитвы других братьев. Несчастный иеромонах ответил бесу: «Войди в меня». Да, из жития святого Парфения известно, что в одном подобном случае он действительно сказал бесу такие слова. Но ведь это был святой! Действительно, однажды со святым Парфением произошёл такой случай. Он изгонял беса из одержимого, и бес кричал: «Я горю, горю! Куда мне идти?» Тогда святой Парфений ответил ему: «Войди в меня». И бес ответил святому: «И одно лишь имя твоё опаляет меня, Парфений!» — и вышел из одержимого

---

[6] Память святителя Парфения Лампсакийского совершается 7 (20) февраля.

человека, которого он мучил. И вот этот иеромонах, о котором идёт речь, захотел изобразить из себя святого Парфения и стал бесноватым сам. С этого момента бес получил над ним власть. Целые годы потом несчастный мучился и нигде не мог найти покоя. Он постоянно кружил, не сидел на одном месте: то кружил по миру, то по Святой Афонской Горе. Что же он, несчастный, вытерпел! Состояние, в котором он находился, привело его к душевному истощению и телесному изнурению. Его трясло как в лихорадке. Посмотрите, ведь когда-то он был хорошим священником, а находясь в таком состоянии, уже не мог служить Божественную Литургию[7]. Видите, что творит диавол?

— Геронда, а есть ли какая-то связь между употреблением кофе и поведением бесноватого?

— Когда нервная система человека взбудоражена и он пьёт много кофе, то его нервы расшатываются ещё больше, а тангалашка этим состоянием пользуется. Не то чтобы в кофе было что-то бесовское — нет, но тангалашка использует действие кофеина на нервы, и потом бесноватому становится ещё хуже.

Помощь бесноватым

— Геронда, где-то написано, что диавол вселяется в сердце бесноватого человека, однако не хочет, чтобы тот знал об этом и начал бороться с ним с помощью Иисусовой молитвы. Это действительно так?

— Да, потому что бес имеет право жить в бесноватом какое-то время. Он может притаиться в человеке и сидеть тише воды, ниже травы. А когда с ним борются с

---

[7] См. *Старец Паисий*. Отцы-святогорцы и святогорские истории. Свято-Троицкая Сергиева Лавра, 2001. С. 101.

помощью Иисусовой молитвы, то ему становится тяжело, он возмущается и может выйти из человека. Молитва Иисусова — это тяжёлая артиллерия против диавола. Как-то мне в каливу привезли одного бесноватого парня, который постоянно твердил Иисусову молитву. Отец несчастного был монахом, однако сбросил рясу, вернулся в мир и женился. И вот его несчастный ребёнок родился бесноватым. Бог попустил это, чтобы этот ребёнок получил от Него мзду и чтобы спасся его отец, а также для того, чтобы мы, иноки, имели перед глазами пример монахов, вернувшихся в мир и сейчас мучающихся. Во время нашей беседы бес стал мучить одержимого, и он очень громко закудахтал как курица. «Что с тобой?» — спросил я его. В это время я говорил следующее: «Во имя Иисуса Христа изыди, нечистый душе, из создания Божия». — «Да я и сам хочу уйти, — закричал бес, — потому что этот человек очень мучает меня! Ведь он без остановки талдычит молитвы! Ах, как же я хочу уехать в Пакистан и хоть немножко передохнуть!»

— Геронда, почему же бес не выходил из этого паренька, раз он творил Иисусову молитву?

— Видимо, и сам он дал диаволу какие-то права над собой. Но ведь и у беса тоже есть начальство, и он получает распоряжения от него.

— Геронда, какие конкретно слова нужно говорить, молясь за бесноватого?

— Прежде всего надо воздать славословие Богу. Надо сказать: «Благодарю Тебя, Боже мой, за то, что Ты помог мне и я нахожусь в нормальном состоянии, тогда как я мог бы быть на месте этого несчастного, и тогда во мне жили бы не пять-шесть бесов, а целые тысячи. Прошу Тебя, помоги Твоему рабу, который мучается так сильно». То есть сперва надо совершить сердечную молитву, а потом продолжить молиться молитвой Иисусовой: «Господи, Иисусе Христе, помилуй раба Твоего».

Иногда, молясь за бесноватого, мы сами становимся причиной того, что бес из него не уходит. Это происходит потому, что мы молимся с гордостью. Если мы примем только один гордый помысел, к примеру, подумаем: «Вот сейчас я своей молитвой сделаю так, что бес пулей вылетит из одержимого», то такой помысел сразу же воспрепятствует Божественной помощи, и мы поможем диаволу оставаться в несчастном.

Молясь о людях, одержимых нечистым духом, будем всегда делать это со смирением, болью и любовью. Помню одну бесноватую женщину, о которой очень болела моя душа. Эта несчастная пошла на уступку греху, сказала диаволу «да», и с тех пор уже много лет нечистый дух её страшно мучает. Он жжёт её плоть. Она и её муж ездят по разным монастырям и возят вместе с собой свою шестнадцатилетнюю дочь. Ночи эта семья проводит в храме и совершает всенощные бдения. Если бы эта несчастная была мужчиной, то я стиснул бы её в своих объятиях. Если крепко, с божественной любовью, сжать бесноватого человека в своих объятиях, то находящийся в нём нечистый дух очень мучается.

Если не раздражать бесноватого человека и не перечить ему, но испытывать за него боль, то бес уходит — на меньшее или большее время. Смирение — самый сильный шоковый удар по диаволу. В одном монастыре после службы вынесли паломникам святые мощи для поклонения. Внезапно один из паломников, имевший в себе нечистого духа, подскочил к игумену и диким голосом спросил: «Что, силком, что ли, заставишь кланяться этим мощам?» Игумен со смирением и добротой ответил: «Нет, не силком, а по вашему свободному произволению». Тогда, закричав: «А я пойду силком!» — бесноватый бросился к святым мощам и приложился к ним. Видите, смирение и доброта игумена пришлись бесу не по нутру. Ведь бесы боятся смирения и доброты.

— Геронда, а помогает ли одержимым нечистым духом благодать святых, когда в день их памяти несчастные идут на торжественное богослужение в храм, посвящённый имени святых?

— Бесноватым лучше не ходить по престольным праздникам, потому что они отрывают людей от молитвы. В храме происходит беспорядок. Пусть приходят в другой день, чтобы приложиться к мощам святого или к иконе. И даже если родные бесноватого человека знают, что на престольном празднике будет присутствовать какой-то благодатный человек, который сможет им помочь, им всё равно не нужно вести туда бесноватого в день, когда собирается много народа. Не рекламой же мы будем заниматься!

Кроме того, людям не следует собираться вокруг бесноватого, который находится в припадке одержимости. Несколько дней назад один несчастный бесноватый ребёнок пожаловался мне: «Я стал чучелом гороховым». Когда он находился в припадке беснования, вокруг него собралась целая куча народа — как стая воронья. Это происходило возле моей каливы. «Уходите, — просил я этих людей, — разве это цирковое представление?» Но эти люди меня не слышали и не уходили. Люди не понимают, что если у человека есть недостаток и этот недостаток становится явным перед всеми, то человек становится посмешищем для других.

— Геронда, помогает ли бесноватым Божественное Причащение?

— Для тех, кто уже родился одержимым нечистым духом, частое Божественное Причащение — это самое действенное лекарство, потому что нечистый дух вошёл в этих людей не по их собственной вине. Если такие люди не ропщут, до тех пор пока благодать Божия не освободит их от нечистого духа, то они получат великую мзду. Терпя, такие люди причисляются к мученикам, и поэтому им необходимо причащаться часто. Однако если человек стал одержимым нечистым духом по своей собственной невнимательности, то ему нужно покаяться, поисповедоваться и — для того чтобы исцелиться — совершить подвиг. А причастится он с благословения своего духовника, когда это будет можно, после того как этот человек понесёт соответствующую епитимью. Если такой человек причастится Святых Христовых Тайн не покаявшись и не поисповедовавшись, то нечистый дух овладеет им ещё сильнее. Когда одного бесноватого подводили к Святой Чаше, чтобы его причастить, то он выплёвывал Святые Христовы Дары. Христос принёс Себя в Жертву, снизошёл до того, что дал человеку Своё Тело и Кровь,— а этот несчастный выплёвывал Святые Христовы Дары! Как это страшно! Видите, диавол не принимает помощи.

— Геронда, а можно ли давать имена бесноватых для поминовения на проскомидии?

— Да, конечно. Когда священники с болью поминают имена бесноватых во время проскомидии, несчастные получают огромную помощь.

— Геронда, иногда бывает так: бесноватый покаялся, исповедуется и причащается регулярно, однако при этом продолжает оставаться под бесовским воздействием. Что происходит в этом случае?

— Бес не уходит, потому что духовное состояние этого человека ещё не стабилизировалось. Если Бог сразу же поможет человеку освободиться от бесовского воздействия, то он тут же даст бесу повод войти в него опять. Поэтому Бог — от Своей великой любви — попускает злу отступать медленно, постепенно. Таким образом человек и расплачивается за совершённый им грех, и одновременно делает своё духовное состояние более устойчивым. И чем более устойчивым он делает своё духовное состояние, тем быстрее отступает зло. То, насколько быстро человек освободится от бесовского воздействия, зависит от него самого. Однажды отец, имевший бесноватого ребёнка, спросил меня: «Когда мой ребёнок станет здоров?» — «Когда ты сделаешь своё духовное состояние устойчивым, — ответил я ему, — тогда получит помощь и твоё чадо». Этот несчастный ребёнок вначале жил духовной жизнью, однако отец этому противился и говорил, что тот сойдёт с ума, если не изменит своего образа жизни. Потом отец сам начал водить собственного сына в дом терпимости. В результате ребёнок был увлечён грехом, и в него вошёл нечистый дух. Потом, когда находившийся в нём бес брал над ним власть, несчастный бросался на свою мать с нечистыми намерениями. Чтобы спастись от посягательств со стороны собственного сына, несчастная мать была вынуждена уехать на один из островов. Отец несчастного ребёнка покаялся и старался вести духовную жизнь, однако его сын всё равно не исцелялся. Он исцелился только тогда, когда его отец посетил вместе с ним все монастыри и святые места, прочитал и хорошенько усвоил жития всех святых и сделал своё духовное состояние устойчивым.

Об отчитке

— Геронда, сегодня к нам в монастырь привезли бесноватую женщину и попросили позвать священника, чтобы он прочитал над ней заклинательные молитвы. Что нам надо было делать?

— В этом случае вам лучше было бы сказать тем, кто её привёз, чтобы духовник этой несчастной решил, необходимо читать над ней заклинательные молитвы или нет. Ведь если в ней находится диавол, то это значит, что либо она сама, либо её родители совершили серьёзный грех и тем самым дали диаволу права над этой несчастной. Ведь грех приводит за собой диавола. Если люди, совершившие грех, не покаются и не поисповедуются, то грех не уходит, а следовательно, не уходит и диавол. А может быть, Бог попустил этой несчастной впасть в беснование по какой-то другой причине, которую мы не знаем.

— Геронда, помогает ли бесноватым отчитка?

— Разным бесноватым — по-разному. Отчитка помогает в том случае, когда заклинательные молитвы читаются над бесноватым ребёнком, который не давал диаволу прав над собой и не понимает, что такое исповедь. Или же отчитка может помочь взрослому человеку, который потерял разум и не может исповедоваться. Если бесноватый находится в здравом уме, то прежде всего нужно помочь ему найти свою вину — причину, по которой он стал одержимым. Ему нужно покаяться, поисповедоваться и только потом, если это будет необходимо, над ним можно прочитать заклинательные молитвы. Ведь бес может выйти из одержимого и после того, как над ним будет прочитана разрешительная молитва в таинстве исповеди.

Некоторые священники собирают в одну кучу и тех, кто одержим нечистым духом, и тех, кто болен, и читают над всеми этими людьми вместе заклинательные молитвы. Помню, как на отчитку привезли человека, у которого была болезнь Паркинсона! Да вот и сегодня сюда привезли одного пожилого человека и говорили, что он одержим нечистым духом. Левая рука этого несчастного ходит ходуном. Иногда у него случаются припадки. «С какого времени, — спросил я его, — ты находишься в таком состоянии?» — «С детства», — ответил он мне. Я удивился. Потом я заметил, что слева на голове этого несчастного была небольшая вмятина. Видимо, эта вмятина была следствием родовой травмы, и то, что происходило с ним, было результатом именно этого. Представляете, человек болен, а ему говорят, что в нём сидит нечистый дух, над ним читают заклинательные молитвы, повелевают: «Изыди, нечистый душе…», и в результате он становится посмешищем в глазах людей! Так нельзя! Сколько детей, которых считают бесноватыми, на самом деле не имеют в себе никакого беса! Однажды ко мне привезли двадцатипятилетнего парня, о котором говорили, что он бесноватый. Я дал ему выпить святой воды, и несчастный совсем никак не прореагировал на это. «А как проявляется то, о чём вы говорите? — спросил я его отца. — С какого времени он начал страдать этим недугом?» — «С шестилетнего возраста, — ответил мне он. — Мы держали магазин, и однажды туда принесли труп его убитого деда. Сразу после этого с ним и начались все эти странности». Так вот оно что: несчастный ребёнок просто пережил нервное потрясение. Если бы на его месте оказался взрослый человек, то даже у него, после подобных переживаний, могло бы повредиться здоровье. А что ж говорить о малом ребёнке! И вот, пожалуйста: теперь несчастного называют бесноватым!

— Геронда, заклинательные молитвы могут читаться не вслух, а про себя?

— Про себя даже лучше. Основное при чтении заклинательных молитв — это то, что они должны читаться с болью, со смирением, а не с гордостью. Когда священники громко и гордо «повелевают» нечистому духу: «Изыди, душе нечистый», то это приводит диавола в ярость, он разъяряется, дёргает за эгоизм бесноватого и может даже сказать ему: «Посмотри-ка, ведь он перед всем миром сделал из тебя шута горохового! А ну-ка дай этому попу по шее!» Бесноватый, заведённый нечистым духом, начинает бить священника, в результате чего убегает не бес, а священник со своим требником... Как-то раз один священник во время отчитки сказал бесноватому: «Я повелеваю тебе, нечистый дух, выйти из этого человека!» — «Ну так, всё правильно, — ответил диавол устами бесноватого, — я потому и не выхожу, что это ты мне повелеваешь...» Поэтому я советую священникам при чтении заклинательных молитв никогда не кричать слова: «Изыди, нечистый душе!..» Можно подумать, что бесы их не слышат!

И родственникам бесноватого не нужно рассказывать другим о том, что они пригласили к себе в дом священника, для того чтобы тот прочитал заклинательные молитвы. Лучше сказать людям, что батюшка пришёл отслужить молебен. А заклинательные молитвы — чтобы не привлекать ничьего внимания — лучше прочитать тихим голосом.

У бесноватых мученическая жизнь

Что ни говори, а те, кто имеют в себе беса, очень страдают. Ведь такие люди смиряются, однако и мучаются от диавола! Однажды в монастыре Ставроникита я встретил двадцатитрёхлетнего парня, одержимого нечистым духом. Кожа и кости! Был страшный холод, в храме топилась печь, а юноша, одетый в тонкую рубашку с короткими рукавами, сидел в притворе храма. Я не выдержал, подошёл и дал ему тёплый шерстяной свитер. «Надень этот свитер, — сказал я ему. — Неужели тебе не холодно?» — «Какой там холодно, отче, — ответил он мне. — Я весь горю!» Видите как, это самое настоящее мучение.

Бывают бесноватые, которые от природы отличаются особой чувствительностью. Таким людям тангалашка внушает, что они не спасутся, и подбивает их на самоубийство. Как это страшно! Это дело не шуточное! Я был знаком с одним бесноватым, который надоел даже священникам. Несчастный приходил в храм, чтобы над ним прочитали заклинательные молитвы, а священники его выгоняли. Потом диавол начал говорить ему и обо мне: «И к этому тоже не ходи, он тоже тебя не примет». Диавол вверг его в отчаяние.

Помню ещё одного одержимого, который благодатью святого Арсения Каппадокийского освободился от нечистого духа. Какое же искушение устроил ему после этого диавол! Уже освободившись от нечистого духа, он как-то приехал сюда в монастырь, чтобы поклониться святым мощам преподобного Арсения. Однако монастырь был закрыт[8]. Тогда возле нижних ворот монастыря ему явился диавол в образе святого Арсения и сказал: «Чтобы ноги твоей здесь больше не было. Ни я, ни Паисий не хотим тебя видеть». Так диавол его прогнал. Тебе понятно? После этого несчастный начал хулить святого Арсения, ругать меня… Ну ладно, меня-то, понятно, отругать стоит, но хулить святого!.. В результате несчастный снова стал бесноватым. Да, тут если человек поведёт себя просто с бесстыдством, то от него отступает благодать Божия. А что говорить про тех, кто хулит святых! Потом он приехал и на Святую Афонскую Гору, пришёл ко мне в каливу и стал кричать: «Что плохого я тебе сделал, что ты не хочешь меня видеть? Почему ты тоже не хочешь мне помочь? Что, хочешь, чтобы я мучился?» — «Глупенький, — увещевал его я. — Тот, кто тебе явился и прогнал тебя, был диавол.

---

[8] Во многих греческих монастырях вне Святой Афонской Горы в постные дни седмицы (понедельник, среду и пятницу) ворота обители не открывают в течение всего дня, чтобы у монахов была возможность не соприкасаться в эти дни с миром и заниматься духовной работой над собой. В другие дни седмицы монастырские ворота открыты в определённые часы, когда паломники могут посетить обитель и поклониться её святыням. — *Прим. пер.*

Это не был святой. Святые людей не прогоняют». Но он меня не слушал. Он верил своему помыслу. Знаете, как страдают, как мучаются эти несчастные каждый день?

Но многие бесноватые мучаются для того, чтобы взялись за ум другие. Ведь, видя, как мучаются бесноватые, остальные задумываются, приходят в чувство и каются. Не надо думать, будто бы у бесноватых грехов больше, чем у остальных. Однако Бог попускает им впадать в беснование, в результате чего они уничижаются, смиряются, расплачиваются за свои грехи и получают мзду сами. Однако и другие, глядя на их мучения, тоже получают помощь.

Конечно, кто-то может сказать, что есть люди, которые не становятся бесноватыми, несмотря на то что совершают великое множество грехов. Почему это происходит? А вот почему: когда человек доходит до совершенного очерствения, то он уже не подвергается бесовскому нападению, потому что Бог видит, что этот человек не получит от такого нападения пользы. Ведь нам необходимо знать, что уязвление, подверженность бесовскому воздействию — это тоже, некоторым образом, дар Бога грешному человеку, для того чтобы он смирился, покаялся и спасся.

ГЛАВА ТРЕТЬЯ
СТРАШНЫЕ ПРЕЛЕСТИ

Подвижничество и прелесть

— Геронда, я боюсь прелести.

— Правильно делаешь. Тот, кто боится прелести, не впадает в прелесть, потому что такой человек, будучи внимательным, исповедует старцу все свои помыслы. Он не скрывает ничего и таким образом получает помощь.

— Геронда, скажите, а что такое предрасположенность к прелести?

— Быть предрасположенным к прелести — значит иметь идею о том, будто ты что-то из себя представляешь, и показывать другим, что ты занимаешься каким-то деланием. Быть предрасположенным к прелести — значит считать, что ты достигла духовной меры, поскольку, к примеру, совершаешь какой-то подвиг, а о других думать, что они ещё не уяснили смысла духовной жизни, и вести себя с ними гордо. Если человек эгоистично насилует себя в подвижничестве, желая достичь меры какого-то святого и того, чтобы другие им восхищались, — то это начало прелести. Одно дело — принуждать, а другое — насиловать себя в подвиге. Как-то раз я сказал одному человеку: «Будь внимательным, чтобы не впасть в прелесть из-за неправильного отношения к духовной жизни. Ты находишься в духовной опасности». — «Я впаду в прелесть? — возмутился он. — Да я даже мяса и то не ем!» Между тем этот человек не ходил даже на исповедь. Свои грехи он «исповедовал» иконе. «Да православный ты или протестант? — спросил я его. — В какой книге ты прочитал, что так надо исповедоваться?» — «А что? — спрашивает он меня. — Разве Христос меня не слышит?» Понимаешь, что творится?!

— Геронда, помогает ли телесный подвиг в борьбе против страстей?

— Если телесный подвиг используется для того, чтобы побороть страсти, то помогает. Тело смиряется, и плоть подчиняется духу. Однако если кто-то занимается «сухим» подвижничеством[1], то в результате у него создаются иллюзии. Ведь подвижничество такого рода культивирует душевные страсти, развивает гордость, приумножает самоуверенность и ведёт к прелести. Тогда, глядя на своё «сухое» подвижничество, человек приходит к выводам о своём духовном преуспеянии. «Я занимаюсь таким-то и таким-то телесным деланием, — гордится он. — А вот такой-то брат в этом отношении хромает. Я уже дошёл до меры такого-то святого, а другого святого я уже превзошёл…» — и он приумножает свои посты и бдения. Однако весь совершаемый им подвиг вылетает в трубу, потому что человек совершает его не с целью отсечь страсти, а для того, чтобы получить эгоистичное удовлетворение. Я был знаком с одним монахом, который от гордости занимался телесным деланием, и его помысел говорил

---

[1] «Сухими» преподобный Паисий называл подвижничество, аскезу, которые совершаются как самоцель, а не как средство для очищения сердца и достижения совершенства во Христе.

ему, что он великий аскет. Он дошёл уже до ручки: не ел, совсем не стирал одежду и лежал в страшном смраде и грязи. От грязи его одежда совсем сгнила. Как-то я взял его одежду, чтобы её постирать. Но что там было стирать?! Однажды он сказал мне: «Преподобного Иоанна Кущника² я уже оставил позади». — «Да что ж ты, — говорю, — несёшь? По-твоему, святой Иоанн Кущник достиг святости через грязь?» Прошло ещё несколько дней, он снова пришёл ко мне и заявил: «Преподобного Максима Кавсокаливита³ я тоже оставил позади». — «То есть как же это ты его оставил позади?» — спросил я. «Да как, — отвечает, — очень просто: кручусь как волчок по Святой Афонской Горе!» — «Ну ты, — говорю, — даёшь! Преподобный Максим достиг состояния бестелесных и летал, а не крутился, как ты — волчком!» Потом этот человек стал «возделывать» в себе память смертную и в помысле внушал себе: «Сейчас я нахожусь в аду». Прошло ещё немного времени, и он — якобы для того чтобы смириться — начал говорить: «Сейчас я стал диаволом, стал сатаной и пойду собирать своих приверженцев». Таким вот образом этот человек впал в прелесть.

Внимание к воображению

— Геронда, Вы говорили, что во время молитвы нашему уму следует избегать различных картин из жизни Христа и тому подобного. Для чего таких картин должно избегать?

— Для того чтобы диавол не прельстил нас с помощью фантазий, воображения. Воображение — вещь хорошая, и если она используется с толком, то обладает великой

---

[2] Память преподобного Иоанна Кущника совершается 15 (28) января.
[3] Память преподобного Максима Кавсокаливита совершается 13 (26) января.

силой. Есть люди, которые, к примеру, могут увидеть какой-то пейзаж, а через год вспомнить его совершенно таким, каков он есть на самом деле, и запечатлеть его на картине. Такую способность даёт человеку Бог, однако диавол использует её в своих целях. Люди, подверженные прелести, воображают увиденное или прочитанное ими так, как им хочется. А потом верят, что картина, нарисованная их воображением, является действительной. Для того чтобы эти несчастные получили помощь, им следует находиться под постоянным духовным наблюдением, потому что диавол постоянно обводит их вокруг пальца.

Поэтому, когда человеку, наделённому от природы богатым воображением, говорят, что он мыслит неправильно, ему необходимо задуматься и ставить после своего помысла вопросительные знаки. Я был знаком с одной простой женщиной, которая постоянно молилась и просила Христа о том, чтобы увидеть Его здесь, в сей жизни, поскольку, как она говорила, в жизни иной она всё равно Его не увидит. И действительно, когда она подошла причащаться, Христос явился ей в Святой Чаше в виде Младенца с окровавленными волосами. Затем видение исчезло, и женщина смогла причаститься. После этого события враг начал обрабатывать её помыслом о том, что она что-то из себя представляет, а затем распалял её воображение и постоянно устраивал ей свои «кинопросмотры». Как-то, выехав со Святой Афонской Горы в мир, я застал эту несчастную в одном доме и услышал, как она пересказывала свои фантазии собравшимся там мужчинам и женщинам. Мне стоило огромного труда привести её в чувство. Я задал ей хорошую трёпку на глазах у всех, чтобы её прелестное состояние стало явным и она смирилась.

— Геронда, эти видения были её фантазией?
— Фантазией и прелестью.

— Геронда, она что, не рассказывала своему духовнику об этих видениях?

— Знаешь, что происходит в подобных случаях? Сатана обманывает таких людей тем, что они видят. Они не шевелят своим умом, и им даже в голову не приходит то, что о подобных «видениях» надо рассказать духовнику. Какой же диавол искусник! Страшное дело!

Если человек невнимателен к своему воображению, то искуситель может ввергнуть его в прелесть, использовав даже какое-нибудь самое простое, естественное событие. Когда я жил в монастыре Стомион, то, читая зимой вечерню, растапливал печь. Женщины, которые иногда приходили в монастырь из города, стали замечать, что во время вечерни от иконы Пресвятой Богородицы в иконостасе раздавался какой-то хруст. Я на этот хруст внимания не обращал, а женщины начали шептаться между собой: «Представляете! Когда монах читает вечерню, от иконы Божией Матери раздаётся хруст!» Услышав, как они шепчутся, я подумал: «Дай-ка погляжу на икону, от которой слышится хруст». Я не хочу сказать, что не верю в божественные события, — нет, я верю, что Божия Матерь является людям и говорит с ними и те, кто находятся в хорошем духовном состоянии, Её видят; однако в подобных случаях необходимо внимание. Ну что же, взял я стул, поднялся на него и поглядел, что происходит с иконой. Что же случилось? Доска, на которой была написана икона, была старой, со вставленными в неё с тыльной части шпонками. Когда печь разогревалась как следует, одна шпонка нагревалась, расширялась и производила хруст. Потом я забил в икону гвоздик и она прекратила трещать. После этого я спросил у этих женщин: «Ну что, сейчас слышите какой-нибудь хруст?» — «Нет», — ответили они мне. «Ну вот, — говорю, — не надо придавать значения подобным вещам». Необходимо быть внимательным, потому что если потихоньку в человеке разовьётся воображение, то вся его жизнь становится ни на что не годной.

— Геронда, а каким образом можно понять: от Бога или от диавола было какое-то сверхъестественное событие?

— Это видно. Если событие не от Бога, то диавол приносит человеку гордые помыслы. А кроме этого, видения диавола — топорной работы: он доходит даже до богохульства. Однажды ко мне в каливу пришёл человек, находившийся в прелести и имевший в себе нечистого духа. Я поговорил с ним, и это пошло ему на пользу. И знаете, что он мне после этого сказал? «Такие, — говорит, — премудрые вещи я слышу впервые! Я даже в Евангелии такого не читал!» То есть он всё равно что говорил мне: «То, что ты сказал, было лучше того, что сказал Христос». Понимаешь, что творит диавол для того, чтобы принести тебе гордый помысел? Как там ни говори, но если человек не поймёт, что сам своей силой он не может сделать ничего, а то, что он делает, совершается силой Христовой, то такой человек не совершит ничего, даже если он будет изгонять из бесноватых тысячи бесов.

Диавол является в виде ангела света

Если человек, не испытавший высшей райской радости, — то есть не имеющий опыта Божественных посещений — невнимателен, то он может легко впасть в прелесть. Диавол лукав. Он слегка раздражает сердце человека и даёт ему почувствовать нечто приятное. Таким образом, создавая у человека впечатление о том, что это приятное было духовным и божественным, диавол ввергает его в прелесть. Он обкрадывает сердце человека, и тот думает, что происходящее с ним — духовно правильно. «Я не чувствую никакого волнения», — говорит такой человек.

Да, волнения ты действительно не чувствовал, однако то, что ты почувствовал, не было действительной духовной радостью. Радость духовная есть нечто Небесное.

Диавол может явиться в виде ангела или в виде святого. Бес, замаскированный под ангела или под святого, распространяет вокруг себя волнение, смущение — то, что имеет в себе. Тогда как настоящий ангел или святой всегда распространяют райскую радость и небесное веселье. Смиренный чистый человек, даже будучи неопытным, отличает ангела Божия от явившегося в виде ангела света беса. Это происходит потому, что такой человек имеет духовную чистоту и находится с ангелом в родстве. А вот эгоист и человек плотской легко прельщается лукавым диаволом. Диавол является в виде ангела света, но стоит человеку включить в работу один смиренный помысел, как диавол исчезает. Однажды вечером, после повечерия, я сидел у себя в келье на скамеечке (я жил в монастыре Стомион) и творил Иисусову молитву. Вдруг я услышал, как из одного здания, которое находилось неподалёку от монастыря и служило гостиницей для паломников, доносятся звуки струнных музыкальных инструментов и кларнета. Я очень удивился! «Что же это за музыка слышится так близко?» — сказал я себе. Престольный праздник в монастыре уже прошёл. Я поднялся со скамеечки, подошёл к окну посмотреть, что происходит во дворе. Смотрю: кругом полная тишина и безмолвие. Тогда я понял, что вся эта музыка была от лукавого — для того, чтобы я прервал молитву. Я вернулся на скамейку и продолжил Иисусову молитву. Вдруг комната наполнилась ярким светом. Потолок и верхний этаж надо мной исчезли, крыша открылась, и я увидел столп света, который доходил до неба. На вершине этого светлого столпа виднелось лицо белокурого юноши с длинными волосами и бородой, который был похож на Христа. Половина его лица была от меня закрыта, поэтому я поднялся со скамейки, чтобы увидеть его лицо полностью. В этот момент я услышал внутри себя голос: «Ты удостоился увидеть Христа». — «Да кто я такой, недостойный, чтобы видеть Христа?» — ответил я и перекрестился. В то же мгновение свет и лже-Христос исчезли, и я увидел, что потолок возвратился на своё место. Если чья-то голова не заперта как следует на замок, то лукавый может принести такому человеку помысел гордости и прельстить его с помощью фантазий и ложных светов, которые не возводят в рай, но низвергают в бездну. Поэтому никогда не должно просить увидеть свет, получить Божественное дарование или что-то подобное. Просить нужно о покаянии. Покаяние принесёт человеку смирение, потом Благий Бог даст ему то, что необходимо. Однажды, когда я жил на Синае в пещере святой Епистимии, тангалашка захотел... оказать мне услугу! Неподалёку от кельи было три-четыре ступеньки. Ночью, когда небо было ясным и светили звёзды, я уходил в пещеры и, для того чтобы спуститься по этим ступенькам, светил зажигалкой. Однажды ночью я хотел зажечь зажигалку, но она не зажигалась. Вдруг с одной скалы ударил яркий луч света, подобный прожектору! Ух, всё вокруг стало светло! «Нет, — говорю, — от таких „прожекторов" надо держаться подальше!» Я вернулся назад, и свет тут же пропал. Вот ведь какой диавол: он не хотел, чтобы я спустился по лесенкам, подсвечивая зажигалкой! «Ну разве не жаль, — пожалел он меня, — что человек так мучается! Дай-ка я ему посвечу!» Вот какая «доброта»!

— Геронда, а как вы поняли, что этот свет был не от Бога?

— Это понятно... Страшное дело!

Сны лживы

— Геронда, меня мучают грязные сны...

— Увидев грязный сон, никогда не нужно вспоминать, что и как ты видела. Ведь если лукавый не смог искусить тебя днём, он придёт ночью. Иногда и Бог попускает лукавому искушать нас во сне, для того чтобы мы увидели, что наш ветхий человек ещё жив. А бывает и так, что враг приближается к человеку во сне и показывает ему разные сны, для того чтобы, проснувшись, такой человек впал в расстройство. Поэтому снам не надо придавать совершенно никакого значения: осени себя крестным знамением, осени крестным знамением подушку, положи на неё крест и пару иконочек и, засыпая, произноси Иисусову молитву. Чем большее значение ты будешь придавать снам, тем чаще будет приходить враг и тебя искушать. Диавол показывает свои сны не только взрослым людям, но и детям. Диавол приходит даже к спящим малышам, несмотря на то что они маленькие ангелы. Они в ужасе подскакивают и испуганно, со слезами бегут в объятия матери. А иногда к спящим детям приходят ангелы, и они от радости смеются во сне или, испытывая великую радость, просыпаются. Таким образом, приносимые лукавым сны есть внешнее вражеское воздействие на человека во время сна.

— Геронда, а если во время сна ты чувствуешь непонятную душевную тяжесть, что это?

— Иногда причиной такой тяжести может быть тревожное состояние, в котором человек живёт днём, или испытываемые им различные страхи, подозрения и тому подобное. И конечно, всё это может использовать тангалашка. Он способен перетасовать эти страхи, тревоги и подозрения в любой комбинации, только бы ввести человека в смятение. А часто человек спит настолько чутко, что думает, что он не спит и молится о том, чтобы эта тяжесть, которая сдавливает даже его дыхание, ушла.

А иногда бывает и такое: диавол может облечься в любой образ, даже святого, и явиться во сне. Однажды он явился одному больному во сне в виде святого Арсения Каппадокийского и сказал ему: «Я — святой Арсений. Я пришёл сказать тебе, что ты умрёшь. Ты меня слышишь? Ты умрёшь!» Человек пришёл в ужас. Но святой никогда не говорит подобным образом. И даже если больному действительно предстоит умереть и ему является святой, чтобы предупредить его о смерти, то он скажет об этом по-доброму: «Бог увидел, как ты мучаешься, и поэтому Он заберёт тебя из этого мира. Постарайся приготовиться». Святой никогда не скажет больному: «Ты меня слышишь? Ты умрёшь!»

— Геронда, а когда человек кричит во сне, почему это происходит?

— Когда кричит — лучше, ведь в этом случае он просыпается... Многие сны происходят от тревоги. Когда человек тревожится или устал, то эта тревога или усталость гложет его изнутри, и он видит тревожные сны. Я часто днём встречаюсь с людьми, выслушиваю их различные проблемы. А потом во сне ругаю кого-то: «Ах ты, безбожник, — кричу, — тебе на всех наплевать!» — и просыпаюсь от собственных криков.

— Геронда, а может ли человек понять из своих снов, что некие события произойдут в действительности?

— Нет, снам значения придавать не нужно. Какими бы ни были сны, приятными или неприятными, им не нужно верить, потому что есть опасность впасть в прелесть. Ведь девяносто пять процентов снов лживы. Поэтому святые отцы говорят, что снам не надо придавать значения. Снов, происходящих от Бога, бывает очень немного, но, для того чтобы истолковать даже такие сны, нужно иметь чистоту и другие необходимые предпосылки — подобно праведному Иосифу[4] и пророку Даниилу, которые имели благодать от Бога. «Я, — сказал Даниил Навуходоносору, — расскажу тебе и о том, какой сон ты видел, и о том, что он значит»[5]. Но какого состояния достиг пророк Даниил! Он сидел вместе со львами во рву, и львы, несмотря на то что были голодны, не трогали его[6]. Когда Аввакум принёс Даниилу пищу, тот сказал: «Неужели Бог вспомнил обо мне?»[7] Да уж если бы Бог не помнил о пророке Данииле, о ком бы Он тогда помнил?

— Геронда, а некоторые люди не видят снов.

— И хорошо, что не видят! Не тратят денег ни на билеты, ни на бензин! Во сне за одну минуту можно увидеть события, которые в действительности продолжались бы несколько часов или несколько дней, потому что во сне время упраздняется. Вот отсюда-то человек и может понять слова псалма: *...ты́сяща лет пред очи́ма Твои́ма, Го́споди, я́ко день вчера́шний, и́же ми́мо и́де...*[8]

Внимание к видениям

— Геронда, что отвечать людям, которые рассказывают нам о бывших им видениях, о том, что они видели какого-то святого, или о чём-то подобном?

— Лучше советуйте таким людям быть осторожными, сдержанными. Такое отношение к видениям более надёжное, потому что не все люди в состоянии различить, от Бога было видение или же от диавола. Но даже если видение от Бога — с первого раза человек не должен его при-

---

[4] См. Быт. 37:5-11.
[5] См. Дан. 2:25-46.
[6] См. Дан. 6:16-24.
[7] См. Дан. 14:30-42.
[8] Пс. 89:5.

нимать. Бог, видя, как Его создание — человек — не принимает видения, не огорчается, но наоборот, некоторым образом, приходит в умиление. Ведь такое отношение к видению показывает, что у человека есть смирение. Если человеку явился действительно святой, а человек этого видения не принял, то Бог знает, каким способом известить душу этого человека и привести её туда, куда Он хочет. Необходимо внимание, потому что вместо святого может прийти тангалашка, который включит «телевизор» и начнёт свою передачу…

Помню одну женщину, которая не получила от людей никакой помощи и поэтому имела право на помощь Божественную. Бог, желая помочь этой женщине, дал ей некое видение. Однако после этого видения диавол внушил ей следующий помысел: «Кто знает, может быть, Бог удостоил тебя такого видения, потому что Он предназначает тебя для какой-то высшей миссии!» С того момента как она стала верить подобным диавольским внушениям, диавол начал свою работу, и она попала под его власть. Однако в конце концов Бог вновь над ней умилосердился. Ей было видение, и она услышала голос, говоривший ей: «Напиши письмо отцу Паисию и опиши все видения, которые тебе были». Она написала мне письмо и рассказала обо всех бывших ей видениях. Лукавый истрепал её как следует. Да, все её видения были настоящими, однако почти все они были от искусителя. Изо всех бывших ей видений только первое и последнее были от Бога. Желая привести её в чувство и помочь ей освободиться от прелести, Бог позволил произойти этому последнему видению. В конечном итоге несчастная послушалась моих советов и сумела выпутаться из тех диавольских видений, которые ей были.

Отличительные черты прельщённого человека

— Геронда, а как можно понять, что человек находится в прелести?

— Это можно понять даже по его внешнему виду. Человек прельщённый внешне облачён в некое ложное «бесстрастие». Он выглядит смиренным и кротким, однако в нём кроется великое самомнение — великая идея, которую он имеет о себе. Взглянув в глаза прельщённого человека, вы увидите, что на всех остальных он глядит как на несчастных, как на муравьёв. Однако прельщённого можно раскусить и по тем словам, которые он произносит. Помню одного прельщённого, которого многие люди считали за святого. Он рассказывал, что Христос якобы явился ему, сидя верхом на коне. В руках Христос якобы держал фляжку с вином, из которой дал отпить этому человеку, после чего тот якобы получил дар прозорливости! Как-то раз, когда этот «прозорливец» беседовал с людьми, один человек спросил его: «А почему я тоже не могу совершать чудеса?» — «Потому, что ты совершил такой-то и такой-то грех…» — ответил прельщённый и стал перечислять ему грехи, которые тот действительно совершил. Несчастный человек стал паниковать и приехал ко мне, чтобы всё это мне рассказать. «Послушай-ка, — сказал я ему, — неужели ты думаешь, что святые выставляют людей на посмешище? Людей выставляет на посмешище только диавол. Неужели ты не понимаешь, что устами этого прельщённого говорит диавол? И если то, что он говорит, — истина, то эту истину всё равно говорит диавол». А ещё одна женщина рассказывала мне о том, как она повела одну бесноватую к человеку, о котором ходили слухи, что он изгоняет бесов и совершает тому подобные чудеса. Этот «чудотворец» отвёл обеих женщин в одну заброшенную часовню. Как только они вошли в храм, он взял епитрахиль и надел её на себя. Женщина очень удивилась! Мирской человек — и надевает на себя епитрахиль! «Ты что — батюшка?» — спросила его она. «Да что значат все эти батюшки!» — ответил он и принялся осуждать священников. Таким образом несчастные женщины поняли, что он находится в прелести, вскочили и убежали.

Прелесть и сумасшествие

— Геронда, человек, находящийся в прелести, болен, и какой-то душевной болезнью?

— Не всегда. Прелесть — это одно, душевное заболевание — другое. Некоторые люди просто впадают в прелесть. Другие впадают в прелесть и душевно заболевают. Я был знаком с одним монахом на Святой Афонской Горе, который никого не слушал. Он ушёл из своего монастыря и шатался по Афону. Четыре или пять раз он приходил ко мне для того, чтобы взять благословение проводить якобы аскетическую жизнь, и каждый раз я советовал ему вернуться в тот монастырь, где он принял постриг. В конце концов он купил каливу и жил в ней один. После семи месяцев такого пустынного жития он пришёл ко мне в келью. «Возвращайся в свой монастырь», — уговаривал я его. «Сейчас, — отвечал он, — я взял от монастыря отпускную грамоту, и меня уже не примут обратно». — «Будь внимателен, — увещевал его я, — будь очень внимателен. По крайней мере, постарайся привязаться к какому-нибудь старцу, чтобы жить по послушанию, а не по своей воле». — «А вот послушание, — ответил он мне на это, — я буду оказывать воле Божией». — «Давай, давай, — пытался убедить его я, — попросись в какой- нибудь монастырь». — «Я, — отвечал он мне на это, — став пустынником, буду возвращаться вспять? Это ты иди и просись в монастырь». — «Что же я буду проситься один, — говорю я, желая ему помочь. — Если хочешь, чтобы я попросился в монастырь вместе с тобой, то я сделаю это от всего сердца». — «Вот что, — ответил он мне на это, — послушай-ка меня внимательно. Если тебе опостылела жизнь в безмолвии и ты хочешь попроситься в монастырь, то иди и просись!» Увидев, что он ведёт себя таким образом — с бесстыдством — я тоже оставил его в покое. Прошло немного времени, и я узнал, что в этого монаха вселился нечистый дух и, кроме того, он сошёл с ума. Ему явился диавол в образе Пресвятой Богородицы и сказал: «Чадо моё, если ты поклонишься мне в ноги, то я дам тебе семь дарований Святого Духа…» Несчастный подумал: «Сейчас я получу семь дарований Святого Духа и всем утру нос!» — и, пав до земли, поклонился диаволу. Как только он поклонился, диавол потряс его, и в него вошёл нечистый дух. Однако от этого диавольского потрясения потряслось и его душевное состояние. Он захотел стать протэпистатом, пришёл в Священный Кинот[9], закрыл на ключ находившихся в здании монахов, взял посох протэпистата и, любуясь собой, стал спускаться по лестнице. Монахи в Кариесе удивились, видя, как по лестнице Священного Кинота спускается вниз новый «протэпистат»! Некоторые из монахов потихоньку поехали за больным на джипе и чуть подальше от Кариеса посадили его в машину и отвезли в лечебницу для душевнобольных. Сей-

---

[9] *Священный Кинот* Святой Афонской Горы состоит из представителей 20 общежительных святогорских монастырей. На заседаниях Священного Кинота обсуждаются общие вопросы, касающиеся жизни святогорских монастырей, координируется их деятельность и т. п. Для решения повседневных вопросов ежегодно назначается Священная Эпистасия, состоящая из четырёх человек — эпистатов. Протэпистат — председатель Св. Эпистасии и Св. Кинота. — *Прим. пер.*

час в отношении беснования его состояние улучшилось, однако психическая болезнь остаётся при нём.

— Геронда, а человек, находящийся в прелести, не является ли, некоторым образом, бесноватым?

— Ну а кем же он является? Он не просто бесноватый — находящийся в прелести может иметь в себе больше бесов, чем имеет в себе бесноватый. Однако прельщённый — дело одно, а бесноватый — другое.

Надо быть внимательным с прельщёнными

В миру есть два-три духовника, у которых небольшое благоговение сочетается с непорядком в голове. Эти духовники морочат людям голову. И всем-то они ставят диагноз беснования. Они никого не слушают.

«Я, — говорят они, — священник и поэтому обладаю властью!» Если вам рассказывают о таких случаях, то объясняйте людям, что происходит, заставляйте их задуматься, потому что такие духовники делают Церкви зло. Говорите людям, которые попали под влияние таких духовников: «Найдите правильного, непрельщённого духовника и окормляйтесь у него, чтобы получить помощь». Эти «старцы» доходят до того, что используют моё имя и даже мою фотографию, чтобы у людей сложилось впечатление, будто бы они поддерживают со мной отношения.

Понятно, что эти духовники — люди невеликого ума, и поэтому у них есть смягчающие вину обстоятельства. Однако есть и такие бессовестные, которые сознательно выдают уксус за вино. Один из таких — бывший бухгалтер — сейчас ездит по всей Северной Греции и выдаёт себя за моего послушника. Он говорит, что я дал ему дар прозорливости и ещё «штук пять дарований». Таким образом он прельщает людей и собирает деньги.

— Геронда, этот человек — священнослужитель?

— Нет, мирянин. Однажды он встретил меня в Дафни, но успел скрыться, чтобы я его не увидел. «Истинное чадо»! Хорошо хоть то, что он любит выпить. От него пахнет перегаром. Некоторые люди видят, как он покачивается, и начинают в нём сомневаться.

Ох, как много таких обманщиков, которые наживаются на боли людей и превращают эту боль в коммерцию! Один из таких проходимцев сказал некой вдове: «Одна рука твоего умершего мужа не разложилась в могиле, потому что его душа нуждается в молитве». — «Ну что мне теперь делать? — подумала несчастная. — Дам-ка я ему денег, чтобы он помолился о душе моего мужа». Взяв у неё довольно много денег, он спустя недолгое время сказал ей: «Ну что ж, первой опасности мы избежали. Сейчас состояние твоего мужа немножко улучшилось…» Несчастная продолжала давать обманщику деньги, он завладел половиной её состояния якобы для того, чтобы душа её мужа обрела покой!

А есть такие прельщённые, которые, шепча себе под нос какие-то слова, осеняют больных крестным знамением и якобы исцеляют их. И люди обманываются, не идут на исповедь, не приглашают к себе в дом священника, чтобы он совершил над ними таинство елеосвящения или прочитал соответствующую молитву, однако идут к этим обманщикам. И, между прочим, они оставляют у этих обманщиков целую кучу денег. Мне рассказывали, что в одной деревне два прельщённых устроили очень выгодное дело — настоящий кооператив!.. Диавол наводил на кого-то из их односельчан, к примеру, сильную головную боль, или, по наваждению диавола, у кого-то из жителей этого села схватывало поясницу. Потом диавол шёл к одному из этих прельщённых и сообщал ему: «У такого-то человека сильная головная боль по такой-то причине». Найдя удобный случай, этот прельщённый говорил больному односельчанину: «Я знаю, почему у тебя болит голова» — и тут же рассказывал о «причине» его болезни. «И правда! — поражался больной. — Ты погляди, какое откровение! И что же мне сейчас нужно делать, чтобы голова прошла?» — «Иди к такому-то, и он тебе поможет», — говорил прельщённый и посылал его к другому прельщённому. Видите, какую хитрость измыслил диавол, чтобы удерживать людей в прелести? Объединил двух прельщённых в «медицинский кооператив»! Один ставил диагноз, а второй якобы исцелял! Диавол сделал это, чтобы удерживать людей подальше от Церкви.

Дешёвые дарования прельщённых

— Геронда, а почему, имея какую-то проблему, люди часто прибегают к прельщённым?

— Потому, что дарования диавола дёшевы и их легко приобрести. Ведь прельщённые не требуют от тех, кто к ним приходит, чего-то тяжёлого, они успокаивают, оправдывают людей в их страстях. И вот несчастные, вместо того чтобы покаяться в грехах, вместо того чтобы пойти к духовнику и поисповедоваться, находят таких вот прельщённых — то есть самого диавола — и просят, чтобы они разрешили их проблему. А после мучаются и не понимают, что диавол связал их и приобрёл над ними власть.

— Геронда, скажите, почему же народ верит таким прельщённым?

— У людей заморочена голова. Знаете, как много тех, кто утверждают, что ведут людей по правильному пути, в то время как сами несут за плечами мешок, в котором притаился не кто-нибудь, а диавол! Однако Благий Бог не попускает диаволу остаться совершенно незамеченным.

Иногда из мешка, который несут обманщики, высовывается рог или хвост диавола. Люди видят это и в ужасе кричат: «Ах, что это? Рог? Хвост?» — «Да нет, что же вы такое говорите! Какой там рог, какой там хвост! Ведь это же просто... баклажан», — успокаивают их обманщики, чтобы обвести их вокруг пальца и выдать бесовщину за что-то доброе и полезное.

И сюда, в монастырь, однажды пришла такая компания во главе с неким прельщённым. Обманщик собрал вокруг себя человек десять и изображал из себя их старца. «Вы что, принадлежите к какой-то христианской организации?» — спросил я их. Они ничего не ответили. «К какому-нибудь обществу?» Они молчали. «А у вас есть духовник?» Молчание. Потом они начали подходить ко мне и делать мне поклоны. Этот прельщённый привёз их сюда для того, чтобы удержать их в прелести. Потом он будет говорить: «Мы были у старца Паисия, и он с нами согласен!» Тебе это понятно? Мне не следовало даже с ним встречаться, потому что само по себе то, что я с ним встретился, будет на руку этому человеку. Он выглядел очень подозрительно! А вот по его несчастным приверженцам, которые стояли на коленях, было видно, что они увлечены этим обманщиком.

— Геронда, Вы им ничего не сказали?

— Сказать-то я им сказал, однако лукавый, как только они уйдут отсюда, будет говорить им другое. Не мытьём, так катаньем он снова возвращает их на свою дорогу.

— Геронда, скажите, а как можно предохранить себя от прельщённых?

— Это можно сделать, только если оставаться в ограде нашей Церкви. Конечно, если человек последует за прельщённым по неведению, то Бог его не оставит. Бог поможет такому человеку понять свою ошибку и возвратит его к истине.

Исправление прельщённого

— Геронда, а что может помочь человеку, имеющему какие-то прельщённые идеи, вернуться в нормальное состояние?

— Ему поможет осознание своего никуда не годного состояния, исповедование духовнику всех своих помыслов и послушание духовнику во всём, что он говорит. Такой человек должен постоянно просить милости Божией, чтобы к нему снова возвратилась Божественная благодать. То есть, для того чтобы вернуться в нормальное состояние и спастись, ему необходимо смириться.

И погляди: суды, советы Божии есть бездна. Ах, Его любовь не имеет границ! Один человек с головой, набитой прельщёнными идеями, часто приезжал на Афон и приходил ко мне в каливу. Что бы я ему ни говорил, он ничего не слушал. Всё истолковывал шиворот-навыворот. А покинув Святую Гору, он начинал проповедовать и наносил людям большой духовный ущерб. Он говорил, будто бы я поручил ему проповедовать, и таким образом морочил людям голову. Когда-то давно я дал ему в благословение несколько книг, так вот даже эти книги он показывал людям, чтобы они поверили в то, что он со мной советуется. Но однажды, во время одной такой «проповеди», на какое-то мгновение Божественная благодать его совершенно покинула, и он начал самыми грязными словами хулить Христа и Пресвятую Богородицу. Услышав такие богохульства, люди ужаснулись и разбежались. Потом приехала полицейская машина и его отвезли в психиатрическую лечебницу. Видите, до какой степени доходит любовь Божия! Бог попускает быть хулимым даже Своему Имени — лишь бы Его создания получили помощь и избежали зла!

— Геронда, а если какой-то прельщённый, поняв, что находится в прелести, покается, то покаются ли его последователи?

— Если его покаяние настоящее, то он должен смириться, сказать своим последователям, что он заблуждался, и постараться вывести их на правильную дорогу. Однако, когда прельщённые идеи такого человека станут известными, а сам он будет продолжать оставаться в прелести, его последователи должны быть мягко, аккуратно просвещены и предупреждены. Ведь некоторые прельщённые доходят до того, что распространяют свои идеи внутри Церкви. А поэтому есть опасность, что последователи таких людей, внезапно узнав о том, что то, чему их учили, было прелестью, соблазнятся и оторвутся от Церкви.

ГЛАВА ЧЕТВЁРТАЯ
«ПРЕЛЬЩА́ЮЩЕ И ПРЕЛЬЩА́ЕМИ»[1]

О прелести пятидесятников[2]

— Геронда, те, кто совращаются в прелесть пятидесятников, рассказывают, что у них бывают видения, они разговаривают на разных языках и тому подобное. То, о чём они рассказывают, — их фантазия или же это действительно происходит по бесовскому воздействию?

— Это происходит по бесовскому воздействию. Ведь, совращаясь в ересь пятидесятников и принимая от них крещение, люди попирают совершённое над ними святое крещение Святой Православной Церкви. *Испове́дую еди́но Креще́ние во оставле́ние грехо́в*, — сказано в Символе веры. И вот, принимая такое сектантское крещение, эти несчастные попадают под бесовское воздействие и

---

[1] 2 Тим. 3:13.
[2] *Пятидесятники* — секта протестантского толка, основанная в США в 1907 г. По еретическим воззрениям пятидесятников, они приемлют «крещение святым духом», в результате чего якобы получают харизматические дары: «говорения на незнакомых языках» (т. н. «глоссолалия»), пророчества и другие. Пятидесятники признают свойства Церкви лишь за своей сектой, придерживаются хилиастических воззрений, не признают Священного Предания и т. п. — *Прим. пер.*

начинают издавать разные непонятные звуки — якобы разговаривать на разных языках. «Это, — утверждают пятидесятники, — говорит Святой Дух Пятидесятницы». Но это на самом деле не Святой Дух Пятидесятницы, а целая куча духов нечистых. Да какое там ещё говорение на разных языках! Они несут разную бессвязную несуразицу: даже сами не понимают того, что говорят. А вдобавок записывают всю эту несуразицу на магнитофон и затем ведут подсчёты, на основании которых приходят к выводу: «На этой плёнке столько-то раз „Аллилуйя" произнесено на таком-то языке, столько-то раз — на таком-то…» Да чего уж там: ведь во всей этой абракадабре точно можно отыскать какие-то звуки, которые будут похожи на «Аллилуйя» на каком-нибудь из языков народов мира! Погляди, ведь такое «разговаривание на языках» — дело бесовское. Однако эту бесовщину они считают действием Святого Духа и утверждают, будто бы они переживают то, что пережили в день Пятидесятницы святые апостолы. То, во что они верят, есть хула на Бога, и поэтому эти люди становятся бесноватыми.

— Геронда, а почему они заново крестятся?

— Потому что они говорят: «Я был крещён в младенчестве и не знал того, что со мной собираются делать, а вот сейчас я крещусь, осознавая это». Таким образом, они снова крестятся и якобы оправдывают свои грехи, совершённые до этого сектантского крещения. Но если бы Церковь не совершала крещения младенцев, то что было бы с душами детей, которые умирают некрещёными? Поэтому в таинстве святого крещения крёстный становится поручителем за младенца, он произносит за него Символ веры и несёт за малыша ответственность, пока тот не подрастёт. Да неужели крестить младенцев — несправедливость по отношению к ним? Конечно, нет. Наоборот, крещёный младенец получает Божественную помощь, потому что причащается Святых Христовых Таин. А если, став взрослым, он запачкает таинство святого крещения каким-то грехом, то и это не значит, что надо креститься заново! В Церкви есть покаяние и исповедь, которые омывают человека от совершённого им греха.

Об огнеходцах[3]

— Геронда, рассказывают, что в праздник святого Константина огнеходцы ходят по разожжённым углям и не сгорают. Что это за явление?

— Это бесовское явление и одновременно обман. А то, что они танцуют на углях, держа в руках какую-нибудь икону или крест, — это бесстыдство, потому что поступать так — значит отрекаться от веры. От таких людей удаляется благодать Божия, и поэтому им помогает диавол. Да как же можно, чтобы диавол после этого им не помог? Ведь они «имеют право» на его помощь!

Но в этом деле, в хождении по углям, им помогает и их собственное лукавство. Огнеходцы приходят на место, где будет происходить представление, заранее и всё готовят. То есть они жгут платановые сучья, которые оставляют после себя мало углей и много золы, и, танцуя, знают, куда наступать. Почему, интересно, они не кладут в костёр сучья каменного дуба или земляничного дерева, после сожжения которых угли долго не потухают? Вот пусть кто-нибудь другой разложит им костёр, а они потом пусть пойдут и потанцуют там на углях!

Один человек сказал мне: «Вот ведь чудо! Огнеходцы ходят голыми ногами по углю и не сгорают». — «И это

---

[3] «Огнеходцы» (греч. ἀναστενάρια) — приверженцы языческого обычая хождения по горящим углям, распространённого в некоторых селениях Фракии и Македонии (Северная Греция). — *Прим. пер.*

кажется тебе удивительным? — спросил я его. — Бесы пребывают в огне адской муки многие годы, а сейчас — уже века, и тоже не сгорают! Вот этому стоит удивляться, а не тому, что кто-то не сгорает, немного походив по углям и золе».

Перевоплощение[4]

— Геронда, отчего некоторые люди, даже образованные, верят в перевоплощение?

— Перевоплощение устраивает людей, и особенно людей безбожных, неверующих. Это лжеучение — величайшее лукавство диавола. Диавол удерживает таких людей в греховной жизни помыслом о том, что их души якобы уходят из этого мира и вновь возвращаются в него. «Подумаешь, какое дело, — внушает диавол приверженцам перевоплощения. — Если в этот раз ты потерпишь неудачу, то удача ждёт тебя в следующий раз, когда ты снова вернёшься в эту жизнь. А если ты потерпишь неудачу снова, то ты снова вернёшься, а потом ещё раз… Ты претерпишь эволюцию!..» После этого люди говорят: «Ничего страшного в том, что я совершу ещё и этот грех» — и на всё машут рукой. Они живут невнимательно, не каются. Видишь, как диавол ослепляет этих людей и удерживает их в аду? Я не видел лукавства и выдумки диавола большей, чем лжеучение о перевоплощении: он придумал это для того, чтобы собирать людей в аду. А если диавол один раз поймает тебя, то думаешь, он даст тебе вернуться назад? Теория перевоплощения — самая худшая из всех индуистских теорий.

---

[4] *Перевоплощение* — ложное религиозное представление, согласно которому после телесной смерти душа входит в тело другого человека или животного, совершая бесконечный цикл рождений и смертей.

Как-то поздно вечером ко мне в каливу пришёл один юноша. «Ты пришёл ко мне в такой час, когда я собирался читать вечерню», — сказал я ему. «И ты всё ещё занимаешься такой ерундой?» — ответил он и ушёл. На следующий день он снова пришёл и стал рассказывать мне о бывших ему видениях. «А ты, — говорю, — раньше гашишем никогда не баловался?» — «Да, — говорит, — раньше баловался. Однако в тот раз, когда мне были эти видения, я не курил никакого гашиша!» — «А может быть, — спросил я его, — ты читал книги о перевоплощении?» — «Да», — ответил он мне. Вот на этом он и погорел. Он начитался о перевоплощении, к этому подмешался эгоизм, и диавол начал показывать ему сны о том, что тысячу лет назад он был большим человеком! Денег куры не клевали! Потом в видении он был «восхищен на небо», однако на небе ещё «не был записан», и поэтому ему велели спуститься. До этого состояния его довёл диавол. «Всё, о чём ты мне рассказал, — сказал я ему, — это небылицы. А ты им поверил?»

К сожалению, есть и образованные люди, которые верят подобным глупостям. У меня возле каливы пасся один ослик. Он был резвым, и поэтому я назвал его Насером[5]. Однажды ко мне пришёл паломник — грек, живший в Швейцарии. Он услышал, как я звал ослика Насером, и, приехав в следующий раз, привёз с собой две коробки со сладостями: одну простую, другую подарочную. «Эти сладости тебе», — сказал он мне и вручил коробку с простыми сладостями. «А вот эти изысканные пирожные — для Насера. Я ещё в тот раз понял, что он настоящий Насер. Когда я с ним повстречался, он посмотрел на меня столь скорбным взглядом, что пронзил моё сердце!» То

---

[5] *На́сер Гама́ль А́бдель* (1918–1970) — президент Египта в 1956–1970 гг. — *Прим. пер.*

есть он думал, что Насер перевоплотился и стал ослом! И верил в это! «Брат ты мой, — сказал я ему, — да ты в своём уме? Я зову осла Насером, потому что он резвый!» Но, несмотря на все мои старания, он меня не понимал.

Но это ещё что! Расскажу вам ещё об одном случае. Несколько лет назад на Крит приехала группа немцев, чтобы почтить память немецких солдат, убитых там во время оккупации Греции немцами. Когда немцы проводили своё мероприятие, мимо них проходил один крестьянин с ослом, нагруженным покупками. Увидев толпу людей, осёл начал реветь. Один из немцев понял это таким образом, что ревевший осёл был его убитым на войне братом, перевоплотившимся в осла! Поняв, что «брат» узнал его и поприветствовал своим рёвом, немец вытянулся по стойке смирно и выбросил вперёд руку в военном приветствии… И смех и грех!.. Недолго думая, немец подбежал к крестьянину и спросил его: «Сколько ты хочешь за осла? Я его покупаю». — «Да пошёл ты, знаешь куда…» — ответил ему крестьянин. Однако немец, не слушая его, уже отсчитывал марки: больше, ещё больше… «Да уходи ты, — уговаривал крестьянин, — дай мне пройти». Ещё больше, ещё больше… В конце концов один из наблюдавших эту сцену сказал крестьянину: «Дурень, ты, дурень. Ведь он платит тебе за осла всё равно что за „Мерседес". Ну и отдай ему». Крестьянин постоял, подумал, потом развьючил осла, снял с него седло и передал животное немцу. Немец со слезами на глазах забрал осла и повёз его в Германию!

— Геронда, это всё серьёзно?

— Серьёзней не бывает! Я бы и сам не поверил этому, если бы не услышал эту историю от одного серьёзного человека.

Об аскетических упражнениях в индуизме[6]

— Геронда, индуисты достигают определённого самообладания, потому что им помогают усиленные аскетические упражнения, которыми они занимаются в йоге?

— Заниматься-то всеми этими упражнениями они занимаются, только вот чего добиваются в конечном итоге? Православное воздержание и вообще духовная аскеза всегда имеет в виду высшую духовную цель — освящение души. А сатанинская мирская аскеза тех, о ком мы ведём речь, совершается для того, чтобы тело стало гибким, чтобы можно было крутить руками и ногами, подобно бумажному Карайозу[7], чтобы этими «аскетами» восхищались некоторые неразумные люди и для того, чтобы над ними смеялись достойные осмеяния бесы. Тот, кто занимается такой восточной аскезой, с детского возраста начинает растягивать себе ноги, одну ногу заводит за одно плечо, другую — за другое и, сидя в таком положении, молится. Они набивают мозоли на руках, потому что долгими часами лупят кулаками по мешку с щебёнкой, и потом могут ломать камни, доски и тому подобное.

Но ощущения и переживания, о которых рассказывают последователи восточных религий, поддаются объяснению. К примеру, дотягиваясь языком до кончика носа или же, наоборот, втягивая его внутрь и прикасаясь кончиком языка к гортани, они чувствуют какое-то раздражение, испытывают некоторую сладость щекотания и говорят: «Мы испили нектара». Потом такие «аскеты» сдавливают пальцами нервы возле ушей и начинают

---

[6] Сказанное преподобным Паисием в настоящей главе имеет отношение не только к индуизму, но и вообще к религиозным течениям Новой Эпохи, использующим технику йоги и медитации.

[7] *Карайо́з* — главный герой греческого народного театра теней, шут. — *Прим. пер.*

слышать какой-то гул: «У-у-у-у…» Музыка!.. Или же они давят пальцами на глаза, и в их глазах начинают мелькать звёздочки! А то, бывает, вытаращатся широко раскрытыми глазами на солнце, потом зажмурят глаза и видят свет! «Вот, — говорят, — мы добились того, чего хотели. Увидели нетварный свет!» А потом диавол говорит им: «А-а, так вы хотите света? Ну что же, я вам его дам». Диавол распаляет их воображение, и впоследствии они видят «свет», уже не надавливая на глаза пальцами и не глядя на солнце. Нас, православных монахов, диавол часто старается прельстить, показывая какой-нибудь свет или что-то подобное этому. Мы его не просим об этом, даже поворачиваемся к этому свету спиной, а он всё равно старается нас прельстить! Что ж тогда говорить, если сам человек провоцирует на это диавола! Ведь диаволу только дай повод!

— Геронда, то есть сам диавол показывает им разные картины?

— Да, он разжигает, обостряет их воображение до высокой степени и потом ввергает их в прелесть.

А некоторые наши соотечественники едут к индийским учителям. Индийцы учат их говорить на своём языке разные хульные вещи о Христе, о Пресвятой Богородице, о святых. Одни из них знают, что это хула, другие — не знают. И, таким образом, эти люди становятся бесноватыми. Потом они начинают произносить «неизреченные глаголы». Они доходят до исступления, невменяемого состояния, а люди, видя их, думают, что те находятся в духовном состоянии! Но это состояние — бесовское.

Индуизм причинил много зла

Индийцы — народ умный. Они не удовлетворяются земным, их беспокоит то, что лежит за пределами естества. И они наделены богатым сердцем. Но, несмотря на это, они занимаются якобы философией, прелестными учениями и колдовством. Индийцы разлагают европейцев своими теориями. И погляди на тех, кто стоит во главе восточных религиозных течений: сами они по комплекции похожи на быков, тогда как большинство людей в тех странах умирают от голода! Эти учителя приезжают и к нам в Грецию, дурачат людей нирваной — возможностью побездельничать, перевоплощением... Помимо всего прочего они используют в своих книгах отрывки из Священного Писания, из Добротолюбия, из святоотеческих книг и таким образом привлекают к себе народ. Разве можно было себе представить в прежние времена православных, верящих индуистским теориям?! А сейчас даже некоторые, как бы это получше сказать, правильные, положительные люди поддерживают подобные глупости и дают этим учителям кучу денег. Индуизм причинил нам огромное зло.

— Геронда, скажите, а есть ли в Индии православные христиане?

— Очень мало. Оставалось немного членов той Церкви, которую основал в Индии апостол Фома, но перевелись и они. Одни из них стали католиками, другие — протестантами. Сегодня православных в тех странах можно пересчитать по пальцам.

То, что иные религии или религиозные движения выдают за чудеса, не имеет ни малейшей связи с чудесами нашей веры. Христос хочет от нас любочестия. Он не хочет, чтобы мы любили Его, потому что Он всесилен. Если бы Он захотел, то мог бы совершить какое-то чудо —

и весь мир тут же уверовал бы в Него. Однако, поступив так, Он связал бы свободу человека. Поэтому Христос говорит: *Блаже́ни не ви́девшии и ве́ровавше*[8].

В Православии присутствуют чудо и Божественная благодать. В индуизме — колдовство и философия. Чудо индуизм заменяет колдовством, а Божественную благодать — философией. Диавол даёт силы гуру, колдунам и подобным им, потому что они сами дают ему права над собой. Таким образом, эти люди могут совершать якобы чудеса, видя которые другие восхищаются.

С того момента как человек, увлёкшийся восточными религиозными учениями, видит, что тот, кто совершает ложные чудеса, не имеет ни малейшего родства со Христом, он должен понять, что всё, совершаемое таким «чудотворцем», есть диавольский обман. Диавол не способен говорить истину. Он говорит одну ложь и вводит в заблуждение создания Божии. Если люди, связавшиеся с восточными учениями, прежде немного познали Православие и имеют доброе расположение, то они задумываются, видя, что жизнь восточных чародеев нечиста, запутана, в то время как в Православии они находят чистую жизнь и высшие дарования. В Православии они находят людей, имеющих святость и совершающих истинные чудеса.

Доброта в Православии есть преизлияние любви человека к Богу и к своему ближнему. Все прочие виды доброты, которые совершаются инославными, прельщёнными и подобными им, не имеют духовных основ жизни во Христе, однако могут иметь в себе какие-то положительные человеческие основы. Тот, кто правильно живёт православной жизнью, имеет смирение, любовь и всецело отдаёт себя ближнему, приносит себя в жертву. И свои аскетические подвиги, пост, бдение он тоже совершает от

---

[8] Ин. 20:29.

любви к Богу, а не ради того, чтобы почувствовать что-то приятное.

Христос пришёл в этот мир для того, чтобы претерпеть распятие от любви к Своему созданию. Сначала Он претерпел распятие, а потом воскрес. Просить духовных радостей — дело дешёвое. Другое дело, если небесных сладостей даст вкусить человеку Сам Христос. А вот те, кто занимаются, к примеру, различными индуистскими философиями, йогой и тому подобным, делают это, стремясь достичь якобы духовного состояния, экстаза. Они стремятся испытать наслаждение или же стать выше других, при этом не имея ни к кому никакого сочувствия, интереса.

Предположим, что последователь восточной религии сидит на морском берегу и занимается самоконцентрацией. Если, в то время как он занимается своим деланием, в море будет тонуть человек и кричать: «Помогите!» — то последователь восточного культа останется совершенно равнодушным к его крику. Он даже не пошевелится, не сойдёт со своего места, чтобы не лишиться наслаждения, которое испытывает. А вот если бы на его месте находился православный монах, который творил бы Иисусову молитву, то, услышав крик утопающего, он тут же отложил бы в сторону чётки и бросился в море спасать человека.

Как обольщаются люди

— Геронда, когда перед Вторым Пришествием на землю придут пророки Илия и Енох для проповеди покаяния, то поймёт ли мир их проповедь, придёт ли он в чувство?

— Те, у кого есть доброе расположение, поймут. А те, у кого доброго расположения нет, не поймут и прельстятся. Христос предупредил нас о том, что нам нужно быть очень внимательными, поскольку *восста́нут лжехри́сти и лжепроро́цы и дадя́т зна́мения и чудеса́ е́же прельсти́ти а́ще возмо́жно и избра́нныя*[9].

Есть люди, которые принимают некоторых прельщённых за пророков. Несколько лет назад один протестант не переставая ездил из одного города в другой, имея при себе кожаный чемоданчик, на котором была наклейка с надписью по-английски: «Я — Илия пророк!» Этот протестант был одет в рубашку с короткими рукавами, имел при себе Священное Писание на английском языке и говорил людям, что он спустился с неба! Когда его спрашивали, во что он верит и к какой религии относится, он отвечал: «Э, сейчас всё это не имеет никакого значения! В те времена, когда я ещё жил на земле, никаких религий не было!» Тебе понятно? Стало быть, все: католики, протестанты, пятидесятники, все ереси и все еретические ответвления — для этого протестанта не имели никаких различий. Но разве после этого не становится ясно, что это за «пророк»? А сколько он мне присылал писем! Все его письма пестрели цитатами из Священного Писания и различными протестантскими идеями. Он присылал целую кучу писем и другим людям: одним — из Англии, другим — из других мест. Некоторые поверили ему и даже хотели опубликовать в одном журнале статью о том, что пришёл пророк Илия. «Да вы в своём уме? — сказал я этим людям. — Что же вы такое собираетесь делать?» Несчастные люди: у них совсем заморочена голова!

Даже просто слушая то, что говорят прельщённые, человек согрешает. Некоторые говорят: «Если ты поверишь в то, что некое событие произойдёт, то оно произойдёт». Такая вера — вера в своё «я», однако за этим «я» скрывается тангалашка. Такие люди делают своё «я» богом и лишаются Божественной благодати. И вот подобными теория-

---

[9] Мк. 13:22.

ми некоторые стараются привести людей в заблуждение. Один такой прельщённый, лет сорока пяти, выдавал себя за выпускника богословской школы на Халки[10] и проповедовал различные индуистские теории. «Распространяя все эти облагороженные индийские глупости, — сказал я ему, — и одновременно выдавая себя за выпускника школы на Халки, ты вредишь и себе самому, и людям. Будь внимателен: ты можешь стать бесноватым».

— Геронда, а почему некоторые распространившиеся в Греции псевдорелигиозные течения стремятся выдать себя за нерелигиозные объединения, клубы, общества и тому подобное? Почему они не говорят о том, что содержание их учения религиозно?

— Они делают это для того, чтобы обольстить людей. И посмотри: ведь ещё святой равноапостольный Константин Великий упразднил идолопоклонство и сделал христианство государственной религией всей тогдашней Римской империи. И вот сегодня нас снова хотят вернуть в идолопоклонство. На государственном уровне позволяют строить мечети, разным там гуру — основывать у нас свои монастыри, свободно выступать с лекциями, открывать различные прозелитские центры... Масоны действуют у нас свободно, иеговисты тоже... На Православие ополчилась целая куча различных религиозных учений. Но всё это не удержится — распадётся как карточный домик.

Несчастные люди увлекаются всеми этими лжеучениями, потому что они удалились от Бога и дошли до

---

[10] *Ха́лкинская богословская школа* — главный богословско-образовательный центр Константинопольского патриархата, на протяжении более столетия (с 1844 г. до 1971 г.) готовивший священнослужителей и преподавателей. Среди выпускников школы — множество иерархов Православной Церкви, в том числе патриарх Варфоломей I. Семинария закрыта турецким правительством. Вопрос о её возрождении остаётся нерешённым. — *Прим. пер.*

помрачения! Два юноши рассказывали мне, как, путешествуя по Святой Земле, они приехали в Хеврон поклониться гробу Авраама, и там их пустили к гробу только с тем условием, что они наденут еврейские шапочки. Но если ты надел на свою голову вещь, которая используется в еврейском религиозном культе, то чем поможет тебе православное паломничество?

Да что тут скажешь?! Происходит страшный кавардак! В Париже при входе в одну римо-католическую церковь повесили табличку: «Даём уроки Иисусовой молитвы по методу йоги». До чего же они докатились! А потом у таких «молитвенников» начинаются непорядки с головой и они сходят с ума. Они не знают, чего просят. Некоторые римо-католики, протестанты и подобные им узнают о том, что при крещении в Православной Церкви человек изменяется, возрождается. И вот эти люди считают, что, если они тоже покрестятся православным крещением, состояние их психики вновь придёт в норму. Один протестант хотел стать православным. Когда те, кого он попросил о крещении, пришли ко мне, я сказал им: «Послушайте, не нужно его крестить. Он не готов ко крещению». — «Нет, — ответили они мне, — если он покрестится, то получит помощь». — «Но ведь он не готов ко крещению! Неужели вы этого не понимаете?» Но они меня не послушали, отвезли этого протестанта на море и крестили! Через два-три дня он приходит ко мне в каливу и заявляет: «Я крестился, но состояние моей психики крещение не улучшило». — «Послушай-ка, да неужели ты крестился ради того, чтобы улучшилось состояние твоей психики? — спросил я его. — Гляди: если бы ты чувствовал, необходимость в крещении, если бы ты понимал его достоинство и ради этого величия стремился бы к сему таинству, тогда и твоя психика пришла бы в норму. Но сейчас, когда ты приступил к таинству святого крещения только ради того, чтобы исправить непорядки с психикой, как же они исправятся, эти непорядки? Думаешь, они исправятся магически?»

Эти люди смешивают колдовство с чудом. Они не могут отличить золото от бронзы. Ты погляди: какой-нибудь протестант может принять, к примеру, православное крещение, а после этого стать католиком, потом, сказав: «Нет, это мне тоже не по душе», снова вернуться в протестантизм или в Православие. Один католик принял православное крещение, стал монахом и девять лет прожил в православном монастыре. Как-то он пришёл ко мне в каливу и заявил: «Как православный я ещё не жил мирской жизнью и поэтому хочу уйти в мир и жениться!» Ты только послушай! И помимо всего прочего, когда ты ему говоришь, насколько тяжёлый грех думать так, он тебе отвечает: «А почему это тяжёлый грех? Этого я понять не могу».

Возвращение в Православие

Нынешние странные люди находят удовлетворение в том, что странно, а не в том, что правильно. К примеру, они едут в Индию, которая находится на другом краю земли и которая известна своим колдовством. А о Святой Афонской Горе, которая находится на их Родине, рядом с ними и хранит истинную таинственную жизнь во Христе, они не знают, пренебрегают ею! Один студент рассказывал мне о том, что он ездил в Индию и прожил там три с половиной года. Он пытался разобраться и понять, какая религия истинна. В конце концов один индиец сказал ему: «Зачем ты сюда приехал? То, что ты ищешь, есть в Православии. Свет идёт оттуда. Поезжай на Святую Гору Афон и найди там то, что ищешь»[11]. Таким образом, юноша вернулся в Грецию и приехал на Святую Гору.

---

[11] Известно, что человеку, имеющему доброе расположение, Бог может открыть Свою волю различными способами. Одним из многочисленных приме-

— Геронда, когда православный христианин, связавшийся с различными восточными религиозными культами, кается в этом, то Православная Церковь снова принимает его в число своих членов?

— Такому человеку необходимо великое покаяние и помазание святым миром. Если он захочет возвратиться в Православие и снова стать членом Церкви, то по правилам ему сперва нужно письменно отречься от злославия восточных культов, исповедать православную веру, а после этого священник должен прочитать над ним молитвы о возвращающемся к истинной вере и помазать его святым миром[12].

Я вижу, как некоторые молодые ребята — наши соотечественники, не прочитав ни строчки из Евангелия, начинают читать брахманскую, буддийскую литературу, Коран и тому подобное. Едут они и к индийским гуру. Потом там им приходится не по душе, и они возвращаются в Православие, однако уже заразившись в этих восточных культах целой кучей разных духовных микробов. Люди повреждаются, и потом им трудно найти истину. Пусть человек сперва жизненным опытом познает Православие, а потом — если Православие ему не нравится — уходит из него. Пусть он познает Православие правильно и потом сравнит его с различными религиозными учениями, о которых он слышит. Ведь, познав Православие, человек сможет отличить подделку от золота или понять, насколько чисто золото, сколько в нём каратов. Такого человека

ров является ослица, проговорившая человеческим голосом для того, чтобы отвратить Валаама от действий, несогласных с волей Божией (см. Числ. 22:18-35).

[12] См. Требник в 3-х частях. Требник Дополнительный. Последование Мефодия Патриарха Константинопольского о от отвержения обращающемся ко истинней вере. Киев, 1997. С. 678–690. В современной практике Русской Православной Церкви христиан, получивших помазание святым миром, повторно не миропомазывают. — *Прим. пер.*

не проведёшь на мякине, он не принимает за золото всё то, что блестит.

Я обратил внимание вот на что: из Православия уходят только эгоисты. Человек смиренный из Православия никогда не уходит.

ЧАСТЬ ПЯТАЯ

О СИЛЕ ИСПОВЕДИ

«Для того чтобы испытать внутренний покой, нужно очистить себя от мусора. Это нужно сделать посредством исповеди. Открывая сердце духовнику и исповедуя ему свои грехи, человек смиряется. Таким образом ему открывается небесная дверь, его щедро осеняет благодать Божия, и он становится свободным».

ГЛАВА ПЕРВАЯ
О НЕОБХОДИМОСТИ ДУХОВНОГО РУКОВОДИТЕЛЯ

С помощью исповеди человек освобождается

— Геронда, в первые годы христианства все члены Церкви совершали исповедь прилюдно. Есть ли польза от такой прилюдной исповеди?

— Первые годы христианства — это одно, а наши, с вами годы — дело другое. Сегодня пользы от такой прилюдной исповеди нет.

— Почему, геронда? В те времена у христиан было больше ревности?

— И ревности у них было больше, и того, до чего мы докатились сегодня, у них не было. Сегодня не так, как в старину, — ни с того ни с сего разводятся супруги, разрушаются семьи.

Удалившись от таинства исповеди, люди задыхаются в помыслах и страстях. Знаете, сколько людей приходит ко мне и просят, чтобы я помог им в каком-то их затруднении? Но при этом эти люди ни на исповедь, ни в церковь не хотят идти! «А в церковь-то ты хоть ходишь?» — спрашиваю. «Нет», — отвечают они. «А ты хоть когда-нибудь исповедовался?» — спрашиваю снова. «Нет.

Я пришёл к тебе, чтобы ты меня исцелил». — «Но как же я тебя исцелю? Тебе нужно покаяться в своих грехах, нужно исповедоваться, ходить в храм, причащаться — если ты имеешь на это благословение своего духовника, — а я буду молиться о твоём здравии. Неужели ты забываешь о том, что есть и иная жизнь и к ней нам необходимо готовиться?» — «Послушай-ка, отец, — возражают в ответ такие люди, — всё то, о чём ты говоришь: церкви, иная жизнь и тому подобное, — нас не занимает. Всё это сказки. Я был у колдунов, был у экстрасенсов, и они не смогли меня исцелить. И вот я узнал, что исцелить меня можешь ты». Представляешь, что творится! Ты говоришь им об исповеди, о будущей жизни, а они отвечают, что «всё это сказки», но одновременно просят: «Помоги мне, а то я сижу на таблетках». Но как я им помогу? Разве исцелятся они волшебным образом, без труда?

И посмотри, многие люди, измученные проблемами, которые они сами себе создали своими грехами, не идут к духовнику, который может им действительно помочь, но заканчивают тем, что «исповедуются» у психолога. Они рассказывают психологам историю своей болезни, советуются с ними о своих проблемах, и эти психологи своими советами словно швыряют своих пациентов в середину реки, которую им нужно перейти. В результате несчастные или тонут в этой реке, или всё-таки доплывают до другого берега, однако течение относит их очень далеко от того места, где они хотели оказаться... А вот придя на исповедь к духовнику и поисповедовавшись, такие люди без риска и страха перейдут реку по мосту. Ведь в таинстве исповеди действует благодать Божия, и человек освобождается от греха.

— Геронда, некоторые люди оправдываются: «Мы не можем найти хороших духовников и поэтому не идём исповедоваться».

— Всё это отговорки. Каждый духовник, раз он облачён в епитрахиль, обладает божественной властью. Он совершает таинство, он имеет Божественную благодать, и когда читает над покаявшимся разрешительную молитву, Бог стирает все грехи, в которых тот поисповедовался с искренним покаянием. То, какую пользу мы получим от таинства исповеди, зависит от нас самих. Однажды ко мне в каливу пришёл человек, у которого были непорядки с психикой. У него был помысел, что я наделён даром прозорливости и смогу ему помочь. «Что ты обо мне предвидишь?» — спросил он меня. «Найди духовника и исповедуйся ему, — ответил я. — Тогда ты будешь спать как младенец и выбросишь таблетки, которые пьёшь». — «В наше время, — ответил он, — хороших духовников нет. Раньше были, а сейчас перевелись». Вот так эти люди приходят ко мне с добрым помыслом получить пользу, однако не слушают того, что я им говорю. Ну так что же: только зря потратились на билеты до Афона.

Однако я вижу, что диавол придумал новую западню для того, чтобы уловлять людей. Диавол внушает людям помыслы о том, что, если они выполняют какой-то данный ими обет, к примеру едут в паломничество в святое место, значит, духовно они находятся в порядке. И вот часто видишь, как многие паломники с большими свечами и с серебряными подвесками, которые они обещали привести к той или иной чудотворной иконе, едут по монастырям, по святым местам, вешают там эти серебряные подвески, осеняют себя широким крестным знамением, утирают навернувшиеся на глаза слёзы и этим довольствуются. Эти люди не каются, не исповедуются, не исправляются и тем самым радуют тангалашку.

— Геронда, может ли иметь внутренний покой человек, который не исповедуется?

— Как же он будет иметь внутренний покой? Чтобы ощутить внутренний покой, необходимо вычистить себя от мусора. Это нужно сделать посредством исповеди. Открывая своё сердце духовнику и исповедуя ему грехи, человек смиряется. Таким образом ему открывается небесная дверь, его щедро осеняет благодать Божия, и он становится свободным.

До исповеди духовная вершина человека затянута туманом. Человек видит сквозь этот туман очень нечётко, расплывчато — и оправдывает свои грехи. Ведь если ум помрачён грехами, то человек видит будто сквозь туман. А исповедь точно сильный ветер, от которого рассеивается туман и расчищается горизонт. Поэтому если люди, пришедшие ко мне попросить совета, не исповедовались, то прежде всего я шлю их на исповедь и говорю, чтобы они пришли ко мне для беседы уже после неё. Некоторые начинают отговариваться: «Геронда, если ты в состоянии понять, что мне нужно сделать для решения моей проблемы, то просто скажи мне об этом». — «Даже если я действительно в состоянии понять, что тебе нужно делать, — отвечаю им, — то ты этого понять будешь не в состоянии. Поэтому сперва пойди поисповедуйся, а потом приходи и мы с тобой побеседуем». И правда, как можно установить с человеком связь и прийти к взаимопониманию, если он «работает» на другой частоте?

Посредством исповеди человек вычищает себя изнутри от всего ненужного — и духовно плодоносит. Однажды, когда я копал свой огород, чтобы посадить несколько кустов помидоров, ко мне пришёл один посетитель и спросил: «Что ты делаешь, геронда?» — «Что я делаю? — сказал я. — Да вот, исповедую свой огород». — «Да как же, геронда? — опешил он. — Неужто огород тоже нуждается в исповеди?» — «Конечно, нуждается. Я убедился, что когда поисповедую огород, то есть вычищу землю от камней, сорняков, колючек и тому подобного, то овощи, которые он родит, бывают крепкими, здоровыми как на подбор! А если огород оставить без исповеди, то и вырастут на его грядках какие-то недоразвитые жёлтенькие и сморщенные помидорчики!..»

Бог хочет, чтобы человек исправлялся посредством человека

— Геронда, когда я сталкиваюсь с каким-то затруднением и молюсь о том, чтобы оно разрешилось, как мне понять, в чём состоит воля Божия?

— Воля Божия подобным образом не отыскивается. Лучше тебе спрашивать о своём затруднении других. Не проси извещения от Бога, если ты можешь посоветоваться с человеком. Ведь иначе ты можешь впасть в прелесть. Один человек, приходя в храм, становился перед иконостасом и начинал говорить: «Владычица моя, так я возьму деньги из ящика для пожертвований?» — «Бери», — отвечал ему его помысел. «Хорошо, тогда я их возьму», — отвечал он своему помыслу и брал деньги. Когда это случилось несколько раз, один из членов приходского совета заметил, что из ящика для пожертвований исчезают деньги. «Что же такое творится? — удивился он. — Неужели кто-то ворует деньги?» Он решил узнать, кто этим занимается. И что же он увидел? Вскоре пришёл этот человек — и всё повторилось: «Владычица моя, так я возьму деньги из ящика?.. Хорошо, тогда я их возьму». Так член приходского совета застал его на месте преступления.

Всегда, когда рядом есть духовный человек, у него нужно спрашивать совета. А вот если человека, у которого можно спросить, нет — к примеру, ты находишься где-то в пустыне, — однако в тебе живёт жажда послушания, тогда Благий Бог Сам становится твоим старцем: Он просвещает и извещает тебя. Положим, ты не можешь найти человека, который способен разъяснить тебе какое-то место из Священного Писания. Но в этом случае тебя просвещает Бог, и ты понимаешь это место.

— Геронда, скажите, а как можно понять, в чём причина какого-то явления моей духовной жизни: искушение ли это лукавого или виновата моя собственная невнимательность?

— Надо пойти и спросить.

— Значит, человек не может этого понять сам?

— Даже если он что-то и понимает, уверенным быть не может. Да тут даже тот, кто имеет опыт, идёт и спрашивает другого. Если вопрос касается лично меня, то я всегда спрошу кого-то. Когда речь идёт о том, что касается меня лично, то моё собственное решение — каким бы премудрым оно ни казалось — я считаю величайшей глупостью. При этом я иду спрашивать не у того человека, который заранее знает, какое решение мне придётся по душе, а у того, кто этого не знает. Погляди, ведь и врач, для того чтобы быть уверенным, что он ставит правильный диагноз в тяжёлом случае, советуется с другим врачом. Тем более следует советоваться какому-нибудь студенту! Насколько бы духовным ни был человек, насколько бы хорошо он ни умел сам раскладывать по полочкам касающиеся его вопросы — он не может найти внутреннего покоя, потому что Бог хочет, чтобы человек получал помощь от человека и исправлялся через человека. Благий Бог устраивает это для того, чтобы человек смирялся. Человек должен излагать свои помыслы и то, что с ним происходит, своему духовнику, советоваться с ним и не решать трудных вопросов самостоятельно. Ему также не следует самому пытаться преодолеть те трудности, которые он встречает в своей духовной борьбе — ведь делая это, он ставит опыты на самом себе, лукавый может запутать его и создать ему новые проблемы. Некоторые люди доходят до того, что сами определяют для себя епитимьи. Такие вещи очень опасны.

Христианин, не имеющий духовника, с которым он мог бы советоваться, продвигаясь по своему духовному пути, запутывается, выбивается из сил, плетётся в хвосте. Достичь поставленной цели такому человеку очень непросто. Если человек сам разрешает свои проблемы, то, каким бы он ни был мудрым, он остаётся помрачённым, поскольку ведёт себя с самоуверенностью и гордостью. А вот тот, кто смиряется, с доверием и самоотверженностью идёт к своему духовнику и спрашивает его мнение, получает помощь. Это происходит, потому что в последнем случае Бог обязательно просвещает духовника и духовник даёт человеку правильный ответ. Да вот и в случае со мной... Я ведь кто? Крышка от консервной банки. Однако если ко мне приходит человек с помыслом, что я — святой, то я замечаю, что испытываю в себе какое-то изменение и чувствую, что говорю не от себя. Отсюда мне ясно как дважды два четыре, что пришедший ко мне человек пришёл с благоговением и Бог, для того чтобы не поступить с этим человеком несправедливо, приводит меня в это доброе состояние. В подобных случаях, если тебя спрашивают о чём-то серьёзном, Бог извещает тебя и ты можешь сказать человеку о том, что должно случится, когда это случится и как он должен к этому отнестись.

В духовной жизни необходим духовный руководитель

Сегодня самое необходимое для людей — это найти духовника, исповедоваться ему, доверять ему и советоваться с ним. Если, имея духовника, люди устраивают свою жизнь так, чтобы в ней находилось место молитве и чтению духовных книг, если они ходят в храм, причащаются, тогда в этой жизни им нечего бояться.

Для того чтобы душа не сбилась с пути, за ней должен наблюдать духовник. В духовной жизни очень помогает, к примеру, чтение духовных книг, однако, не имея духовного руководителя, человек может истолковывать прочитанное на свой лад и таким образом впасть в прелесть. Погляди, ведь человек, который едет куда-то на машине и плохо знает дорогу, может заглядывать в карту, однако, кроме этого, он останавливается, чтобы спросить у людей, как ему проехать, как не сбиться с пути. К примеру, человек выезжает из Афин и направляется во Флорину. Карта-то у него, конечно, есть и он в неё заглядывает, но всё-таки он останавливается возле какого-нибудь киоска и спрашивает, правильно ли едет, хорошая ли впереди дорога. А если не будет спрашивать, то подвергнется опасности или свернёт не туда, куда нужно, и вместо Флорины окажется в Кавале или же сорвётся вместе с машиной с обрыва и разобьётся насмерть.

Конечно, может быть и такое: человек спрашивает других о том, как ему проехать в нужное место, однако, услышав ответ, что нужно повернуть в другую сторону, всё-таки едет по своей дороге и в итоге попадает не туда, куда стремился. А ещё он может не обратить внимания на те дорожные опасности, о которых его предупреждали, и попасть в аварию или в какую-нибудь другую неприятность. Однако тот, кто показывал ему правильную дорогу и предупреждал: «Будь внимателен: в таком-то месте крутой поворот, а в таком-то — дорога проходит по краю высокого обрыва...», получает свою мзду. То же самое должно происходить и в духовной жизни. Верующему необходимо иметь духовника, который помогал бы ему посредством таинства исповеди, давал советы. Только так человек может жить духовной жизнью и быть уверенным в том, что находится на верном пути.

Конечно, духовного руководителя человек выбирает себе сам. Доверять свою душу всякому встречному-поперечному не нужно. Подобно тому как, заботясь о телесном здоровье, человек разыскивает хорошего врача, так же, заботясь о здоровье души, нужно постараться найти хорошего духовника и ходить к этому духовнику — врачу души — регулярно.

Посылайте людей к духовнику

— Геронда, часто люди, которые приходят к нам в монастырь, видят, что мы одеты в рясы, и это располагает их говорить нам о своей боли, о своих проблемах — даже исповедоваться. Как нам относиться к таким людям?

— Когда люди обращаются к вам с вопросами о том, что их мучает, сначала спрашивайте их: «Есть ли у вас духовник?» И я тоже говорю тем, кто приходит ко мне в каливу: «Я не духовник. Идите к своему духовнику и делайте то, что он вам скажет». Люди должны покаяться. Они должны ходить к духовнику и исповедоваться ему, чтобы диавол был лишён тех прав, которые они сами ему над собой дали. Если монахиня один раз разделит боль какой-нибудь измученной женщины, которая пришла в монастырь рассказать о своих проблемах, и, выслушав, пошлёт её к духовнику, это мне понятно. Однако делать беседы с этой несчастной женщиной регулярными — это неправильно. Если же какую-то женщину не устраивает её духовник, или она никогда не была на исповеди, или находится в состоянии отчаяния, то пусть монахиня — выслушав её один раз — опять-таки отошлёт её к духовнику, а женщине скажет, что сама тоже будет за неё молиться.

В обязанности монахини не входит помогать людям, постоянно выслушивая их проблемы. К тому же от такого выслушивания не получают пользы и сами люди. Ведь с человеком могут происходить изменения трёх видов: он изменяется от себя самого, от других и от диавола. И вот люди приходят сюда, в монастырь, находят здесь человеческое утешение, однако, как только они уходят из монастыря, тут же возвращаются к прежней жизни, и так продолжается их старая песня. Поэтому и женщины, и мужчины должны идти к своим духовникам. Если вместо этого они рассказывают о своих проблемах монашке, это неправильно, потому что впоследствии люди оправдывают себя: «Я о себе рассказал, то есть сделал то, что нужно». То есть такие люди ложно успокаивают свой помысел и не идут к духовнику. А это уловка диавола, чтобы люди не исповедовались.

Вы должны понять, какова миссия каждой из вас как монахини, и не стремиться заниматься ложным миссионерством. Ведь в такое «миссионерство» мы уклоняемся оттого, что не понимаем нашей монашеской миссии. Как монахи мы обязаны молиться о людских проблемах, однако распутывать эти проблемы мы не обязаны. А вот в круг обязанностей духовника людские проблемы входят, более того, он несёт за это ответственность. Если же люди беседуют о своих проблемах с вами, то они перекладывают эту ответственность на вас, тогда как духовник может следить за людьми с близкого расстояния и находить их проблемам разрешение. То есть с людьми нужно работать, но эта работа — не дело монахини. От нас люди могут требовать только молитвы. Если они присылают нам письмо с именами и просьбой помолиться о них, то нам надо, сколько возможно, молиться за этих людей по чёткам.

> «Лечащий духовник»

Подобно тому как человек прилагает попечение о том, чтобы его семейный врач находился по возможности недалеко от него, так же ему надо стараться, чтобы рядом с ним находился его духовник. Обычный врач, находясь рядом с больным, может оказать ему помощь, много большую, чем профессора медицины, — даже если его опыт и не столь богат. Ведь, находясь рядом с больным, врач может его регулярно обследовать, а когда понадобится — послать его на консультацию к специалисту. Когда я лежал в туберкулёзном диспансере[1], то обратил внимание на следующую вещь: многие богачи, будучи больны туберкулёзом, не ложились в диспансер, а оставались у себя дома. Лечить их приходили профессора медицины. Однако, как показал опыт, такое лечение оказалось совершенно безрезультатным, поскольку профессора не могли следить за домашними больными регулярно. Поэтому в диспансере были вынуждены открыть особое отделение для богатых, чтобы они лечились стационарно и могли находиться под постоянным медицинским наблюдением. Я хочу сказать следующее: врач, находясь рядом с больным, следит за ним, назначая ему то или иное лечение, и видит, помогают ли ему лекарства, которые он прописал, или же они имеют побочное, нежелательное действие. В соответствии со своими наблюдениями врач увеличивает или уменьшает назначенную дозу, а если это понадобится, может назначить больному и совсем иной курс лечения. Так же и духовник: он должен наблюдать за душой вблизи, поскольку время от времени в человеке происходят различные изменения, за которыми невозможно уследить издалека, с тем чтобы помочь ему результативно. Как-то

---

[1] В 1966 г.

я посоветовал одной женщине, находившейся в искушении: «Сделай то-то и то-то и увидишь, что это искушение ты сможешь преодолеть». И действительно: она меня послушалась, искушение прошло. Однако спустя немного времени она впала в совершенно противоположное искушение и попыталась преодолеть его таким же способом, как и первое. В результате она хлебнула немало горя! Но ведь эта чудачка могла отправить ко мне какого-то человека или же написать письмо, чтобы спросить меня, что ей следует делать, поскольку трудность, с которой она столкнулась, была иного порядка. И я прописал бы ей новое «лекарство», то есть дал бы другой совет. Но она не нашла возможности меня спросить, потому что я был далеко от неё. Поэтому — если я не знаю человека как следует и не нахожусь с ним в тесной связи — издалека я советов не даю.

Духовник в семье

— Геронда, какие книги способны помочь супругам?

— Супругам поможет вот что: ни один из них не должен себя оправдывать. Если каждый из супругов оправдывает себя, то — сколько бы духовных книг они ни прочли — пользы не получат. А если муж и жена расположены по-доброму, если у них есть духовник и они оказывают ему послушание, то они смогут избежать проблем. Без духовного «третейского судьи» нормальная жизнь в семье невозможна.

Лучше всего, если супруги имеют одного духовника — не так, чтобы у мужа был один духовник, а у жены — другой. Если две доски будут обтёсывать два разных плотника — каждый по-своему, то подогнать одну доску к другой никогда не удастся. А если супруги имеют одного духовника, то духовник «обтёсывает» их «выпуклости» —

недостатки. Он обтёсывает недостатки одного, обтёсывает недостатки другого, и таким образом выравниваются, сглаживаются трудности в их отношениях. Однако нынче даже в тех супружеских парах, которые живут духовно, муж и жена имеют разных духовников. Редкость, если оба супруга имеют одного духовника. Поэтому они и не получают помощи. Я знал супружеские пары, в которых супруги вполне подходили один другому, однако у них не было одного духовника, который мог бы им помочь, и поэтому они развелись. В то же время я знаю такие семьи, в которых муж и жена, имея одного духовника, жили гармоничной, слаженной супружеской жизнью, несмотря на то что как люди друг другу не вполне подходили.

Конечно, если вся семья имеет одного духовника, то это ещё лучше. Когда в такой семье возникнет проблема, духовник выслушает всех членов семьи и разрешит её, зная о ней со всех сторон. В одном случае духовник строго велит сделать что-то отцу или матери, а в другом — если он не сможет разобраться с проблемой на основании того, что говорят родители, — пригласит к себе детей. Если в семье есть проблемы, в которых виновата, к примеру, жена, то духовник может пригласить к себе мужа, чтобы посоветовать, как нужно себя вести. Наконец, он может попросить о рассудительной помощи кого-то из их родственников или знакомых.

Смена духовника

— Геронда, если человек по какой-то причине вынужден сменить духовника, то ему снова нужно исповедовать новому духовнику те грехи, которые он ранее исповедовал старому?

— Хорошо, если человек поставит своего нового духовника в известность о том, какими духовными болезнями он болел, подобно тому, как больной рассказывает новому врачу историю своей болезни, чтобы тот имел возможность помочь ему более результативно.

— Геронда, а если человек хочет сменить духовника и спрашивает нас о том, правильно ли это, что нужно ему отвечать? — Чтобы найти себе нового духовника, надо взять благословение от духовника старого. В лёгкой смене духовников нет ничего хорошего. Если при строительстве здания будут то и дело меняться инженеры и мастера, то это здание не будет построено как следует.

В прежние времена люди шли к старцам, чтобы посоветоваться с ними о своих затруднениях и получить помощь. Сегодня многие идут к старцам не для того, чтобы с ними посоветоваться, а для того, чтобы оправдать самих себя или чтобы потом рассказывать другим, что они советовались и с таким-то старцем. «Я был у такого-то старца и у такого-то, — говорят такие люди, — и отца Паисия я насчёт этого тоже спрашивал». А на самом деле может быть, что, когда он меня спрашивал, я его отругал. Или даже такое бывает: он дошёл до моей двери, но в последний момент побоялся постучать и ушёл! Таким образом, эти люди заканчивают тем, что кружат от одного духовного отца к другому, не имея постоянного духовника. В результате они запутываются.

А есть ещё люди, которые, совершая грех, не идут его исповедовать своему духовнику, а рассказывают о нём духовнику другому — чтобы не испортить свою репутацию. Проходит немного времени, они совершают тот же грех снова и рассказывают о нём какому-то третьему духовнику, потом какому-то ещё… В итоге перед каждым из этих духовников они представляют дело так, будто бы совершили этот грех только один раз. От этого такие люди продолжают грешить и не исправляются.

Я заметил, что бывают и такие, которые уклоняются от того, чтобы рассказать о чём-то своему духовнику, даже зная, что он им поможет, а также понимая, что и речи быть не может о том, что этот духовник разгласит тайну их исповеди кому-то ещё. Однако вместо исповеди духовнику они рассказывают о себе знакомому человеку, который не может им помочь и который, без сомнения, расскажет обо всём другим. Помню, когда я был новоначальным монахом в одном общежительном монастыре[2], к нам поступил человек, который хотел стать монахом. После того как он прожил в монастыре некоторое время, помыслы стали внушать ему уйти из обители. И вот он «поисповедовал» свои помыслы не игумену, не какому-то другому духовному отцу обители, а — кому бы вы думали! — одному рабочему из Иериссоса[3], который трудился в монастыре. Когда этот монах рассказывал о себе рабочему, я оказался рядом, потому что чистил лук неподалёку от кухни, и слышал их разговор. Монах и рабочий находились от меня в двух метрах, и монах начал громко «исповедоваться» рабочему. «Я, — начал он, — раскаялся в том, что стал монахом». — «Так что же, — удивился рабочий, — придя в монастырь, ты разве не жил в нём до пострига какое-то время, чтобы приглядеться?» — «Да я целых два года приглядывался!» — жаловался монах. «Ну и ну, — удивлялся рабочий. — А почему же ты раньше-то не ушёл?» — «Да что теперь спрашивать, — плакался тот, — видишь ведь, что не ушёл». — «Вот тебе раз! — делал круглые глаза рабочий. — Но в монахи-то тебя разве силком постригли?» — «Нет, — сокрушался тот, — я и сам этого хотел». — «Вот так штука, — качал головой рабочий. — А игумену-то ты об этом рассказывал?» —

---

[2] В монастыре Эсфигмен в 1953–1956 гг.
[3] *Иериссо́с* — городок на Халкидиках, недалеко от Святой Горы Афон. — *Прим. пер.*

«Нет», — отвечал ему монах. «Ну а мне-то, — удивлялся рабочий, — ты всё это зачем рассказываешь? Что тебе в этом за прок?» Так монах выложил рабочему всю свою подноготную. Видите как? Он должен был рассказать обо всём игумену, чтобы получить помощь, однако вместо этого пошёл «исповедоваться» рабочему. А этот рабочий, сидя в ближайшие выходные в какой-нибудь кофейне своего городка, перескажет его «исповедь», чтобы повеселить своих собутыльников, а те разнесут это дальше, и потом о монахе-неудачнике будут чесать языками на всех углах. И нельзя сказать, что этот монах был слабоумным. Знаете, сколько у него было словарей? Древнегреческий язык он знал в совершенстве.

— Геронда, а если у мирского человека духовник находится в отлучке, то может ли он советоваться о возникшем у него затруднении или искушении с кем-то из своих духовных братьев?

— А что, он не может позвонить своему духовнику и посоветоваться с ним? Духовный брат иногда в состоянии нам помочь, а иногда — совсем не в состоянии. Или даже, несмотря на доброе расположение нам помочь, духовный брат может навредить. В случае необходимости можно позвонить духовнику и, таким образом, расставить вещи по своим местам. Если же человек не может связаться со своим духовником, а вопрос, с которым он столкнулся, серьёзен и не терпит отлагательства, то пусть спросит какого-то другого духовника. Будет хорошо, если человек заранее узнает у своего духовника о том, к какому духовнику он может обращаться в подобных случаях. Необходимо советоваться с человеком, который имеет тот же дух, что и твой духовник. Ведь один инженер делает план так, а другой — иначе. И у того, и у другого инженера планы могут быть хорошими, однако они отличаются друг от друга.

ГЛАВА ВТОРАЯ
О ТОМ, КАК ПРАВИЛЬНО ИСПОВЕДОВАТЬСЯ

Надо перебинтовывать свою рану

— Геронда, когда в моей духовной борьбе случаются падения, я начинаю паниковать.

— Не бойся. Борьба есть борьба. И раны в этой борьбе тоже будут. Эти раны исцеляются исповедью. Ведь солдаты, получая в бою раны, тут же бегут в госпиталь. Им перевязывают их раны, и они с любочестием снова рвутся в бой. Помимо всего прочего, от ранения солдаты получают опыт и берегутся от вражеских пуль и осколков лучше, чем раньше, чтобы их снова не ранило. Так и мы: если мы получаем раны во время нашей духовной борьбы, то нам нужно не трусить, а бежать к врачу-духовнику, показывать ему нашу рану, духовно исцеляться и снова продолжать *добрый подвиг*[1]. Плохо будет, если мы не станем отыскивать страсти — этих страшных врагов души, и не будем подвизаться, ради того чтобы их уничтожить.

— Геронда, а некоторые не идут на исповедь якобы от любочестия. «Раз я могу снова впасть в тот же самый

---

[1] 1 Тим. 6:12.

грех, — говорят такие люди, — чего ради я пойду исповедоваться? Чтобы над батюшкой посмеяться, что ли?»

— Это неправильно! Всё равно что солдат, получив раны в бою, сказал бы: «Раз война ещё не кончилась и меня снова может ранить, зачем я буду перевязывать свою рану?» Но ведь, если не перевязать рану, он потеряет много крови и умрёт. Может быть, эти люди не идут на исповедь действительно от любочестия, однако в конце концов они приводят себя в негодность. Видишь как, для того чтобы обмануть человека, диавол использует и те дарования, которыми человек наделён. Если, падая и пачкаясь в грязи, мы не очищаем свою душу исповедью, оправдывая себя помыслом, что мы снова упадём и снова испачкаемся, то засохшие слои нашей старой грязи покрываются всё новыми и новыми грязными слоями. Очистить всю эту грязь потом непросто.

Необходимость исповеди

— Геронда, преподобный Марк Подвижник говорит: «Знаток дела, познавший истину, исповедуется Богу не воспоминанием о том, что наделано, а терпением того, что постигает его»[2]. Что он имеет в виду?

— Надо исповедоваться обоими способами. Верующий исповедуется духовнику, а перед тем как начать молиться, он смиренно исповедуется Богу, обнажая себя перед Ним: «Боже мой, я согрешил, я такой и сякой». Но одновременно с этим христианин терпит скорби, которые налагаются на него как лекарства. Преподобный Марк говорит не о том, что не нужно исповедоваться

---

[2] Ср. *Преподобный Марк Подвижник*. К тем, кто думает оправдаться делами, глава 155. Добротолюбие (в русском переводе). Т. I. Свято-Троицкая Сергиева Лавра, 1992. С. 553.

Богу и духовнику и довольствоваться лишь терпением скорбей. Что значит слово «исповедоваться»? Разве это не значит «открыто признавать, объявлять то, что я имею в себе»?[3] Если ты имеешь в себе доброе, то *испове́даешися Го́сподеви*[4], то есть славословишь Бога. Имея в себе зло, ты исповедуешь свои грехи.

— Геронда, нужно ли человеку, пришедшему на исповедь в первый раз, разрассказать духовнику о всей своей предшествующей жизни?

— Придя к духовнику в первый раз, он должен совершить общую, генеральную исповедь за всю свою жизнь. Когда больной поступает в больницу, он даёт врачам историю своей болезни. К примеру, он говорит: «В прошлом у меня было такое-то лёгочное заболевание, но сейчас оно прошло, мне была сделана такая-то операция под общим или под местным наркозом» — и так далее. Точно так же на первой исповеди кающийся должен постараться рассказать духовнику подробности своей жизни, а духовник найдёт рану этого человека, чтобы её исцелить. Ведь часто один простой ушиб, если оставить его без внимания, может иметь серьёзные для здоровья последствия. Конечно, когда человек придёт к духовнику в первый раз, он принесёт с собой, допустим, сто грехов, в которых ему надо будет поисповедоваться. Придя на исповедь во второй раз, он принесёт с собой уже сто десять грехов: ведь диавол — поскольку этот человек поисповедовался и «завалил ему всё дело» — воздвигнет против него большую брань. В третий раз придётся исповедоваться уже в ста пятидесяти грехах. Однако потом число грехов будет постоянно уменьшаться, пока дело не дойдёт до того, что человек

---

[3] Греч. «ἐξομολογοῦμαι». — *Прим. пер.*
[4] Ср. Пс. 106:1.

будет приносить с собой на исповедь самое ничтожное количество грехов, о которых ему надо будет рассказать.

Правильная исповедь

— Почему иногда мы не совершаем необходимой борьбы, для того чтобы исправиться, несмотря на то что нас обличает совесть?

— Это может случиться и от какого-то душевного надлома. Если человек охвачен паникой из-за нашедшего на него искушения, то он хочет подъять подвиг, однако не имеет для этого расположения, не имеет душевных сил. В этом случае ему нужно внутренне упорядочить себя с помощью исповеди. С помощью исповеди человек утешается, подкрепляет свои силы и благодатью Божией снова находит решимость для борьбы. Если же человек не упорядочит себя подобным образом, то на него может обрушиться и какое-то ещё искушение. В результате, находясь в таком скорбном, подавленном состоянии, он надламывается ещё больше, его душат помыслы, он приходит в отчаяние и потом не может подвизаться совсем.

— А если то, о чём Вы говорите, происходит часто?

— Если это происходит часто, то и приводить себя в духовный порядок тоже надо часто. Человек должен открывать своё сердце духовнику, чтобы снова получать решимость, силу в борьбе. А приведя себя во внутренний порядок, человек должен разогнать свою машину, он должен любочестно и напряжённо подвизаться, для того чтобы наступать на пятки убегающему диаволу.

— Геронда, а в чём причина того, что я не чувствую необходимости в исповеди?

— Может быть, ты не следишь за собой? Ведь исповедь — это таинство. Ходи на исповедь и просто говори духовнику о своих грехах. Ты что, думаешь, у тебя их мало? Разве у тебя нет упрямства? А эгоизма? Ты не ранишь сестру? Никого не осуждаешь? Думаешь, я, когда прихожу на исповедь, каюсь в каких-то особенных грехах? Нет, я исповедуюсь: «Согрешил гневом, осуждением…», и духовник читает надо мной разрешительную молитву. Однако маленькие грешки тоже имеют свою тяжесть. Когда, не имея каких-то серьёзных грехов, я приходил на исповедь к батюшке Тихону, то он говорил: «Песочек, сынок, песочек!» Маленькие грешки собираются в целую песочную кучу, которая по весу может превышать один большой камень. Человек, совершивший большой грех, постоянно думает о нём, кается и смиряется. А у тебя — множество малых грешков. Однако, сравнив те условия, в которых выросла ты, и условия, в которых вырос человек, совершивший этот большой грех, ты увидишь, что ты хуже него.

Кроме того, старайся быть во время исповеди конкретной. На исповеди не достаточно только назвать свои грехи: к примеру, «я завидую, гневаюсь» и тому подобное, — нужно поисповедовать и свои конкретные падения для того, чтобы получить помощь. А уж если ты исповедуешься в тяжёлом прегрешении, в таком, например, как лукавство, то должна подробно признаться и в том, что ты думала, совершая этот грех, и в том, каковы были твои конкретные действия. Не совершая такой конкретной исповеди, ты смеёшься над Христом. Если человек не исповедует духовнику истины, не открывает ему своего греха, для того чтобы духовник мог ему помочь, то он сильно повреждается, подобно больному, который наносит здоровью большой вред, скрывая свою болезнь от врача. Если же человек показывает себя духовнику в точности таким, каков он есть на самом деле, то духовник может понять этого человека лучше и помочь ему более результативно.

А тот, кто несправедливо поступил с человеком или ранил кого-то своим поведением, должен сперва пойти к обиженному им, смиренно попросить у него прощения, помириться с ним, и затем уже ему надо поисповедовать своё падение духовнику, чтобы получить разрешение. Таким образом приходит благодать Божия. Если человек поисповедует такой грех духовнику, не попросив предварительно прощения у того, кого он ранил, то его душе невозможно прийти в мирное устроение, потому что согрешивший человек в этом случае не смиряется. Исключением является случай, когда обиженный человек умер или же его невозможно разыскать, потому что он сменил место жительства, и нельзя попросить прощения хотя бы в письме. Но если у кающегося есть расположение сделать это, то Бог, видя это расположение, его прощает.

— Геронда, а если мы попросили прощения у человека, обиженного нами, а он нас не прощает?

— В этом случае будем молиться, чтобы Бог умягчил его сердце. Однако Бог может не умягчать сердце этого человека и по той причине, что, если он нас простит, мы можем легко впасть в тот же самый грех снова.

— Геронда, а допустимо ли, совершив какой-то тяжёлый грех, исповедовать его не сразу?

— А зачем оставлять его на потом? Для того чтобы он прокис? Ведь чем дольше ты не выбрасываешь какую-нибудь тухлятину, тем больше она тухнет. Зачем ждать два-три месяца, а потом идти исповедоваться в тяжёлом грехе? Надо идти как можно быстрее. Если мы имеем открытую рану, разве надо ждать, пока пройдёт месяц, и только потом её лечить? Нет. В таком случае даже не надо ждать, когда у духовника будет больше времени или больше возможности уделить нам внимание. Надо тут же бежать к духовнику, кратко исповедовать ему совершённый грех, а потом, когда у духовника будет больше времени, можно пойти к нему, чтобы побеседовать или получить духовное наставление.

Для того чтобы обрисовать духовнику положение, в котором мы находимся, много времени не нужно. Если совесть работает правильно, то человек описывает своё состояние в двух словах. Однако если внутри у человека сумбур, то он может произносить много слов и при этом не давать духовнику представления о своём состоянии. Некоторые люди присылают мне целые тетради с рассказами о себе и о своих проблемах. По двадцать-тридцать страниц мелким почерком, а в конце ещё несколько страниц постскриптума… Хотя всё, о чём они пишут, могло бы уместиться на одной странице.

Оправдывая себя во время исповеди, мы отяжеляем свою совесть

— Геронда, если во время исповеди кающийся не чувствует той боли, которую он ощущал, совершив грех, значит, у него нет действительного покаяния?

— Если с того момента, как он совершил этот грех, прошло какое-то время, то рана затягивается и столь сильной боли он не чувствует именно поэтому. Но надо быть внимательным вот к чему: во время исповеди не должно себя оправдывать. Приходя на исповедь и каясь перед духовником в том, что я, к примеру, на кого-то разгневался, — хотя, по большому счёту, тому, на кого я разгневался, стоило дать и тумака, — я не рассказываю духовнику о том, что этот человек был действительно виноват, чтобы духовник не стал меня оправдывать. Человек, который, исповедуясь, оправдывает себя, не получает внутреннего упокоения — насколько бы он ни попирал свою совесть. Те самооправдания, которыми он прикрывается во время исповеди, ложатся бременем на его совесть. А вот тот, кто, имея утончённую совесть, преувеличивает тяжесть совершённых им грехов и принимает от духовника тяжёлую епитимью, — чувствует неизреченное радование. Есть люди, которые, сорвав без спросу всего одну виноградинку, чувствуют себя так, словно украли много корзин винограда, и постоянно думают о своём грехе. Они не спят всю ночь, пока этот грех не поисповедуют. А другие, воруя виноград целыми корзинами, оправдывают себя и говорят, что они взяли всего одну виноградную гроздь. Однако знаете, какое Божественное утешение испытывают люди, которые не только не оправдывают себя, но и преувеличивают своё ничтожное прегрешение, переживают и очень страдают за какой-то маленький совершённый ими проступок? В этом случае видна Божественная справедливость, видно то, как воздаёт людям Благий Бог.

Я заметил, что люди, смиренно обнажающие свои грехи перед духовником и уничижающие себя, сияют — поскольку приемлют благодать Божию. Один отставной офицер с величайшим сокрушением рассказывал мне о том, что он сделал, будучи восьмилетним мальчиком. Он отнял у другого ребёнка мячик. Этот мячик он продержал у себя всего одну ночь, а на следующее утро его возвратил. Рассказывая мне об этом случае, этот человек плакал из-за того, что огорчил своего ближнего. Выйдя в отставку, он разыскал всех, кого по долгу своей службы чем-то огорчил — даже тех, кого он огорчил, выполняя свой служебный долг, — и попросил у этих людей прощения! Меня поразило устроение этого человека: он брал на себя всю вину. Сейчас он живёт в деревне и из своих сбережений подаёт милостыню нуждающимся. Его девяностопятилетняя разбитая параличом мать прикована к постели, и он сам ухаживает за ней. Поскольку, ухаживая, он вынужден видеть тело своей матери, его мучает такой помысел: «Если Хам, увидев наготу своего отца, был за это наказан, то что ждёт меня, видящего наготу своей матери?!..»⁵ Этот человек непрестанно плакал. Его лицо было просветлённым. Какую же пользу оказало мне его сокрушение!

— Геронда, а может ли человек преувеличивать свои грехи для того, чтобы показать духовнику, что он занимается тонким деланием?

— Это дело другого рода. В этом случае человек гордится своим «смирением».

После исповеди

— Геронда, оправдано ли после исповеди ощущать на душе какую-то тяжесть?

— Зачем ощущать какую-то тяжесть? Правильной исповедью всё старое стирается. Открываются новые «кредитные книги». Приходит благодать Божия, и человек полностью меняется. Пропадают смущение, озлобленность, душевная тревога, и приходят тишина, умиротворение. Это изменение настолько заметно даже внешне, что я советую некоторым людям сфотографироваться до исповеди и после неё, чтобы они тоже уверились в этом добром изменении, происшедшем с ними. Ведь внутреннее духовное состояние человека отображается на его лице. Таинства Церкви совершают чудеса. Приближаясь к Богочеловеку Иисусу Христу, человек и сам становится богом по благодати, вследствие чего он излучает свет и Божественная благодать выдаёт его другим.

— Геронда, то есть сразу же после искренней исповеди покаявшийся чувствует радость?

— Не всегда. Сначала можно не почувствовать радости, но потом радость потихоньку будет рождаться у тебя внутри. После исповеди покаявшемуся необходимо

---

⁵ См. Быт. 9:20-27.

любочестное признание того, что Бог оказал ему милость. Нужно чувствовать себя так, как человек, которому простили его долг, и он от любочестия чувствует себя благодарным и обязанным своему благодетелю. Благодари Бога, но одновременно с этим переживай псаломские слова: *беззако́ние мое́ аз зна́ю и грех мой пре́до мно́ю есть вы́ну*[6], для того чтобы не дать себе воли и не впасть снова в те же самые грехи.

— Геронда, я где-то читала, что в будущей жизни бесы будут мучить нас даже за один злой помысел, который мы не поисповедовали.

— Гляди, когда, покаявшись и не имея намерения что-то скрыть, человек скажет духовнику о том, что он помнит, то вопрос закрыт — тангалашки не имеют над ним никакой власти. Однако если он не поисповедует какие-то из своих грехов сознательно, то за эти грехи будет мучиться в жизни иной.

— Геронда, если человек, поисповедовавшись в своих юношеских грехах, снова думает о них и мучается, то такое отношение ко грехам правильное?

— Если, сильно сокрушаясь о своих юношеских грехах, человек их поисповедовал, то причины для страданий нет, поскольку, с того момента как он сказал об этих грехах на исповеди, Бог их ему простил. После этого не нужно расковыривать свои старые, особенно плотские грехи, поскольку, делая это, можно повредиться. К примеру, во время боя рядом с солдатом падает граната, однако Бог хранит этого солдата, и граната не разрывается. Но вот бой закончился, солдат находит неразорвавшуюся гранату, берёт её в руки, начинает раскручивать, с любопытством рассматривать — и в итоге граната разрывает его в клочки не в бою, а после него.

---

[6] Пс. 50:5.

Доверие духовнику

— Геронда, если духовник отругает человека за какой-то грех и тот, сильно расстроившись от этого, впадёт в печаль, в этом есть эгоизм?

— Да уж конечно, тут не обходится без эгоизма. Если у человека печаль по Бозе, то он будет иметь Божественное утешение. И преуспевать он тоже будет, потому что постарается этого греха больше не совершать. Кающийся должен говорить духовнику о своих трудностях, помыслах, падениях — и с радостью принимать от духовника и мягкое, и строгое слово, потому что и в первом, и во втором случае духовник, побуждаемый любовью и заботой, печётся о преуспеянии его души.

— Геронда, а если я не принимаю от духовника выговора или даже простого замечания?

— Если ты этого не принимаешь, то остаёшься неисправленной. Те, кто не принимают замечаний даже от людей, которые их любят, в конце концов остаются неотёсанными и сами приводят себя в духовную негодность. Как доски, которые не принимают рубанка столяра, отшвыриваются в сторону и идут на бетонную опалубку или на строительные леса, а в конце концов затоптанные и заляпанные цементом сгорают вместе с другим строительным мусором, так в конечном итоге погибают и люди, не принимающие замечаний.

— Геронда, если человек в чём-то не согласен со своим духовником, что ему нужно делать?

— Ему нужно просто и смиренно открыть духовнику свой помысел. Конечно, при выборе духовника необходимо много внимания, чтобы человек мог доверять духовнику и находить утешение в его руководстве.

— Геронда, а если человеку что-то видится не так, как его духовнику, то полезно ли для души такого человека настаивать на своём мнении?

— Нет, не полезно, потому что этот человек не знает, что кроется за тем или иным действием, которое он может считать неправильным. К примеру, для того чтобы человек понял, что кроется за тем или иным действием духовника, тот должен был бы нарушить тайну исповеди и рассказать ему о том, что он услышал на исповеди от кого-то другого. А разве можно нарушать тайну исповеди? Конечно, нет. К примеру, человек договорился со своим духовником, что придёт к нему для беседы в такое-то время. Однако в назначенный час одновременно с ним к духовнику приходит и другой человек, которым овладели помыслы о самоубийстве, и духовник сперва уделяет время именно ему. Оставшийся ждать начинает думать: «Сперва он пригласил для беседы его — значит, меня он презирает». Но как духовник может объяснить ему, что другой человек дошёл до того, что совершил попытку самоубийства? Если он ему это объяснит, то разрушит и погубит другого человека. Тогда как, если человек, оставшийся за дверью, соблазнится или ненадолго повесит нос, это зло будет не таким уж великим. Однажды подобным образом соблазнились некоторые люди, пришедшие ко мне в каливу. Одновременно с ними у меня оказался человек, которого его родственники с огромным трудом смогли уговорить приехать ко мне для беседы. Я принял этого человека с огромной радостью. Я его обнял, надавал ему чёточек, иконок. Другие обиделись. «А на нас старец, — сказали они, — ноль внимания!» Но несчастный, о котором они соблазнились, был блудником, я знал подробности его жизни. От меня он ушёл другим человеком. Поэтому, даже если бы эти люди соблазнялись хоть тысячу раз, я всё равно сделал бы то же самое. Ведь ты не в праве разрушать человека ради того, чтобы успокоить чью-то эгоистично соблазнившуюся душу.

Правильная связь с духовником

Духовный человек, желая кому-то помочь, старается связать его не с самим собой, а со Христом. Если ему удалось это сделать, то он радуется, а тот, кого он связал со Христом, подвизается ради Христа. В этом случае и один, и другой имеют свою мзду, и всё идёт своим чередом. Однако если подвизающийся пытается доставить удовольствие тому, кто старается связать его со Христом, то есть если он озабочен тем, насколько его поступок расстроит или обрадует наставника, но не задумывается о том, что этот поступок видит Христос, то тем самым он не радует ни человека, который ему помогает, ни Христа, да и сам не получает пользы, поскольку не принимает Божественной помощи. То есть его действия не только не приносят радости ни Христу, ни духовнику, но и сам он не получает от них необходимой помощи. Положим, сестра поёт на клиросе и думает: «Интересно, как я пою? Хорошо? Будет ли довольна матушка игуменья?» Ну что ж, такая сестра не получит никакой пользы. А вот если она поёт ради Христа, то всё идёт как нужно: и петь она будет хорошо, и матушка останется довольна.

— Геронда, а виновен ли человек, который неправильно понял то, что сказал ему духовник?

— Гляди: если он заранее хотел услышать от духовника удовлетворяющий его самого ответ и если его ум был погружён в это желание, то он всё равно виноват — даже несмотря на то что неправильно понял духовника. Некоторые свою собственную волю превращают в «волю Божию». К примеру, человек спрашивает своего духовника о проблеме, с которой он столкнулся, но при этом уже имеет в своём помысле тот способ разрешения этой проблемы, который ему по душе. Духовник говорит этому человеку, что нужно сделать, а тот понимает сказанное таким образом, что духовник велел ему поступить именно так, как хотел он сам. Он с радостью делает по-своему и при этом ещё думает, что оказывает послушание. А если потом духовник спросит его: «Зачем же ты это сделал?» — то он ему ответит: «Ну а разве не ты велел мне так поступить?»

Впрочем, бывает, что нельзя буквально воспринимать то, что говорит духовник. Порой сказанные духовником слова могут быть просто образом выражения его мысли. Приведу пример. Одна сорокапятилетняя учительница старших классов, имевшая детей, совратила на грех своего шестнадцатилетнего ученика. Парень ушёл из дома и сожительствовал со своей учительницей. Когда его отец пришёл ко мне в каливу и открыл мне свою боль, я сказал ему поступить так, как велит ему его духовник. Несчастный пошёл к своему духовнику, но после опять вернулся ко мне. В тот день, когда он ко мне пришёл, я принимал у себя представителей Вселенской Патриархии и поэтому, видя, что не смогу найти для него времени, сказал ему: «Сделай то, что велел тебе твой духовник». Но этот человек не уходил — и слава Богу, что он не ушёл и всё-таки дождался встречи со мной. Когда мне удалось выбрать для него минутку, он сказал мне: «Геронда, я решил убить эту женщину, потому что так велел мой духовник». — «Постой-ка, старина, — опешил я, — что конкретно сказал тебе духовник?» — «Он сказал мне: „Эту дрянь убить мало!"» Вам понятно? Духовник сказал, что «эту дрянь убить мало» не для того, чтобы он действительно убил эту женщину! Он просто выразил этими словами своё негодование! После этого случая я уже никому не говорю: «Сделай то, что тебе велит твой духовник», но сперва спрашиваю каждого, что конкретно велел ему сделать его духовник...

— Геронда, а может ли человек, попросив у своего духовника помощи, одновременно предложить ему какое-то своё решение проблемы?

— Какой же он тогда просит помощи? Одно дело, если человек смиренно, в виде помысла, говорит своему духовнику о чём-то, что, как он думает, может ему помочь. Это он делать обязан. Но совсем другое дело, если он настаивает на том, что его помысел правильный. Это как раз тот случай, в котором человек остаётся непреуспевшим. Он всё равно что идёт к врачу и говорит ему: «Пропиши мне такое-то лекарство». Но больной обязан оказывать врачу послушание, он не должен подсказывать врачу, какие лекарства тот должен ему прописывать. Ведь лекарство — это не «дело вкуса», подобно кушаньям и сладостям, о которых человек может сказать: «Я хочу пирожное или пастилу». Врач прописывает больному лекарство в соответствии с его болезнью.

ГЛАВА ТРЕТЬЯ
О ТОМ, ЧТО ДУХОВНИК — ЭТО ВРАЧ ДУШИ

Необходимость в хороших духовниках

Нынешние люди устали; грехом и эгоизмом они доведены до одурения и помрачения. Поэтому сейчас — больше, чем в какую-либо другую эпоху — мы испытываем необходимость в хороших и опытных духовниках, которые просто и с непритворной любовью будут относиться к людям и с рассуждением их окормлять, чтобы те умиротворились. Если нет хороших духовников, то пустеют храмы и наполняются психиатрические лечебницы, тюрьмы и больницы. Люди должны осознать: они мучаются, потому что находятся вдали от Бога. Они должны покаяться и смиренно поисповедоваться в своих грехах.

Работа духовника — внутреннее исцеление человека. Нет врача выше, чем опытный духовник, который своей святостью внушает доверие к себе, вычищает из чутких созданий Божиих помыслы, которые приносит им тангалашка, и без лекарств — благодатью Божией — исцеляет души и тела.

Имея божественное просвещение, имея Духа Божиего, духовник понимает и различает состояния, в которых находятся люди, и может давать им верное направление.

Хорошо, если духовник не обременён множеством попечений, чтобы у него была возможность уделять каждой душе необходимое время и правильно совершать свой труд. В противном случае духовник попадает в ситуацию хорошего хирурга, который, делая каждый день по нескольку операций, устаёт и после этого, естественно, не в состоянии уделять каждому больному столько времени, сколько нужно. Поэтому духовнику не нужно вмешиваться в маловажные семейные вопросы, но лучше ограничиваться тем, что в каждом конкретном случае имеет отношение к душе каждого конкретного приходящего к нему человека. Тогда у него будет время помочь этой душе результативно. Однако и сам пришедший на исповедь человек не должен морочить духовнику голову вопросами, о которых можно спросить кого-то более компетентного: к примеру, какой дом выбрать для проживания, на какие подготовительные курсы записать ребёнка и тому подобное.

Во время исповеди несут ответственность и кающийся, и духовник. В деле руководства души очень помогает духовная свобода. То есть духовник, руководя душами людей, должен ориентироваться на то, что говорят святые отцы, а не на то, что предписывает кто-то ещё. Он должен действовать с рассуждением, в соответствии с падением человека и его покаянием. Однако иногда даже среди некоторых духовных лиц отсутствует искренность. К примеру, человек спутался с колдунами, с прельщёнными и тому подобными, а некоторые из духовных лиц, несущих ответственность за души людей, не могут поговорить с несчастным, сделать ему внушение и заставить его немножко задуматься. Они боятся выразить свою позицию. Они избегают этого, дабы не нажить себе неприятностей от всех этих колдунов, прельщённых и подобных им. То есть что же получается: для того чтобы не испортить отношений ни с одним, ни с другим, чтобы о нас говорили хорошие слова, мы будем на радость диаволу отдавать человека на погибель?

Рассуждение и опыт духовника

— Геронда, как Вы считаете, в нашу эпоху, когда в мир вошло столько греха, не является ли духовническое служение подчас нелёгким?

— Да, является. Поэтому хорошо, если вначале духовник старается исправить самые тяжкие грехи кающихся — чтобы создания Божии освободились от большого греха и лучше поддавались духовному руководству. Духовник должен обращаться с кающимися снисходительно, но одновременно ему надо найти к руководимому им человеку такой подход, чтобы тот осознал свои грехи и попросил у Бога прощения. Необходимо, чтобы духовник напоминал человеку, который пришёл к нему на исповедь, что тот нуждается в покаянии, в изменении жизни — дабы принять милость Божию. Кроме того, будет немало пользы, если духовник станет с любовью говорить приходящим к нему людям о великой любви Божией — так, чтобы в них самих заработало любочестие, чтобы они почувствовали свои ошибки и отказались от своих дурных привычек.

Пока духовник не приобретёт достаточно опыта, ему лучше помогать людям в более лёгких случаях. Ведь какой-то «трудный» кающийся, постоянно устраивая своему духовнику «диверсии», может мешать его духовному преуспеянию и забирать у него всё время. Если молодой духовник невнимателен, то, имея доброе расположение помочь человеку, он будет всегда придавать излишнее значение сценам, которые тот будет устраивать, без пользы тратить на такого человека силы и страдать. Приобретя опыт, духовник будет знать, когда нужно обращать на что-то внимание, а когда можно пропустить что-то мимо ушей. Вот, к примеру, и я, открывая присланные мне письма, пробегаю их одним взглядом и, если в письме есть что-то серьёзное, обращаю на это более пристальное внимание. Ведь часто лукавый убивает наше время, отвлекает на малозначащие вещи. Есть такие люди, которые могут сказать тебе: «Подожди две минутки, не закрывай дверь, я скажу тебе кое-что быстро, даже заходить не буду» — и после этого держат тебя на пороге целый час. Вот ты и стоишь, вспотевший, на пороге возле открытой двери, тебя продувает сквозняк, ты начинаешь дрожать, а этот человек как ни в чём не бывало рассказывает тебе разные пустые истории. Да разве это от Бога? Потом, заболев, ты не можешь молиться ни за мир, ни за себя самого и приходишь в негодность на несколько дней. И когда к тебе приходит человек, испытывающий действительную нужду, ты уже не можешь ему помочь.

Кроме того, духовнику надо иметь в виду и то, что людей, имеющих какую-то серьёзную проблему, недостаточно просто выслушать и, увидев, что они действительно страдают, сказать им: «Выпей таблеточку аспирина».

«Я задержу тебя всего на одну минутку, потому что меня ждёт машина», — говорят некоторые и внезапно рассказывают тебе о какой-то очень серьёзной проблеме. Это всё равно что человеку, больному раком, просить врача: «Прооперируй меня побыстрее, потому что я на самолёт опаздываю!» Каждая болезнь требует определённого времени, чтобы обратить внимание на то, с чего она началась, какие у больного симптомы и тому подобное. Серьёзный вопрос нельзя решать на скорую руку. Как-то на Светлой седмице мы шли по Святой Горе крестным ходом. Как только мы стали подниматься в горку, один послушник подошёл ко мне и стал просить, чтобы я рассказал ему об умной молитве. Он столько раз приходил раньше ко мне в каливу и никогда не спрашивал об этом, а здесь, на подъёме, на него, видите ли, нашло вдохновение. Но вопросы тонкие и серьёзные ни на ходу, ни на подъёме в горку не обсуждаются.

То, как часто верующий причащается, определяет его духовник

— Геронда, апостол Павел пишет: *Яды́й бо и пия́й недосто́йне, суд себе́ яст и пие́т, не разсужда́я Те́ла Госпо́дня*[1]. Когда человек причащается недостойно?

— Самое главное, чтобы мы приходили к Божественному Причащению, осознавая своё недостоинство. Христос ждёт от нас сокрушения и смирения. Если нашу совесть что-то беспокоит, то мы должны навести в себе порядок. К примеру, если мы с кем-то поссорились, то перед тем, как идти ко Святому Причащению, должны помириться с этим человеком и причащаться уже после этого.

— Геронда, некоторые люди, хотя и имеют благословение от духовника, всё равно не решаются причащаться.

— Не следует решать самовольно, причащаться тебе или нет. Если человек будет сам принимать такие решения, этим воспользуется диавол и начнёт обрабатывать этого человека искушениями. Ведь часто мы полагаем, что достойны Святого Причащения, тогда как на самом деле это не так. А в других случаях, если рассматривать нас в соответствии с буквой закона, то мы действительно оказываемся недостойными Святого Причащения, однако, согласно с духом святых отцов, для лечения мы нуж-

---

[1] 1 Кор. 11:29

даемся в божественном переливании крови. Или же мы нуждаемся в Божественном утешении, поскольку от многого покаянного сокрушения враг может низвергнуть нас в отчаяние и подкрасться к нам «справа».

— Геронда, насколько часто можно причащаться?

— Нельзя всех людей подогнать под одну гребёнку в вопросе о том, насколько часто нужно причащаться и сколько дней перед Святым Причащением нужно поститься. Духовник с рассуждением должен определять то, насколько часто должен причащаться верующий, и то, сколько он должен поститься перед Святым Причащением. Всё зависит от того, сколько у человека крепости. Одновременно духовник должен вести человека и к духовному посту — воздержанию от страстей. Интенсивность такого духовного поста тоже нужно регулировать в соответствии с духовной чуткостью человека, то есть согласно с тем, насколько глубоко он осознаёт свой грех. Кроме того, духовник должен иметь в виду и то, какое зло может нанести враг душе чувствительного человека, воздвигая против него брань с целью привести его в отчаяние. К примеру, человек пал тем плотским падением, которое влечёт за собой отлучение от Причастия на сорок дней. Но на тридцать пятый день этой епитимьи диавол снова может низвергнуть человека в тот же самый грех, и если на грешника будет наложена новая сорокадневная епитимья, то диавол возьмёт верх над этой душой, так что она придёт в смущение и отчаяние. В таких случаях после первых дней епитимьи духовник может сказать кающемуся: «Смотри, не причащайся ещё одну неделю», а через неделю благословить ему причащаться за каждой Божественной Литургией. Душа человека окрепнет, и он сможет справиться с диаволом. Если же человек ведёт внимательную духовную жизнь, он может приступать к таинству Святого Причащения тогда, когда чувствует необходимость в нём, а не просто по привычке. Но и такой человек должен иметь на это благословение духовника.

Об епитимьях

— Геронда, помогает ли безукоризненное соблюдение заповедей иметь живое чувство Бога?

— Каких заповедей? Закона Моисеева?

— Нет, евангельских.

— Соблюдение заповедей помогает, но только делать это надо правильно, потому что можно соблюдать заповеди искажённо. В духовной жизни требуется не сухое применение закона, а Божественная справедливость. Мы видим, что даже святые отцы учили применять священные каноны с большим рассуждением! Василий Великий, самый строгий из отцов нашей Церкви, составивший самые строгие канонические правила, после одного из них, в котором речь идёт о каноническом наказании за какой-то грех, добавляет: «Испытывай не время, но образ покаяния»[2]. То есть на двух людей, совершивших один и тот же грех, духовник, учитывая покаяние каждого из них, может наложить разные епитимьи: одного отлучить от Причащения на два года, а другого — на два месяца. Такая большая разница!

— Геронда, помогает ли епитимья в отсечении страсти?

— Покаявшийся должен понять, что наложенная на него епитимья ему поможет. В противном случае какой

---

[2] «Впрочем, подобает... врачевание измерять не временем, но образом покаяния». См.: *Святитель Василий Великий*. Первое каноническое послание к Амфилохию, епископу Иконийскому. Правило 2-е в «Книге Правил». Свято-Троицкая Сергиева Лавра, 1992. С. 310. См. также: *Святитель Василий Великий*. Третье каноническое послание к Амфилохию, епископу Иконийскому. Правило 74-е.

в ней смысл? Стараясь исправить человека насильно, ты ничего не добиваешься. В день Страшного Суда Христос спросит того, кто пытался исправить своего брата силой: «Ты что, был новым Диоклетианом?»³ А тому, кого пытались исправить, скажет: «Ты всё сделал через силу, а не по своей воле». Желая послать человека в рай, мы должны не душить его, а помочь ему так, чтобы он сам захотел подъять на себя подвиг. Он должен достичь состояния, в котором он будет радоваться тому, что он живёт, радоваться тому, что ему предстоит умереть.

Мера епитимьи подлежит рассуждению духовника. К тем, кто сознательно идёт на грех, духовник должен быть неуступчиво строг. Человеку, который побеждается страстью, но после кается, смиряется, склонив голову, просит прощения, духовник должен с рассуждением помогать снова приблизиться к Богу. Ведь многие святые поступали именно так. К примеру, преподобный Арсений Каппадокийский, будучи духовником, обычно не накладывал на людей епитимьи. Он старался привести кающихся в чувство, так чтобы от любочестия они сами просили его благословения на подвиг: на милостыню или на добрые дела другого рода. А когда преподобный видел одержимого нечистым духом или расслабленного ребёнка и понимал, что причина страданий несчастного — его родители, то сперва он исцелял ребёнка, а потом накладывал на его родителей епитимью, чтобы впредь они были внимательны.

А некоторые говорят: «Знаете, а такой-то духовник очень придерживается святоотеческого направления! Ну такой требовательный и умный, всё помнит,

---

³ *Диоклетиа́н* — римский император (284–305 гг.), жестокий гонитель христиан. — *Прим. пер.*

„Пидалион"⁴ знает наизусть!» Однако духовник, который слишком буквально применяет каноны, содержащиеся в «Пидалионе», может сделать зло Церкви. Представь себе, что духовник берёт в руки «Пидалион» и начинает говорить приходящим к нему грешникам: «Так, ну что, какой ты там сделал грех? Ага, такой-то. Посмотрим, что у нас тут написано о подобных случаях? Отлучение от Святого Причастия на столько-то лет! Теперь следующий… А ты что натворил? Ой-ой-ой! Сейчас прочитаем, что тебе за это полагается… Ага, вот такая-то епитимья!» В этом нет никакой пользы.

— Геронда, скажите, а духовник должен учитывать десятки обстоятельств?..

— Да, особенно в нынешнюю эпоху не получится с нерассудительной строгостью применить весь закон Церкви. Вместо этого духовник должен возделать в людях любочестие. Сперва он должен работать над собой, чтобы быть в состоянии помогать людям. В противном же случае своей нерассудительностью духовник будет «проламывать» людям головы.

«Пидалион» называется так потому, что эта книга руководит человеком ко спасению то одним, то другим способом, подобно тому как кормчий, направляющий корабль к берегу, поворачивает руль то вправо, то влево. Постоянно следуя прямым курсом, не поворачивая штурвал там, где нужно, кормчий посадит корабль на рифы, потопит его и погубит людей. Если духовник использует

---

⁴ *Пидалион* (греч. Πηδάλιον — «кормовое весло, руль корабля»), на церковнославянском языке «Кормчая книга» — наиболее полное и авторитетное собрание священных канонов Православной Церкви с толкованиями, составленное около 1793 г. преподобным Никодимом Святогорцем и монахом Агапием. — *Прим. пер.*

каноны как пушки⁵, то есть без рассуждения, не беря в расчёт конкретного человека, меру и образ его покаяния и подобное этому, то, вместо того чтобы исцелять души, он будет совершать преступления.

Разрешительная молитва

Некоторые духовники имеют следующий «типикон»: в случаях, когда исповедовавшемуся нельзя причащаться, они не читают над ним разрешительную молитву. Некоторые духовники даже говорят: «Читать разрешительную молитву не во всех случаях — это наш принцип». Это уже похоже на протестантизм... Как-то ко мне в каливу пришёл один парень, в жизни которого случались разные греховные падения. Он был у духовника, поисповедовал эти падения, однако духовник не прочитал над ним разрешительную молитву. Несчастный впал в отчаяние. «Раз духовник не прочитал надо мной разрешительную молитву, — стал думать он, — значит, наверное, Бог тоже меня не прощает». И от этих мыслей он стал думать о самоубийстве. «Пойди к духовнику, — сказал я парню, — и пусть он прочитает над тобой разрешительную молитву. А если этот духовник всё-таки откажется читать над тобой молитву, то пойди к другому духовнику».

Если над кающимся не читать разрешительную молитву, то он будет постоянно падать, потому что диавол сохраняет над ним свои права. А как человек может бороться, если диавол по-прежнему обладает им? Такой человек не освобождён, он принимает бесовские воздействия. Если же разрешительная молитва над человеком прочитана, бесовские воздействия отсекаются и благодать Божия

---

⁵ На греческом языке игра слов: «κανόνες» — каноны, «κανόνια» — пушки. — *Прим. пер.*

снова занимает «плацдарм». Таким образом несчастный получает помощь и может подъять какую-то борьбу, подвиг, чтобы освободиться от страстей.

ГЛАВА ЧЕТВЁРТАЯ
О РАБОТЕ ДУХОВНИКА
НАД ДУШАМИ ЛЮДЕЙ

Умение обращаться с душой — дело тонкое

— Геронда, скажите, как можно помочь людям, обладающим трудным, неподатливым, «кособоким» характером?

— Будучи плотником, я работал и с перекошенными, «кособокими» досками и брусьями. Однако при работе с таким деревом требовалось терпение, потому что, с какой бы стороны ты ни строгал перекособоченную доску, она всё равно «ерепенится», поднимает заусенцы. Поэтому, когда мне приходилось работать с такими досками, я брал двойной рубанок и аккуратно, потихоньку скоблил их то с одной, то с другой стороны — и таким образом добивался, чего хотел. И надо сказать, после обработки такие доски выглядели очень красивыми: открывался красивый рисунок их волокон. Кроме того, вещи, сделанные из таких досок, бывают очень крепкими, их нелегко сломать. Между тем, не зная этого, мастер мог бы выбросить такую доску, видя, что она немножко кособокая. Я хочу сказать, что люди, имеющие трудный характер, обладают внутренними силами, и, дав тебе поработать над собой, они смогут двигаться в духовной жизни семимильными духовными шагами. Однако работе с такими людьми необходимо уделять много времени.

Кроме того, желая соединить две искривлённые доски, я никогда не пользовался большими гвоздями. Сперва я прогонял такие доски рубанком, насколько возможно выравнивал, их, а потом скреплял между собой тоненьким гвоздиком. Если две искривлённые доски отпруживали одна от другой, то я никогда не придавливал их через силу, сколачивая большими гвоздями: ведь если соединить такие доски подобным образом — через силу, то через какое-то время они всё равно лопнут, разойдутся и окажется, что вся наша работа сделана зря.

Тем, кто имеет дело с душами людей, необходимо рассуждение и ещё раз рассуждение. В духовной жизни не бывает одного рецепта, одного канона на всех. Каждая душа отличается от другой качеством и вместимостью. Ведь есть сосуды с большей, а есть сосуды с меньшей вместимостью. Одни сделаны из пластмассы и не обладают большим запасом прочности, другие — металлические, более прочные. Познав качество и вместимость души, духовник будет действовать в соответствии с её возможностями, с её наследственностью, а также в соответствии с тем, насколько душа преуспевает. Духовник должен вести себя с исповедующимся человеком в соответствии с тем состоянием, в котором этот человек находится, учитывая сделанный им грех и множество других обстоятельств. В отношении к человеку бесстыдному духовник должен быть внимателен, чтобы не дать ему повода для бесстыдства. Если душа исповедующегося излишне чувствительна, то духовнику надо постараться помочь ему преодолеть его проблемы мужественно.

Кроме того, духовник должен быть внимательным и не основываться на том, что он видит в человеке внешне.

Он не должен легко верить услышанному и приходить на основании услышанного к каким-то заключениям — особенно если духовник не наделён дарованием видеть человека глубже. Некоторые доски, которые снаружи кажутся очень крепкими, внутри — труха. Если чуть-чуть построгать такие доски рубанком, то сразу становится видно, что у них внутри. А другие доски внешне кажутся ни на что не годными, тогда как внутри их древесина очень крепка.

Умение обращаться с душой — дело тонкое. В рецептах не должно быть ошибок. Посмотри, ведь организм каждого человека нуждается в том витамине, которого ему не хватает, и каждая болезнь излечивается соответствующим лекарством.

Не будем давать человеку успокаиваться в своих страстях

— Геронда, если какая-то женщина скажет нам: «Мой духовник меня не понял», что следует ей ответить?

— Ответьте ей: «Может быть, это ты сама не дала духовнику тебя понять? Может быть, вина лежит на тебе?» Сталкиваясь с подобными случаями, заставляйте человека задуматься, не находите ему лёгкого оправдания. Эти вопросы очень тонкие. Здесь порой видишь, как люди ухитряются запутать даже духовников.

— А если она скажет нам, что духовник ей не по душе?

— Раз он ей не по душе, то, возможно, в этом тоже виновата она сама. Возможно, она хочет, чтобы духовнику было по душе её своеволие, чтобы он оправдывал её в этом. Предположим, какой-то человек совершенно не заботится о своей семье, и на этой почве у них с женой постоянные скандалы. И вот такой человек, желая развестись, приходит ко мне и начинает жаловаться на жену, рассчитывая, что я встану на его сторону. Если я отвечу ему: «Ты сам виноват во всей этой истории», то, не осознав своей вины, он скажет, что мой ответ пришёлся ему не по душе. То есть некоторые люди говорят, что духовник им не по душе, потому что духовники не позволяют делать то, что вздумается.

Если духовник оправдывает страсти каждого человека, то он может прийтись по душе всем, однако пользы от этого люди не получают. Если мы хотим прийтись каждому по душе в его страстях, то тогда давайте «придёмся по душе» и диаволу. К примеру, ты приходишь ко мне и начинаешь жаловаться: «Такая-то сестра мне нагрубила». — «А, — говорю я тебе, — не обращай ты на неё внимания». Таким образом я оправдываю тебя, и тебе это по душе. Немного спустя ко мне приходит нагрубившая тебе сестра и начинает жаловаться на тебя: «А такая-то сестра сделала то-то и то-то». — «Да что ты, право! — говорю я ей. — Разве не знаешь, что это за человек? Не относись к ней всерьёз». Таким образом я оправдал и эту сестру, а ей это тоже по душе. И вот я прихожусь по душе всем, однако всем при этом я ставлю подножки! Тогда как я должен ответить тебе так: «А ну-ка, пойди сюда! Раз сестра говорила с тобой грубо, значит, ты дала ей повод!» От этих слов ты скорее осознаешь свою вину и исправишься. Ведь с того момента как человек осознает свою вину, всё идёт хорошо.

Настоящий внутренний покой приходит, когда человек занимает правильную позицию. Наша задача в том, чтобы найти покой в раю, а не на земле. Некоторые духовники успокаивают, оправдывают помысел человека, который потом говорит: «Этот духовник мне очень по душе!» — однако при этом такой человек остаётся неисправленным. А ведь духовники должны помочь человеку найти его недостатки, чтобы он исправился, и затем руководить им, задавая ему нужное направление. Действительное успокоение приходит только в этом случае. А оправдание человека в его страстях — это не помощь ему. Для меня это преступление.

Чтобы помочь двум людям, связанным между собой, духовник должен иметь общение с каждым из них. К примеру, слыша о том, что два человека не согласны в своих помыслах, духовник должен знать душу каждого, потому что каждый может представлять дело таким образом, как понимает его сам. Духовник должен брать на себя разрешение конфликта этих людей только тогда, когда они согласятся с тем, что он разрешит их по Евангелию, — все другие решения будут непрекращающейся головной болью, и придётся постоянно пить аспирин. Кроме того, духовник должен ставить каждого из несогласных на своё место, он не должен никого оправдывать. Он должен указать каждому из людей на недостатки. Таким образом и одна, и другая кривизна будут обтёсываться, а люди будут приходить к согласию и ко взаимному пониманию.

У меня нет ни одного хорошего качества, кроме следующего: я никогда никого не оправдываю — даже если человек не виноват. К примеру, если ко мне приходят женщины и начинают жаловаться на мужей, я даю им хорошую взбучку. Когда ко мне приходят мужчины и жалуются на своих жён, я даю взбучку мужчинам. Я не успокаиваю их помысел, но указываю каждому на его недостатки, я говорю каждому то, что ему требуется, чтобы была польза. А в противном случае и муж, и жена уходят от человека, к которому они приходили посоветоваться, успокоенными, однако дома начинают скандалить друг с другом: «Нет, всё-таки прав был батюшка, когда сказал мне, кто ты есть на самом деле!» — укоряет один другого, а в ответ слышит: «А мне, знаешь, что он про тебя понарассказывал?!» Я хочу сказать, что никого не оправдываю в его страстях. И не только не оправдываю: некоторых людей очень ругаю — понятно, что для их же блага, — и они действительно уходят внутренне успокоенными. То есть они могут уходить от меня огорчёнными, однако понимают, что моя горечь больше, чем их собственная.

— Геронда, некоторые, когда вы их ругаете, всё равно чувствуют себя как за каменной стеной.

— Да, потому что я не ругаю человека сухо, формально. Я говорю ему, что у него есть и добродетели, из которых надо извлечь пользу, и недостатки, которые надо исправить. Если не сказать человеку правду, то в какой-то момент, не услышав полюбившейся ему лести, он выйдет из равновесия.

Как относиться к людям, впавшим в отчаяние

Как-то раз ко мне пришёл один взбудораженный юноша и сказал: «Геронда, я не в состоянии исправиться. Мой духовник сказал мне: „Это всё у тебя наследственное…"» От таких слов юноша впал в отчаяние.

Если кто-то доверит мне свои проблемы, то я скажу такому человеку: «Это происходит по такой-то и такой-то причине. Для того чтобы измениться, ты должен сделать то-то и то-то». К примеру, ко мне приходит человек, который мучается каким-то помыслом и не может уснуть. Он пьёт таблетки от головной и желудочной боли и спрашивает меня: «Может быть, мне их лучше не пить?» — «Нет, — отвечаю, — таблетки пока попей. Выброси тот помысел, который тебя мучает, а после этого можешь оставить и таблетки. Если ты не выбросишь помысла, твоё состояние не изменится, ты будешь продолжать мучиться». Ведь какая будет польза этому человеку, если он прекратит пить таблетки, но не прекратит держать в себе мучающий его помысел?

Духовник должен относиться к некоторым вещам с терпением, но не доводить дело до такого состояния, когда перед исповедующимся придётся зажигать красный свет. Конечно, и сам исповедующийся, чтобы получить помощь, должен трудиться правильно. Как-то раз один молодой человек стал в каком-то вопросе давить на девушку, с которой был обручён. Кто его знает, что он ей наговорил… Она разгневалась, села в машину, уехала и по дороге разбилась. После этого молодой человек хотел покончить с собой, потому что чувствовал, что стал причиной её смерти. Он пришёл ко мне и рассказал об этом. По сути, он совершил преступление, однако я утешил его и привёл в нормальное состояние. Впрочем, после этого он и вовсе перестал вспоминать об этом случае, сделался совершенно равнодушным человеком, да к тому же связался с другой девицей. И вот, когда в таком состоянии через три года он снова пришёл ко мне, я задал ему хорошую трёпку, потому что опасности, что он наложит на себя руки, уже не было. Он не видел, не признавал за собой вины, и поэтому взбучка была необходима. «Неужели ты не понимаешь, — сказал я ему, — что в прошлый раз ты совершил убийство и стал причиной гибели девушки?» Если бы этот молодой человек работал над собой правильно, то, не забывая о том случае, он продолжал бы страдать, однако за это страдание ему воздавалось бы Божественным утешением, и тогда он не докатился бы до такого циничного равнодушия.

Таким образом, необходимо быть очень внимательными. Ведь кто-то, совершив грех, впадает в отчаяние. В этот момент ты можешь его утешить, но, чтобы он не повредился, требуется и его собственное любочестие. Однажды ко мне в каливу пришёл юноша, который впадал в плотской грех и не мог освободиться от этой страсти. Несчастный пришёл в отчаяние. До меня он был у двух духовников, которые строго пытались объяснить ему, что он тяжело грешит. Паренёк потерял всякую надежду. «Раз я знаю, что совершаю грех, — решил он, — и не могу исправиться, то лучше мне порвать все отношения с Богом». Когда я услышал о том, что с ним происходит, мне стало больно за несчастного, и я сказал ему: «Послушай меня, благословенная душа. Никогда не начинай свою борьбу с того, что ты не можешь сделать, но начинай её с того, что ты сделать можешь. Давай посмотрим, что тебе по силам, и ты начнёшь с этого. Можешь ли ты ходить в церковь каждое воскресенье?» — «Могу», — ответил он. «А можешь ли ты поститься каждую среду и пятницу?» — спросил я снова. «Могу», — ответил он. «А можешь раздавать в милостыню десятую часть от твоей зарплаты или же посещать больных и помогать им?» — «Могу». — «А можешь ли ты — даже впав в грех — молиться каждый вечер и просить: „Боже мой, спаси мою душу"?» — «Геронда, — сказал мне он, — я буду всё это делать». — «Ну так вот, — говорю, — начинай прямо с сегодняшнего дня делать всё, что тебе по силам, а Всесильный Бог сделает то единственное, что тебе не по силам». Несчастный юноша успокоился и не переставая повторял: «Благодарю тебя, отче». Видишь: у него было любочестие, и Благий Бог помог ему.

К бесстыдным нужно относиться строго, к любочестным — снисходительно

Если человек, имея благое произволение, не получил помощь в детском возрасте, то сказать ему о том добром, что ты видишь в нём что-то доброе, не будет угодничеством и лестью. Ведь от этого человек получает помощь и изменяется, поскольку на Божественную помощь он тоже имеет право. Я сказал одному человеку: «Ведь ты же хороший. То, что ты делаешь, тебе не к лицу». Я сказал ему это, потому что увидел в его сердце добрую ниву и брошенное на неё недоброе семя. Я увидел, что внутри человек был добрым, и зло, которое он делал, было внешним. Я сказал ему о том, что он хороший не для того, чтобы ему польстить, а чтобы помочь ему, чтобы в нём начало работать любочестие.

Некоторые живут по следующему «типикону»: независимо от того, есть ли у человека дарование или нет, они в любом случае говорят ему: «Ты бездарь» — якобы для того, чтобы он не впал в гордость и не повредился. То есть уравнивают всех под один знаменатель. Однако если человек отчаивается и из-за того злого, что он делает, и из-за того доброго, что имеет в себе, то как он сможет приобрести уверенность, необходимую для того, чтобы с рвением взяться за духовный подвиг? А вот если сказать человеку о том добром, что он имеет в себе, и возделать в нём любочестие и благородство, то он получает помощь, развивается и преуспевает.

Мой типикон таков: если вижу, что человек отличается неким дарованием или же преуспевает в духовной борьбе, то я говорю ему об этом. Ну а уж если я вижу в нём кривизну — беру в руки тяжёлую дубину... Я не думаю о том, что первый или второй способ может повредить душе человека, потому что и в первом, и во втором случае присутствует любовь. Если он повредится от того, как я с ним себя поведу, это будет значить, что он уже имел в себе повреждение. К примеру, если какая-то монахиня напишет красивую икону, то я скажу ей о том, что икона написана хорошо. Однако, увидев, что она возгордилась и стала наглеватой, впредь в общении с ней я буду выдерживать определённую дистанцию. Конечно, если монахиня, несущая послушание в иконописной мастерской, возгордится, то из-под её кисти будут выходить не иконы, а карикатуры, и она получит взбучку ещё и от других. А если она снова смирится, то снова будет делать хорошую работу. Болезненные явления мне не по душе. Я терпеть не могу различные уродливые выверты. Я постараюсь тем или иным способом вернуть всё в нормальное положение. А как же иначе? Покрывать разные болезненные отклонения от нормы?

— Геронда, а если бесстыдный человек, когда к нему проявляют участие, становится ещё более бесстыдным, то как ему помочь?

— Я тебе вот что скажу: если я вижу, что моё участие, доброта, любовь не идут человеку на пользу, то я решаю, что не имею близости с этим человеком, и бываю вынужден уже не вести себя по отношению к нему с добротой. По духовному закону, чем с большей добротой ведут себя по отношению к тебе, тем больше ты должен изменяться, рассыпаться в прах, таять, подобно свече.

Как-то давно я познакомился с одним человеком, и в начале нашего знакомства, желая ему помочь, рассказал ему о некоторых пережитых мной божественных событиях. Однако, вместо того, чтобы поблагодарить Бога: «Боже, как мне тебя благодарить за это утешение...» — и повергнуться в прах от благодарности, этот человек дал себе волю и стал вести себя с наглостью. Тогда я занял по отношению к нему строгую позицию. «Я помогу ему издалека, молитвой», — решил я. И поступил так не потому, что не любил этого человека, а потому, что такой образ поведения был ему на пользу.

— Геронда, а если человек поймёт свою ошибку и попросит прощения?

— Если он её поймёт — дело другое. Тогда мы с ним можем прийти к взаимному пониманию. В противном же случае, если моё любочестие не идёт ему на пользу, я не нахожу в этом человеке отдачи и не чувствую, что нахожусь с ним в родстве. Если у человека есть любочестие, смирение и нет наглости, то и ты по отношению к нему ведёшь себя просто. Со всеми людьми я вначале веду себя с радушием и простотой. Я всецело отдаю себя другому, чтобы он получил помощь, чтобы дать возможность развития для создавшейся между нами атмосферы любви. А потом потихоньку начинаю указывать человеку на его недостатки. В зависимости от возраста моего собеседника я смотрю на него как на моего брата, отца или деда. Я грею человека, как солнышко, чтобы наружу вылезли все змеи, скорпионы, жуки — то есть его страсти, — а затем помогаю человеку их умертвить. Однако если я вижу, что этот человек не ценит моей любви к нему и не получает от моего поведения пользы, но, играя на моей простоте или моей истинной любви, начинает вести себя нагло, то потихоньку отхожу от него, чтобы он не стал ещё более наглым. Но вначале я отдаю себя человеку всецело, и поэтому моя совесть остаётся спокойной. Живя в монастыре Стомион, я взял к себе одного паренька, чтобы помочь ему и заодно выучить плотницкому ремеслу. Я относился к нему по-доброму, считал его братом. Однако я видел в юноше некоторые качества, которые были мне не по душе. Однажды я его спросил: «Который час?» — «Час — у тебя в башке завяз!» — ответил он мне. Ну что же, тогда я подумал: «Нет, в таком духе лучше дальше не продолжать. Надо и мне маленько кумекать своей „башкой", потому что иначе парень повреждается». Ведь я относился к нему так, что если бы у него было любочестие, то, по духовным законам, он должен был бы повергнуться от благодарности в прах. Однако я увидел, что он не вмещал, не понимал меня. И потом он ушёл от меня сам. Я его не выгонял. Видишь, терпение, любовь делают бесстыдного более бесстыдным, а любочестного — более любочестным.

Доброта вредит нераскаянному человеку

— Геронда, помню, как-то Вы меня так отругали…

— Если понадобится, я тебя ещё раз отругаю, чтобы мы все вместе пошли в рай. Но уж на этот раз я приму драконовые меры!.. Ведь у меня какой типикон: сперва даю человеку понять, что он нуждается в том, чтобы его отругали, а уже потом снимаю с него стружку. Правда, хороший метод? Я вижу, как человек совершает какой-нибудь серьёзный проступок, ругаю его за это и, понятное дело, становлюсь «злюкой». Но что я могу поделать? Успокаивать каждого в его страсти, чтобы казаться добреньким, а потом всей честной компанией оказаться в аду? Когда человек, которого я отругал или же сделал замечание, расстраивается, то меня за это никогда не мучает совесть, потому что я ругаю человека от любви к нему, для его же собственного блага. Я вижу, что человек не понимает, насколько он ранил Христа тем, что сделал, и поэтому ругаю его. Ругая человека, я испытываю боль, переутомляюсь, однако моя совесть не мучает меня за это. Потом я могу спокойно, без исповеди, идти ко Святому Причастию. Я испытываю в себе утешение, радость. А утешение и радость для меня — спасение души.

— Геронда, иногда помысел говорит мне, что Вы говорите со мной утешительно потому, что строгость мне не по плечу, либо потому, что Вы уже много раз говорили мне о чём-то и, поскольку я этого не выполнила, решили махнуть на меня рукой.

— Вот благословенная душа! Ты что же думаешь, что я буду играть спасением твоей души? Это кто-то неопытный может ставить подобные эксперименты. А у зрелого человека есть способность к суждению, и он идёт, не уклоняясь ни вправо, ни влево. Чувствуй себя в безопасности. Если я увижу в тебе непорядок, то будь я от тебя близко или далеко, я тебе о нём скажу. Ты имей в себе доверие и мир. Ах, вы меня ещё совсем не поняли! Неужели ты думаешь, что я вот так легко буду успокаивать ваши помыслы? Что я, по-вашему, скажу человеку, видя, что его душа чрезмерно чувствительна или что она находится в потрясении от осознания своего греха? В этом случае я утешаю человека, чтобы он не впал в отчаяние. Однако, видя, что сердце человека жёстко, как камень, я говорю с ним строго, чтобы расшатать этот камень и сдвинуть его с места. Ведь, если, видя идущего к пропасти, я буду говорить ему: «Иди-иди, ты на очень верном пути», разве это не будет преступлением с моей стороны? Но в некоторых людях есть следующая плохая черта: когда ты говоришь им, чтобы они не беспокоились, они не верят тебе и терзаются. Неужели, увидев в человеке что-то плохое, я ему об этом не скажу? Да разве я смогу не остановить того, кто направляется в адскую муку? Неся за человека ответственность, ты, когда это понадобится, станешь даже кричать, желая его спасти. Понятно, что лично для меня лучше молчать, но я не могу молчать, потому что несу ответственность за других.

К примеру, ты делаешь мне какое-то зло, и я тебя прощаю. Ты снова делаешь мне ещё какое-то зло, и я снова тебя прощаю. У меня-то всё в порядке, но если ты не исправляешься от того, что я тебя прощаю, то твоё состояние очень тяжёлое. Другое дело, если ты хочешь исправиться, но не можешь сделать это до конца. Однако ты должна постараться исправиться, насколько возможно. Ты не должна успокаивать свой помысел и говорить: «Раз он меня прощает, то у меня всё замечательно и нет повода для беспокойства. Расстраиваться не нужно». Человек может грешить, однако, когда он кается, плачет, с сокрушением просит прощения, хочет исправиться, тогда у него есть осознание греха и духовник должен его прощать. А вот если человек не кается и продолжает свою тактику, то тот, кто несёт ответственность за его душу, не может относиться к этому несерьёзно, со смехом. Доброта вредит нераскаянному человеку.

Уважение к чужой свободе

— Геронда, возможно ли, чтобы человек сознательно скрывал своё падение от духовника?

— Да, такое возможно, но и в том случае, если духовник знает или догадывается о его падении, нет смысла и пользы говорить об этом падшему. Часто, видя, что в духовной жизни человека что-то произошло, догадываясь или зная, что он что-то сделал, я из уважения к нему ничего не говорю ему об этом, если он сам не скажет. Я считаю насилием, бесчестием сказать человеку о чём-то в тот момент, когда он сам не хочет, чтобы я об этом узнал. Это тонкий вопрос, поскольку, сказав человеку о чём-то происшедшем с ним против желания, ты выставишь его на посмешище. Разве можно насиловать другого? Существует человеческая свобода. Я скажу человеку, что знаю о нём что-нибудь только в том случае, когда увижу, что он находится в опасности и иной возможности помочь ему нет. Или же я сделаю это, видя, что он пребывает в неведении и может потерпеть полную неудачу и погибнуть.

Лучше — если сам человек попросит тебя об этом — дать ему понять, в чём он виноват, чтобы он сам начал бить своего ветхого человека, поскольку тогда он будет испытывать меньшую боль. Погляди: ведь если малыш упадёт сам и ударится, то он плачет не так сильно, как если бы упал, оттого что его толкнул другой ребёнок. Чтобы один человек сказал другому, что ему нужно делать, слышащий должен быть смиренным, а говорящий — в десять раз смиреннее его, и, кроме этого, он сам должен стараться применять в своей жизни то, чему учит другого. Если я советую сделать что-то на сто процентов, то это значит, что сам я делаю это на сто пятьдесят процентов. Но даже и в этом случае я всё равно подумаю, стоит ли ему об этом говорить.

Конечно, в любом случае обличать можно только близких и знакомых людей. Духовник должен учитывать, какие права над собой дал ему человек и какую ответственность он за него несёт. Если духовник взял на себя ответственность за чью-то душу, то он обязан её обличать — естественно, с рассуждением. Однако нет пользы в том, что ты становишься чьим-то учителем и обличаешь дурные привычки человека, который не давал тебе на это прав. Это всё равно что кто-то зашёл бы ко мне в келью и стал бы переставлять в ней всё по-своему: переставил бы лампадку, кровать передвинул бы вон в тот угол, а чётки перевесил бы вон на тот гвоздь, не спрашивая меня об этом.

Любовь духовника к исповедующемуся

Благодатный духовник любит душу и болеет за неё, потому что ему известно её великое достоинство. Он помогает душе в покаянии, облегчает её посредством исповеди, освобождает её от душевной тревоги и ведёт её в рай. Духовник называется «духовным отцом» — поэтому он должен постараться быть отцом истинным: наставлять своих чад с божественной любовью и нежностью. Он должен ставить себя на место каждого приходящего к нему на исповедь человека и переживать его боль так, чтобы тот видел свою собственную боль отображённой на лице духовника. Это особенно необходимо в нашу эпоху, когда людям требуется свежая вода, а не крепкий уксус. Большинство людей, подвергаясь бесовским воздействиям, с трудом принимают духовный совет или замечание.

Поэтому даже ругать людей надо с любовью: указывать им на ошибку тонко, тактично, растворяя это смехом или шуткой. Если в ком-то есть любовь, то она видна людям; если же кто-то имеет душевные страсти, то они выдают его. Если у нас нет любви, то, когда мы делаем какому-то человеку «красивое» замечание, он ерепенится, встаёт на дыбы. Если же мы ругаем человека с болью и любовью, он может расстраиваться, однако в глубине это его не ранит, потому что он чувствует любовь. Я знаю одного духовника — очень тучного телосложения. Конечно, одна из причин его тучности в его сложении, но, кроме этого, может быть, батюшке стоило бы быть немножко повнимательнее в отношении еды… Однако знаете, как этот батюшка болеет за ближнего, как он заботится о страждущих? У этого духовника есть смирение, потому что, мало подвизаясь и осуждая себя за это, он одновременно имеет немалую доброту. И поэтому многие люди находят у него больше покоя своим душам, чем у какого-нибудь духовника-аскета.

Если у духовника нет решимости пойти ради любви к своим духовным чадам даже в адскую муку, то это не духовник.

УКАЗАТЕЛИ

ИМЕННОЙ УКАЗАТЕЛЬ

Аввакум, прор. 252
Августин (Кандиотис), митр. 208
Авраам, праотец 114, 276
Адам, праотец 99, 129
Алоний, прп. 185
Арсений Каппадокийский, прп. 130, 218, 226, 240, 251, 321
Григорий Двоеслов, свт. 37
Даниил, прор. 252
Дорофей Эсфигменский, старец 72
Ева, праматерь 99, 129
Енох, прор. 273
Илия, прор. 273
Иоанн Кущник, прп. 244
Иоанн Предтеча 37
Иосиф Прекрасный, праотец 103, 252
Исаак Сирин, прп. 41, 169, 195
Иуда-предатель 189
Казандзакис Н., писатель 228
Караискакис Г., вождь 192
Киприан Антиохийский, сщмч. 48
Колокотронис Ф., полководец 192

Константин Великий, равноап. 275
Лот, праотец 114
Макарий Великий, прп. 48
Маккавейские мученики 20
Максим Кавсокаливит, прп. 244
Мария Египетская, прп. 140
Марк Подвижник, прп. 175, 300
Моисей Мурин, прп. 48
Насер Г. А., президент 267
Никодим, прав. 187
Нилевс Карамадос, церковный композитор 37
Парфений Лампсакийский, свт. 230
Пётр, ап. 58, 186
Скорцезе М., режиссёр 228
Тихон Русский, старец 131, 303
Филарет, Констамонитский игумен 138
Фома, ап. 271
Фортунат, еп. 38
Хам 306
Харалампий-чёточник, старец 70

ТЕМАТИЧЕСКИЙ УКАЗАТЕЛЬ

А

ад
  начинаясь здесь, продолжается там   183
  мучения вечны и невыразимы   24
  отчего будут мучиться в аду   154
  не попасть туда, чтобы не ранить Христа   135–136
  мучения за скрытый на исповеди грех   308
  для тех, кто верит в перевоплощение   266
  отрицание адских мук — хула на Бога   37
  в адских муках пребывают бесы   266
ангел
  его явление приносит небесную радость   248
  диавол к нему не приближается   139
ангел-хранитель
  отступает от гордого   139
  не оставляет насовсем согрешившего   131
ангелы
  к ним не приражаются злые помыслы   76
  приходят к спящим детям   250
аскеза   *см. также* **подвиг**
  от любви к Богу   273
  не поможет принимающим злые помыслы   20
  восточная сатанинская аскеза   269, 273
  подготавливает к принятию благодати   67
Афон
  безмолвное место нелегко найти   91
  хранит таинственную жизнь во Христе   277
  отшельники, живущие на вершине Афона   91
  Священный Кинот   256

Б

бедуины   50

беснование
  попускается Богом для
    пользы человека   241
  страдания бесноватых людей
    239–241
  у бесноватых грехов не
    больше, чем у других   241
  от беседы с хульным
    помыслом   44
  из-за гордости   224, 230
  из-за прелести   256
  из-за чтения богохульных
    книг   228
  из-за богохульства   270
  из-за увлечения грехом
    233, 236–237
  люди, одержимые бесами
    220–221, 223, 225, 227–228,
    239
  рождённые бесноватыми
    232, 234
  как отличить бесноватого от
    больного   225–227, 238
  как относиться к
    бесноватому   233–234
  не придавать значения
    выкрикам бесноватого
    229
  не водить бесноватого на
    престольный праздник
    234
  не собираться вокруг
    бесноватого   234
  как молиться за бесноватого
    232–233
  поминать бесноватых на
    проскомидии   235
  поможет ли бесноватому
    Причащение   234–235

  как освободиться от
    нечистого духа   221, 235,
    237
  изгнание беса   38, 227,
    229–231, 233, 238
  кому помогает отчитка   237

благодарение
  как благодарить Бога за
    человеческую
    несправедливость   88
  благодарить Бога после
    исповеди   308

благодать
  обильно подаётся в
    крещении   187
  в Православии   272
  в таинстве исповеди   284
  её приход зависит от наших
    помыслов   21
  приемлет тот, кто
    оправдывает других   32
  приемлет тот, кто сострадает
    другим   109
  приемлет тот, кто берёт на
    себя чужой грех   109, 111
  приемлет тот, кто смиряется
    132, 141, 165
  приемлет тот, кто просит
    прощения   304
  её принимает ощущающий
    себя негодным   170
  приемлет тот, кто прилагает
    усердие   191
  даётся за отказ от своего
    помысла   56
  приходит при
    опустошённости ума от
    помыслов   66

почивает в чистом сердце 130
выдаёт человека 83, 94, 133, 307
изменяет наследственные качества человека 48
удаляется от согрешающего, но не совсем 131
её лишён подвизающийся с гордостью 41
гордость изгоняет её 139
самооправдание изгоняет её 95, 98
бесстыдство изгоняет её 240
хула изгоняет её 203–204, 240, 261

ближний
брать на себя вину за его грех 109–111

блудный сын 185

Бог
смиренный Бог 202
и близко и высоко 183
на какой частоте работает Его радиостанция 104
премудро устроил человека 107, 162, 186
Его любовь к человеку 261
любит кающихся грешников 173, 183
какому человеку помогает 260, 332
какому человеку не может помочь 25, 131, 173
не попускает человеку согрешить 139
Его сострадание сильнее справедливости 115
справедливость Его не похожа на человеческую 115
знает всё, не забудет сделанное добро 115
кто может называть Его Отцом 170

Богородица
любовь к Матери Божией 43
презрение к Матери Божией 204
является людям 246
в Её образе является диавол 256

богохульство *см. также* **помыслы хульные**
приводит к беснованию 224, 240, 270

бодрствование
над собой 62

болезни
страх перед болезнями 52–55
может ли диавол (колдун) исцелять болезни 211–213, 258
психически больной — не бесноватый 221, 225, 238
если скрывать, потом трудно вылечить 166–167
тяжёлая болезнь нашей эпохи 23

болезнь
из-за принятого помысла, будто болен 53

брезгливость
примеры брезгливости 49–52

лекарство от неё — крестное
    знамение   52

В
Ветхий Завет
    Четвёртая книга
        Маккавейская   19
вода святая
    отгоняет злую силу   216,
        226
воля Божия
    как её узнать   287
воображение
    как его использует диавол
        245–246
воровство
    допустимо ли ради помощи
        бедным   84–85
впечатлительность   *см.*
    **чувствительность
    (чуткость) чрезмерная**

Г
гордость
    горделивый помысел
        внушает диавол   247
    горделивый помысел —
        начало прелести   46
    мешает преодолеть страсть
        131, 173
    мешает увидеть себя   162
    приводит к беснованию
        224, 230
    увидеть её до падения   164
грех   *см. также* **исповедь**
    оскверняет святое крещение,
        отгоняет благодать   131
    приносит беспокойство,
        страдания   146

мучает человека   132
приводит к беснованию
    233, 236–237
вне здравого смысла   185
Бог не попускает нам
    грешить   139
с какого момента начинается
    падение   75
по произволению —
    наиболее тяжкий
    133–134
избегать всего, что
    провоцирует на грех   190
не давать ему
    «беспошлинные права»
    157
впав в грех, не лежать в нём
    191
свои грехи — материал для
    смирения   141
не исповеданный
    сознательно   308
исповеданные плотские
    грехи не вспоминать   308
человека меньше, чем
    диавола   179
грех прародителей
    мог быть изглажен без
        последствий   99
    разладил отношения с
        животными   129
    омывается в крещении   187
греховность
    осознание своей
        греховности   170–173,
        177
    как святые видели свою
        греховность   181

Д

диавол (бес, тангалашка)
  бесы пребывают в адской муке 266
  занимается тонкой работой 100
  своё ремесло знает бесподобно 98
  настырный, не отстаёт 64
  его заботит одно 179
  каким способом воюет против нас 61
  создаёт соблазны 211
  подстрекает к самооправданию 87, 98, 100, 106–108
  внушает злые помыслы 20–21, 33, 62, 68, 74
  внушает ложные помыслы 47
  внушает пессимистические помыслы 63
  внушает хульные помыслы 36–37, 39, 44
  ввергает в прелесть 247, 253
  помогает нам попирать совесть 145
  бросает в печаль и отчаяние 178–179, 240
  искушает нас, но и мы его провоцируем 140
  воздействует на человека во время сна 250
  терзает осуждающего 21
  не может сделать ничего доброго 213, 223
  какие болезни «исцеляет» 213, 258
  его «дарования» легко приобрести 259
  является в виде Христа, ангела 248–249, 251, 254
  является в виде Богородицы 256
  является в виде Предтечи 213
  боится креста 202, 217, 226
  боится смирения 233
  не переносит церковных песнопений 42
  не знает наших добрых помыслов 32

добро
  которое делает человек, не пропадает зря 115
  не делать с расчётом заработать рай 136

добродетель
  добрая привычка 131
  получать пользу от добродетелей ближнего 32, 163
  её должно скрывать 92–94

доброта
  вредит нераскаянному человеку 334, 338

доверие
  Богу 22
  старцу 24
  духовнику 309
  своему помыслу 45–46, 48, 57
  своему помыслу *см. также* помысл; помысл ложный

Дух Святой
  любит непорочную чистоту 22

возраждает человека в
    крещении   186
духовная жизнь
    в чём состоит духовное
        делание   96
    её законы отличаются от
        мирских   82
    помысл — показатель
        духовного состояния   34
    помысл — основание
        духовной жизни   62
    как можно очень преуспеть
        139
    что приносит прибыль в
        духовной жизни   88–89
    духовный «проходной балл»
        96
    не совместима с
        самооправданием   95
    возделывать
        противоположное
        внушениям диавола   179
    исследовать себя   156, 180
    в её начале мы не видим
        своей греховности   177
    осознание своей
        греховности   173
    ловить себя на месте
        преступления   160
    опыт падений использовать
        во благо   159–160
    добрые и злые помыслы на
        протяжении духовной
        жизни   66–67
    почему не видим своего
        преуспеяния   190
    духовному деланию и
        преуспеянию нет конца
        181

внутреннее состояние
    отображается на лице
    307
псевдодуховная жизнь   136
духовник
    каждый обладает
        божественной властью
        285
    разрешать проблемы
        людей — его обязанность
        292, 295
    его любовь к своим чадам
        339–340
    как должен принимать
        исповедь   339
    кого и когда обязан обличать
        338–339
    несёт ответственность за
        каждую душу   337
    к каждой душе имеет свой
        подход   333–334, 337
    его умение обращаться с
        душой   326–327
    о чём должен говорить
        людям   316
    не должен оправдывать
        страсти людей   328–330
    без него легко запутаться и
        не преуспеть   289–290
    врач и руководитель душ
        314–316
    найти хорошего врача души
        291
    должен находиться недалеко
        293–294
    регулярно ходить к нему
        291
    исповедоваться у своего
        духовника   296

слушаться его, не настаивая
  на своём   313
открывать ему помыслы
  39, 55, 60, 288–289, 309, 313
с радостью принимать от
  него всё   309
доверять ему   309
угождая Христу, и
  духовнику угодишь   311
когда духовник в отлучке
  298
можно ли менять духовника
  296
советы молодому духовнику
  316
прельщённые духовники
  257
духовный человек
  не имеет скорбей   86
  в отличие от мирского   82,
    88, 92
душа
  когда она очищается   68
  когда не имеет покоя   107

Е

Евангелие
  читать каждый день   89
европейцы   90, 117
епитимья
  не назначать самому себе
    епитимьи   289
  рассудительность духовника
    в назначении епитимьи
    319–322

Ж

жалоба
  на свою участь — уничтожает
    награду за труды   119
жертвенность
  чужда мирской логике   123
животные
  мучаются по нашей вине
    119
  их отношение к человеку до
    и после грехопадения
    129

З

здоровье
  укрепляется от духовных
    упражнений,
    подвижничества   137
  пропадает от многих,
    суетных помыслов   22
  духовное здоровье — добрые
    помыслы   26
зло
  как относиться к
    совершаемому злу   31
  заключается в помысле   34

И

иеговисты
  их распространяет диавол
    213
  разрешены государством
    275
иконописание
  должно сопровождаться
    смирением   334
Индия
  православных там почти нет
    271

индуизм
  индийские аскеты в прелести 270
  причинил много зла 271

искушения
  как встречать искушения 138
  у кого не бывает искушений 139
  их нет там, где смирение 139
  не приражаются к очищенному сердцу 68
  в искушении поможет исповедь 302
  в искушении поможет совет духовника 293–294

исповедь *см. также* **грех; духовник; епитимья**
  что значит «исповедоваться» 301
  освобождает от греха 285
  освобождает от колдовского (бесовского) воздействия 206, 210, 214–215, 323
  вычищает изнутри 286
  приносит умиротворение 307
  перевязка при ранении 299–300
  предохранение от прелести 242–243
  необходимость исповеди 300, 302
  как люди пренебрегают ею 283–284
  не откладывать исповедь тяжёлого греха 304–305
  сначала покаяться, потом поисповедоваться 127, 215
  прежде исповеди примириться с ближним 304
  первая исповедь 301–302
  почему не знаем, что говорить на исповеди 181
  записывать ли грехи до исповеди 193–194
  не скрывать грех 308
  называть конкретные грехопадения 303
  маленькие грешки — песочная куча 303
  не оправдывать себя на исповеди 305–306
  исповедуясь, человек смиряется 286
  разрешительная молитва должна читаться над кающимся 323
  благодарить Бога после исповеди 308
  помнить ли всегда об исповеданных грехах 173, 176, 308
  регулярно ходить к духовнику 291
  у своего духовника, а не у разных 296
  духовнику, а не знакомым 297
  тайна исповеди 310
  прилюдная — не для нашего времени 283

испытание
  не превышает сил человека 80
исследование себя 158–159, 176, 180–181

К

католики
  религиозный кавардак католиков 276–277
колдовство
  вызывание духа — отречение от Бога 209
  на кого воздействует 210, 214–215, 219
колдун
  который стал православным 201–203
колдуны
  используют православные святыни, Библию 203–205, 212
  используют ладанки 205
  используют кукол 210
  их сотрудничество с бесами 218
  много говорят лжи 208, 211
  какие болезни могут «исцелять» 211–213
  как освободиться от их бесовского воздействия 206–207
кофе
  неполезно бесноватому 231
крест
  оружие на диавола 202, 216–217, 226

крестное знамение
  лекарство от брезгливости 52
крещение
  духовное возрождение человека 186–187
  едино крещение 263, 265
  приступать к нему подготовленным 276
  для чего крестить младенцев 264
курение
  бросить курить — жертва Богу 71

Л

Литургия
  священник, вкушавший перед Литургией 58
логика мирская
  у современных монахов 116–118
  у христиан 121, 124–125
ложь
  во спасение 151
  без зазрения совести 151–153
  от тщеславия, эгоизма 153
  колдунов 208
  прельщённых людей 260, 275
лукавство
  всё видит нечистым 32
любовь Божия
  к человеку 261
любовь духовника
  к человеку 339

любовь к ближнему
    от каких размышлений приходит   109
    в методах работы духовника   333, 336, 340
    как её проявлять   334–336
любовь ко Христу
    сильнее всякого страдания   86
любочестие
    естественное дарование   47
    как его пробудить в человеке   333
    его хочет от нас Христос   271
    умалилось в духовной жизни   136
люди
    похожие на пчелу и похожие на муху   *см. также* **человек**, 30

М

милостыня
    с гордостью, без любви, не во славу Божию   122
миропомазание
    возвращающихся в Православие   278
мнительность
    порождает ложные помыслы   46
    приносит духовную болезненность   72
молитва
    чувствовать себя ребёнком на молитве   169
    на что похоже собеседование с помыслами на молитве   42
    с лукавыми помыслами — бесполезна   68
    «Отче наш»   170
молитва Иисусова
    отводить на неё сколько-то времени   180
    во время труда   63
    произносить, чтобы не рассеивался ум   62
    оборона от «левых» помыслов   74
    произносить перед сном   250
    тяжёлый удар для беса   232
    защита от колдунов   217–218
    необходима при беседе с бесноватым   222, 228
    диавол отвлекает от молитвы   248
    когда лучше её не произносить   42
монастырь
    особножительный   91
монах
    стремится к принятию оскорблений   88
    чужд мирской справедливости   117–118
    его миссия — молиться о людских проблемах   292
    не брать на себя духовнические обязанности   291–292

Н

наследственность
  бессильна перед благодатью Божией   48
неблагоговение
  наказание за неблагоговение в храме   50
недостатки
  увидеть и исправить свои недостатки   156, 161–162, 194, 328
  оправдывать ближнего, имеющего недостатки   67, 98
  как получить пользу от недостатков ближнего   163
  не заниматься недостатками ближнего   165
  не обнаруживать перед всеми чужой недостаток   234
несправедливость
  не приносит покоя   153
  возлюбить несправедливость по отношению к себе   99
  о чём размышлять, когда терпишь несправедливость   79–80, 88
  радость от принятия несправедливости   81–83, 85, 107
  благие последствия от принятия несправедливости   86, 89, 115–116
  как благодарить Бога за принятую несправедливость   88
  виноватый может чувствовать себя несправедливо обиженным   80–81, 99

О

обеспокоенность добрая
  помогает исправиться   132, 160, 174
обличение
  кого и кому можно обличать   338–339
обожение
  приближаясь к Богу, человек становится богом   307
обстоятельства (проблемы)
  принимать посредством доброго помысла   23
огнеходцы
  им помогает диавол и их лукавство   265
оправдание ближних
  снисхождение, прощение   21, 28, 31–32, 97–98
  не успокаивать ближних в их страстях   327–330
осуждение
  от незнания самого себя   165
  причина — отсутствие доброго помысла   21, 27
  диавол терзает осуждающего   21
  противопоставить ему самоосуждение   97

отчаяние
   от чрезмерной чувствительности   110, 178
отчитка (заклинательные молитвы)   *см. также* **беснование 051@изгнание беса**, 203
   кому помогает   237
   после исповеди   214, 222, 237
   как должны читаться священником   238–239
отшельники
   живущие на вершине Афона   91
очищение
   ума и сердца — когда совершается   67
очищение ума и сердца
   когда совершается   69

П

падение
   с какого момента начинается   75
   опыт падений использовать во благо   159, 161
паломничество
   когда радует тангалашку   276, 285
перевоплощение
   величайшая выдумка диавола   266
   и смех и грех   268
песнопения церковные
   ненавистны диаволу   37, 42
   их используют колдуны   212

печаль
   чем опасна и как из неё выйти   39
   не выходить за границы разумной печали   161, 176–177
   в ней есть эгоизм   309
печаль по Богу
   приносит Божественное утешение   309
плач радостотворный   *см.* покаяние; слёзы
подвиг
   подчиняет плоть духу   243
   укрепляет и телесное здоровье   137
   любочестный, добровольный   321
   с чего начинать   130
   должно скрывать свой подвиг   91–94
   «сухое» подвижничество   243
   с гордостью — приводит к хуле и неверию   41
   когда приводит к прелести   242–244
   когда подвиги напрасны   120
покаяние
   глубокое осознание своей вины   170–173
   боль за совершённый грех   175, 177, 194, 196
   не повторять прежние грехи   191–192
   исправить сначала крупные недостатки   194

постараться, насколько
  возможно, исправиться
  337
отличие настоящего
  покаяния от
  вынужденного 195–196
дело всей жизни 190
его нет без смирения 174
крещение слезами 187
радостотворный плач 189
от него приходит
  Божественное утешение
  198
во мгновение возводит в рай
  185
просить его у Бога 249
не откладывать на старость
  135
печаль о грехах 176
без отчаяния 178
мера сокрушения
  определяется величиной
  греха 175–176
помнить ли всегда о старых
  грехах 173–174, 176
благоразумного разбойника
  191
монаха, порабощённого
  страстью 134
недавно покаявшийся не
  должен учить других
  192–193
помысл
  показатель духовного
  состояния 34
  основание духовной жизни
  62
  следить за своими
  помыслами 156

открывать духовнику 55
открывать игуменье 45
к чему приводит доверие
  своему помыслу 45, 48
не доверять своему помыслу
  46, 58
помысл добрый
  имеет великую силу 20–21,
  28, 185
  привлекает благодать 21
  не даёт действовать
  страстям 19
  всё видит чистым, всему
  находит оправдание 21,
  28–32, 34
  всегда включать его в работу
  27, 31, 34, 62, 65, 67, 69
  открыть фабрику «Добрых
  помыслов» 64
  включать, если тебя ударят
  29
  каждому под силу 61
помысл злой
  отгоняет благодать 21
  всё видит нечистым 34
  делает бесполезным любой
  подвиг 20
  от диавола или от самого
  человека 33
  чему подобны злые помыслы
  75
  приражение помысла — ещё
  не падение 75–76
  собеседование с ним 75
  сосложение с ним 76
  самому заменять его на
  добрый 63, 65
  закрыть перед ним дверь, не
  собеседовать 74–75

много камней в него не
  бросать 76
борющийся со злыми
  помыслами может очень
  преуспеть 67
помысл ложный
  относительно других 69–73
  мучает человека 47, 53, 56,
    64, 151
  изгоняется послушанием
    другому человеку 55–57
помысл повреждённый
  25–26, 30
помыслы многие (суетные)
  отнимают здоровье и
    спокойствие 23
  как их избегать 22, 38
помыслы от рассеянности
  чем хуже откровенно злых
    63
помыслы подозрительности
  как их прогонять 69
помыслы хульные
  от диавола 39–40
  оставлять их без внимания,
    презирать 39, 41–42
  «выплёвывать» сразу,
    немедля 44
  петь церковные песни 42
  когда в них виноват сам
    человек 41, 44
послушание
  избавляет от мучения
    помыслов 56, 60
  делает человека мудрецом
    60
  помогает бесноватым
    221–222

прелесть из-за
  непослушания 255–257
спрашивать совета, а не
  руководствоваться своим
  решением 288
похвала
  не прилипает к познавшему
    себя 164
Православие
  в Православии есть святость,
    любовь, дарования 272
  познать Православие,
    прежде чем уйти из него
    278
  из Православия уходят
    только эгоисты 279
  по сравнению с индуизмом
    272–273
прелесть
  изображать из себя
    духовного человека 192
  жить по своим законам, без
    совести 147
  не есть беснование 257
  как диавол ввергает в
    прелесть 247, 253
  от непослушания 255–256
  от эгоистичного
    подвижничества
    242–244
  от распалённого
    воображения 245
  возможна, если не
    спрашивать совета 287
  возможна, если прочитанное
    истолковывать по-своему
    290
  прельщённые обманывают
    людей 258, 260, 275

как отличить прельщённого 254–255
привычка
дурную привычку сложно отсечь 130
Причащение
с каким чувством причащаться 318
не решать самовольно, как часто причащаться 318–319
когда чувствуешь необходимость 320
причащаться ли, когда обуревают хульные помыслы 42
можно ли причащаться бесноватому 234–235
пост перед Причастием 319
без исповеди 336
протестанты
религиозный кавардак протестантов 274, 277
прощение
просить прощения, брать вину на себя 111, 306
просить прощения перед исповедью 304
Псалтирь
когда читать 147 псалом 130
её используют колдуны 203
психиатр
не заменит духовника 60
пятидесятники
под бесовским воздействием 263–264

Р
равнодушие
приводит к ожесточению сердца 157
равнодушному нужна взбучка 331
равнодушный не попадёт в психбольницу 48
когда необходимо доброе равнодушие 38–39, 177
радость
духовная отличается от мирской 82
радоваться и жизни, и смерти своей 321
когда берём на себя чужую ношу 110
от принятия несправедливости 81–83, 85
от спокойной совести 154
рай
начинаясь здесь, продолжается там 183
не стремиться туда ради своей выгоды 136
там, где Христос 80
рассеянность ума 62

С
самолюбие
самолюбивый мучается от помыслов «слева» 25–26
самооправдание
изгоняет Христа 87
отделяет от Бога 96
от сатанинского эгоизма 102
не даёт покоя душе 107

приносит убыток 87
к чему приводит оправдание
   своих страстей 167
оправдывающие себя —
   тяжёлые люди 100–101,
   106
в нём заключалось падение
   Адама 99
оправдывающий себя ещё
   слышит совесть 148
недопустимо на исповеди
   305–306
как избавиться от этой
   привычки 108
самооправдание и
   объяснение — не одно и то
   же 105

самопознание
   не даёт похвале прилипнуть
      к нам 164
   приводит к смирению 164
   исключает осуждение 165
   даёт Божественную помощь
      171
   а потом лечение 167–168,
      176

самоукорение
   (самоосуждение, обвинение
   себя)
   правильная духовная работа
      97
   обвинять себя с запасом 96
   когда и какое самоукорение
      необходимо 179–180

сатанисты   *см. также*
   бесноваﾝие, 223

святой
   как относится к лукавому
      человеку 31–32

святые
   видели себя большими
      грешниками 181

Священное Писание
   кому оно не поможет 106

семья
   должна иметь одного
      духовника 294–295

сердце
   чистое — когда ум не мыслит
      злого 68
   чистое — место для Бога
      130

Синай 49

скорби
   лекарства для христианина
      300
   их нет у человека духовного
      86
   по какой причине их нужно
      встречать радостно 140

славословие
   без покаяния — бесстыдство
      195
   когда внутри добро 301
   во время труда 63

слёзы
   не всегда признак покаяния
      188–189

смирение
   главное, чего хочет от нас
      Христос 141
   преклоняет Бога и
      возвышает человека 183
   смиряющийся преуспевает
      духовно 139, 141
   смиренный не верит своему
      помыслу 58

где смирение, там нет места диаволу   139, 248

отчаяние в своём «я»   180

от самопознания   164–165

почувствовать и признать свою слабость   105

обвинить себя, не оправдываться   103

необходимо при покаянии   174

сны

не придавать значения снам   250–251

результат пережитого днём   251

во сне время упраздняется   252

совесть

первый Божественный закон   143

источник радости, но и мучений   154

мучает того, кто оправдывается   107, 305

«мученичества» совести, по сути, нет   155

необходимо испытывать её   143

как она может очерстветь   144, 146

искажённая   147

спасение

зависит от того, в чём застанет смерть   170, 185

к кому Христос будет снисходителен   171

СПИД

не проблема для Бога   53

справедливость

Божественная отличается от человеческой   112–113, 115

мирская   117–118, 121–123

старость

располагает к покаянию   186

страдания

Иисуса Христа   80

от совершённого греха   146

бесноватых людей   239

воздаяние за страдания — Божественное утешение   194, 331

страсть

болезнь, которую надо лечить, а не скрывать   167

болезнь, которую надо лечить, а не оправдывать   328–330

выходит наружу, чтобы мы её исправили   161

отсекать, а не только анализировать   176

с чего начинать борьбу со страстью   332

как быстро избавиться от страстей   160

укрощается добрым помыслом   19–20

чтобы преодолеть необходимо малое усердие   190–191

без подвига не избавиться от страстей   172

почему не получается её преодолеть   131

не исследовать чужие
    страсти 27
притворяться ли, будто
    имеешь страсть 41
Суд
    не забывать о Суде,
        воздаянии 119
    в чём диавол будет нас
        обвинять 74
    как Бог будет судить не
        слышавших о Нём 115
    за какие грехи будет строгий
        суд 133
супруги
    не оправдывать себя, иметь
        одного духовника
        294–295

Т

таинства Церкви
    совершают чудеса 307
терпение
    чем отличается от
        терпимости 108–109
труд
    как молиться во время труда
        63
    Господь Иисус трудился
        плотником 80
    за труд будет воздаяние
        119
тщеславие
    не искать признания от
        людей 89
    от него рождается ложь
        153

У

утешение Божественное
    приходит от покаяния
        196–197
    когда есть печаль о своих
        грехах 189, 309
    когда испытываешь боль
        149, 155, 194, 196, 331
    когда берёшь на себя вину
        306

Х

характер
    возможности человека с
        трудным характером 325
    найти и исправить
        недостатки своего
        характера 161
христиане
    по вине которых люди
        теряют веру 122
    с мирской логикой 121, 124
    в Индии 271
христианство
    его нет без распятия, без
        самоограничения 126
Христос
    вся Его жизнь — терпение
        несправедливости 79–80,
        125
    претерпел распятие от
        любви к нам 273
    претерпел распятие ради
        нашего воскресения 190
    там, где жертвенность 123
    вмещается в сердце
        христианина 129, 220
    видит нас, наблюдает за
        нами 137

хочет от человека смирения 141, 318
хочет от человека любочестия 271
готовит мзду за претерпеваемую несправедливость 116, 118
будет снисходителен к каявшимся 171
просить ли увидеть Его в этой жизни 245
в виде Христа является бес 248, 254

Ч

человек
образ Божий 90
создан из земли 179, 186
удобоизменчив 33, 185
для чего ему дан разум 119, 183
должен употреблять свои дарования на пользу 48
каждый имеет дарование на пользу 162
мучается вдали от Бога 314

чистота
привлекает Духа Святого 22
святых праотцев 252
чистое сердце 68
душевная чистота сродняет с Богом 130

чтение богохульное
приводит к беснованию 228

чтение духовное
бесполезно, если не следить за собой 143, 156
опасно без духовного руководителя 290

чувствительность (чуткость) чрезмерная
как её использует диавол 38–40, 47, 110, 178, 239

чудо
в Православии и в восточных религиях 271
чудеса диавола — не истинны 212–213, 265

Э

Эвергетин 89

эгоизм
из Православия уходят эгоисты 279
примеры детского эгоизма 58
жизнь по своим помыслам 60
когда примешивается к покаянию 174
причина самооправдания 102

Ю

юродивые
в чём состоит их подвиг 92

УКАЗАТЕЛЬ ССЫЛОК НА СВЯЩЕННОЕ ПИСАНИЕ

Ветхий Завет

Бытие
   3:11-13 99
   9:20-27 307
   13:1-13 114
   37:5-11 252
   37:20 103
   41:41 103

Числа
   22:18-35 278

Вторая книга Царств
   12:13 145

Вторая книга Маккавейская
   6-7 20

Четвёртая книга Маккавейская
   3:5 19

Псалтирь
   24:7 98
   37:19 194
   50:2 . . . . 68, 129
   50:5 . . . . 193, 308
   50:19 204
   89:5 252
   106:1 301
   149:6 56

Книга пророка Даниила
   2:25-46 252
   6:16-24 252
   14:30-42 252

Новый Завет

Евангелие от Матфея
   3:16 22
   5:40 125
   5:41 125
   12:45 203
   14:28-31 58
   15:19 69
   26:75 186
   27:3-5 189

Евангелие от Марка
   1:10 22
   13:22 274

Евангелие от Луки
   3:22 22
   4:8 74
   6:45 69
   8:26-39 220
   11:4 138
   15:7 183
   15:17 183

16:25 90
18:9-14 141
22:62 186
22:64 126
23:39-41 35
Евангелие от Иоанна
1:32 22
3:5 187
7:24 21
14:12 109

15:5 175
20:29 272
Первое послание к Коринфянам
6:19 21
11:29 318
Первое послание к Тимофею
6:12 299
Второе послание к Тимофею
3:13 263

Другие книги издательства «Орфограф»

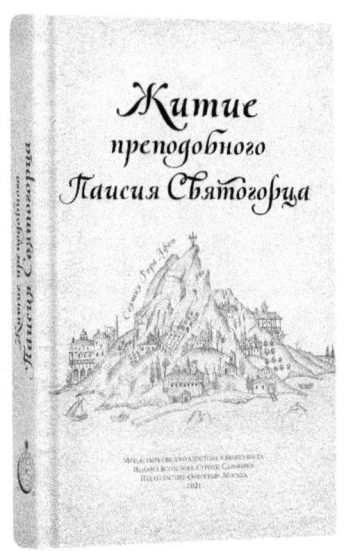

Житие преподобного Паисия Святогорца

М. : Орфограф, 2021. — 592 с., ил.

Житие преподобного Паисия Святогорца (1924–1994), афонского монаха, известного всему миру и торжественно причисленного к лику святых в 2015 году, переносит читателя в атмосферу духовного подвига, пламенного устремления к Богу и самоотверженной любви к ближнему, которые были характерны для святого Паисия с раннего детства и до самой его преподобнической кончины.

Немало встречается на страницах жития сверхъестественных событий и чудес, но основное внимание в книге уделено именно человеческим усилиям старца Паисия: его непоколебимому упованию на Бога и Матерь Божию, его молитвенным трудам, его смиренному служению ближним, его терпению в скорбях и тяжёлых болезнях. С любовью и тщательностью описанные детали жития преподобного делают его близким и родным читателю, вдохновляя разумно подражать подвигам святого.

Книга "Житие преподобного Паисия Святогорца", которую мы перевели на русский и издали с благословения сестёр монастыря святого Апостола и Евангелиста Иоанна Богослова в Суроти, получила в 2017 году первое место в номинации "Лучшая духовно-просветительская книга" на конкурсе "Просвещение через книгу".

Новый Афонский патерик

В 3 томах

Более 30 лет один афонский старец собирал и систематизировал повествования и изречения, отражающие аскетическое и исихастское предание Святой Афонской Горы. Его восьмисотстраничная книга, вышедшая на Афоне в 2011 году, выдержала несколько переизданий.

Русский перевод выходит в трёх томах:

Том I. Жизнеописания. М. : Орфограф, 2013. — 352 с., ил.

В этот том патерика вошли ранее не публиковавшиеся жития 25 афонских подвижников, по большей части наших старших современников, угождавших Богу в середине XX века.

Том II. Сказания о подвижничестве. М. : Орфограф, 2015. — 352 с., ил.

Второй том патерика содержит краткие истории об афонских монахах XX века и их яркие высказывания. Этот том весьма напоминает по своему духу классическое произведение древней монашеской литературы — «Достопамятные сказания о подвижничестве святых и блаженных отцов».

Том III. Рассказы старца Паисия и других святогорцев. М. : Орфограф, 2018. — 272 с., ил.

Третий том патерика содержит ранее не публиковавшиеся рассказы, поучения и изречения преподобного старца Паисия Святогорца и других афонских старцев и назидательные истории о подвижническом духе афонитов.

Духовно-просветительское издание
Для читателей старше 12 лет

Преподобный Паисий Святогорец
СЛОВА
Том III
ДУХОВНАЯ БОРЬБА
Перевод с греческого
Седьмое издание

Ἱερὸν Ἡσυχαστήριον Μοναζουσῶν "Εὐαγγελιστὴς Ἰωάννης ὁ Θεολόγος"
570 06 Βασιλικὰ Θεσσαλονίκης
тел. +30 23960 41320, факс +30 23960 41594

Общество с ограниченной ответственностью
«Электронное Издательство «Орфограф»
109316, Москва, Волгоградский проспект, д. 47

E-mail: orfograf.com@yandex.ru
Телефон +7 (495) 642 24 54

Сайт издательства: www.orfograf.com
Книги преподобного Паисия Святогорца по ценам издательства:
старецпаисий.рф

Издательство «Орфограф» выражает сердечную благодарность рабу Божию Илье, без помощи которого не увидела бы свет эта книга и просит читателей молитв о нём и его семье.

Подписано в печать 02.04.2021. Формат 60×100/16
Печать офсетная. Гарнитура Minion Pro.
Усл. печ. л. 23. Тираж 7 000 экз.
Заказ №